读国学精华 國學經典 悟民族精神

国学精华课

庄子养性之道

以自然之道，养自然之身；以喜悦之身，养喜悦之神

荀子学习之道

谦虚治学，持之以恒；勤于反思，知行合一

孙子韬略之道

以正合，以奇胜。奇正统一，是统帅之道

墨 非◎编著

中国華僑出版社

图书在版编目（CIP）数据

国学精华课：庄子养性之道·荀子学习之道·孙子韬略之道／墨非编著．—— 北京：中国华侨出版社，2016.3

ISBN 978-7-5113-5998-8

Ⅰ．①国… Ⅱ．①墨… Ⅲ．①道家②儒家③《庄子》—通俗读物④《荀子》—通俗读物⑤《孙子兵法》—通俗读物 Ⅳ．①B223.5－49②B222.6－49③E892.25－49

中国版本图书馆 CIP 数据核字（2016）第 044543 号

● **国学精华课**：庄子养性之道·荀子学习之道·孙子韬略之道

编　　著／墨　非
责任编辑／文　蕾
责任校对／志　刚
装帧设计／环球互动
经　　销／新华书店
开　　本／710 毫米×1000 毫米 1/16　印张 /18.5　字数 /239 千字
印　　刷／北京柯蓝博泰印务有限公司
版　　次／2016 年 5 月第 1 版　2016 年 5 月第 1 次印刷
书　　号／ISBN 978-7-5113-5998-8
定　　价／35.00 元

中国华侨出版社　北京市朝阳区静安里 26 号通成达大厦 3 层　邮编：100028
法律顾问：陈鹰律师事务所　　编辑部：（010）64443056　64443979
发行部：（010）64443051　　传　真：（010）64439708
网　址：www.oveaschin.com　　E-mail：oveaschin@sina.com

前　言
PREFACE

章太炎曾经说过“夫国学者，国家所以成立之源泉也”，国学是中华民族的精神源泉，它深植于中华文明的血脉之中，赋予了中国这个古老的东方民族以生生不息的生命力，并为中华民族的发展提供了不竭的动力。在经济全球化的时代背景下，不同国度的文化与文明交织碰撞，相映生辉，中国作为四大文明古国之一，有着五千年悠久的文化，创造了光辉灿烂的文明，而国学作为一种文化载体，就好比镶嵌在古老文明之邦上的璀璨明珠，其耀眼的智慧之光足以穿透历史的时空，引领我们回顾历史、放眼未来，面向更广阔的天地。

中华文明源远流长，中国五千年的文化大多蕴藏在国学经典著作之中，《庄子》、《荀子》、《孙子兵法》是春秋战国时期百家争鸣的产物，分别代表了道家、儒家、兵家的经典学说。这三部旷世奇书内容涵盖修心养性、学习正身、兵法韬略等内容，对于中国传统文化产生了无可估量的影响，对于现代人而言，研习和阅读这些经典著作，既是一种文化寻根的需要，又是我们审视自身，涵养心性，解决生活工作中各种问题的需要。

道家学派的代表人物庄子既是位哲人，也是个智者，他用睿智的思想和生花妙笔为我们构筑了一个自然、宁和、神奇、美丽的世界，畅游其中，处处鸟语花香，处处体现的是天地之美。庄子在这样的世界里找到了自己的精神家园，得到了真正的快乐和自由。庄子的世界是纯粹的，不惹尘埃的，与我们眼前热闹喧嚣的世界是截然不同的，我们的世界里充满了压力、纷争和各种苦恼，我们的身体被物质海洋所淹没，我们的心灵被贪欲、私欲所占据，我们的眼睛被繁华而又光怪陆离的景象所蛊惑，所以在庄子悠然垂钓之际，我们为外物耗竭了体力和心力，甚至陷入迷茫。阅读庄子、解析庄子，与庄子隔空对话，我们将放慢匆匆奔跑的脚步，重新调整呼吸的节奏，营造淡然宁谧的心境，建立健康和谐的生活方式，找到简单纯粹的快乐和幸福。

像庄子一样怀着赤子之心感悟生活，我们的生命也将变得丰盈和美丽。有了良好的心境和恬淡的心态，我们可以更积极的状态投入到学习与工作之中，开创崭新的人生。荀子作为一名教育大家，为我们提供了不少可参考的学习方法，其名句“青，取之于蓝，而青于蓝；冰，水为之，而寒于水”“锲而舍之，朽木不折；锲而不舍，金石可镂”脍炙人口，至今读来仍让人回味无穷。孙子的用兵思想和韬略之道是非常实用的人生宝典。

总之，精品国学作为中国传统文化的精粹组成部分，可广泛应用于我们社会生活的各个方面，品读国学经典，与庄子畅谈人生的意义和别样追求，我们的心境将变得开阔和明朗，向荀子和孙子取经，尽情遨游学海、征战职场，我们的生活将变得格外轻松和惬意。希望本书能带给你耳目一新的感受，使你在品赏国学传统文化之时，找到怡情养性、快乐工作和生活的方法。

目　录
CONTENTS

庄子养性之道

荀子学习之道

孙子韬略之道

庄子养性之道

道家重视修身养性，庄子作为继老子之后的又一个举足轻重的道家学派代表人物，提出了许多既富含哲理又极具实用性的养性之道。他说人要回归自然，去掉外饰和所有的羁绊，才能发现世界的葱茏面貌，获得真正的精神自由。他强烈反对一切束缚人性和禁锢人性的东西，对功名利禄不屑一顾，呼吁人们不要被外物奴役，要以自然之道养身、以超脱之道养性、以宁和之道养心，看淡财富、名誉，以达到心境和谐的境界。

在经济高速发展的今天，我们被时代的潮流所裹挟，面对各种诱惑操劳奔波，不但身心俱疲，还常常感到迷失和困惑。庄子为我们展示了一个别样的世界，也为我们打开了一个出口，品读庄子哲学，我们能够知道什么是真正的自由、豁达，以及什么才是最宝贵和最值得追求的。让我们放下所有的负累，走进庄子的世界，发现生活的真谛，认真倾听心灵的呼声，捡拾生命中最纯粹、最简单的快乐。

第一章

大道至简：去掉外饰，还其本质

庄子崇尚自然之道，认为自然即为大美，任何背离自然的东西都是反常的和丑陋的，人性的变质以及社会秩序的混乱都是因为背离自然之道引起的。在兵戈四起、战事频繁的春秋战国时代，庄子高唱自然之歌，奉劝世人回归本心，摆脱外界的束缚和奴役，以赤子之心拥抱自己的精神家园，活出自己的本色风采。

在当代社会，我们虽然远离了战火和悲歌，然而我们所生活的世界早已被工业文明改造成了另一番样子，不少人为了出人头地，学会了粉饰和掩藏自己，用谎言欺骗别人，把世故当成一种成熟，把虚伪当成一种智慧，失去了原本的天性和纯真，甚至一度迷失了自我。这时如果我们有幸邂逅庄子，就会猛然发觉自己已经在错误的道路上走了很远，好在东隅已逝，桑榆非晚，跟随庄子找回我们本初的样子，我们将找回简单、纯粹、朴实无华的快乐。

1. 保持真我本色，成就最美好的自己

人最大的敌人不是强劲的竞争对手，而是自己，很多时候我们不堪重负、心力交瘁，并不是因为外界给了我们多大压力，而是我们对自己的否定和不接纳。为了超越别人，成为世人眼里不可多得的精英，我们

盲目地雕琢自己，可结果换来的并不是光芒闪耀的华丽变身，而是深深的自我迷失。原因何在呢？崇尚自然之道的庄子在《庄子·天地》一文中给了我们答案。

庄子以树喻人，阐述了遵循自然规律、坚守本性的重要性，他说："百年之木，破为牺尊，青黄而文之，其断在沟中。比牺尊于沟中之断，则美恶有间矣，其于失性一也。"意思是，百年大树被伐倒后做成精美的酒器，在上面绘饰青黄色的彩色花纹，余下的断木丢弃在沟里无人理会，同样为木，两者却有了美丑的差别，但它们都不再是原来的样子了，失去了自身的天性，从这个角度看，两者是完全相同的。

表面上看，光彩夺目的酒樽比弃在沟里的断木要好得多，可在庄子看来，大树在被伐倒的那一刻就已经丧失了生命力，一棵枝繁叶茂的百年老树由树变成了木料，又由木料变成了器具，历经一系列精雕细琢的工序，完全变成了另一副样子，已然不能被称为树，其外形是美是丑已经无关紧要了。

同理，异化自己就是一个背离自我的过程，每个人都有自身的特质，人与人在天赋、能力、资质等各方面本身就是有差别的，天才只是个例，所谓的世纪神话和奇迹也只是特定时期的产物，它们不可能被轻易复制，扭曲自己，盲目雕琢自己，就会丧失本性，陷入痛苦的深渊。

崔雪对自己要求很高，她不甘平凡，希望自己在各方面都有出类拔萃的表现。刚刚升入初中，她就满怀期望地参加了奥数班，从此把大量的时间花费在了那些费时伤脑的数学题上，经过几年的努力，她的数学成绩终于有了显著的提高，可是直到升入大学，她也没有获得参加国际数学奥林匹克竞赛的机会，她终于明白奥数只是少数精英的竞技，而自己不过是大众中平凡的一员，那扇通向荣耀与智慧的大门并没有向她敞开。

崔雪虽不能在数学领域取得傲人的成绩，但她依然不甘平庸，她发誓一定要把自己打磨成让所有人为之侧目的精英人物，所以刚刚迈进大学的校门她就开启了重塑自我的计划。她认为一个优秀的人必须具备完美的外在形象和内在素养，所以每天都精心打扮自己，还特意抽出时间学习各种乐器和阅读古今中外的古典名著，可孰料她的努力不仅没有得到认可，还招来了不少非议。同学说她用妆容为自己打造了一张冰冷的面具，平时连表情都看不到，还说她太自以为是，张口就引经据典，而且经常错误百出，却以为自己妙语连珠，真是可笑。崔雪听到这些议论后，难过极了，不过她并未停止重塑自我的计划，而是在这条道路上越走越远。

大学毕业后，崔雪致力于把自己打造成成熟干练的职场丽人，她用浓妆掩饰皮肤上的瑕疵，总是在办公室里说着不冷不热的笑话，竭尽全力掩饰自己无趣刻板的性格，做任何工作都装出一副风风火火的样子，她每天都身心俱疲，工作业绩却一路下滑，最终因为承受不了巨大的压力选择了辞职。后来崔雪很偶然地遇到了大学时代的同学小璐，小璐如今职场情场两得意，人也显得春风满面，在小璐面前崔雪有些自惭形秽，小璐很诚恳地对她说："崔雪，你最大的问题是不敢面对真实的自己，总是在想方设法把自己塑造成另外一个人，结果你并没有成为自己想要成为的人，反而彻底失去了自我。"

小璐的一席话让崔雪如梦初醒，崔雪终于意识到自己内心痛苦的根源了，这么多年来她一直在扭曲自己，刻意背离自己的天性，目的只是为了成就一个虚幻的完美形象，当自我逐渐解体，甚至分崩离析时，她痛苦得无以复加。痛定思痛之后，她决定停止那些大刀阔斧改造自己的计划，经历一番挣扎之后，她终于学会了和自己和解，接受了并不完美但却真实的自己。

古语云："天行健，君子以自强不息。"锐意进取，乐于完善自己，追求进步本身没有错，可是彻底背离自我，抹去自身的全部特质，期望把自己塑造成一个看似完美的陌生人，则是违背人本身的天性的。每个人都有自己的天性，就像华美的酒器有自身的属性，百年之木也有自己的属性，酒器虽好，但毕竟是异化之后的产物，成为了一个毫无生命力的摆设，树木只有维持自己的天性，才能郁郁青青，焕发出勃勃生机。人亦如此，任何违背自然之道、曲解真实人性的蜕变都是不足取的，它是心魔的衍生物，也是痛苦和烦恼的根源，只有放弃这种执念，释放自己的真性情，我们才能活出健康真实的自我，才能得到真正的快乐。

2. 放弃不切实际的追求

有时候人之所以不快乐，不是因为得到太少，而是因为追求太多。诚然，不懈的追求给我们带来了奋斗的不竭动力，因为不轻易满足，我们孜孜不倦地汲取知识，以夸父追日般的热情与时间赛跑，立志在有限的生命去里获得更大的成就。可是事情并没有我们预想的那么完满，当我们不顾身体的警报，以透支健康的代价追求更高远的目标的时候，总有一天会感到精疲力竭，届时才会猛然发现自己并非是什么无所不能的超人，而是一个有血有肉、会疲惫会迷惘的普通生命个体。

庄子无疑是智慧的，他从不强求自己以有限的精力和有限的生命去追求不切实际的目标。他在《养生主》中说："吾生也有涯，而知也无涯，以有涯随无涯，殆已！"意思是说，人的生命是有限的，知识却是无限的，以有限的生命追求无穷无尽的知识，是多么危险啊。庄子并非是反对人们求知，他反对的是过度求知的狂热，在他看来以有限的生命追求无限的知识是违背自然之道的，这样做必然会导致生命的耗损，也不利于性情的濡养。

由于争强好胜，而不愿意承认自身的局限性，总是强求自己去做超越于自身能力的事情，结果不但希望落空，而且身体健康每况愈下，心理也出现了严重的问题。其实，越是智慧的人越是能清醒地意识到自身能力的局限，而那些动辄挑灯夜战、疯狂逼迫自己的人，由于长期超负荷学习和工作，并不能使自己发挥到最高水平，反而会因为身心过度劳累而意志崩溃。

周楠从小到大学习成绩都是名列前茅的，她天资平平，但是非常刻苦，几乎把所有的业余时间都花费在背书和做题上了，尽管成绩稳定，但她丝毫不敢懈怠，每天都是神经紧绷，在深夜十二点之前从未上床休息过。后来她如愿考上了心仪的大学，本科毕业后，继续攻读研究生，她的目标也越来越高远，最初只是想拿下博士文凭，没过多久，她就有了更加野心勃勃的计划，那便是要在30岁之前在学术界崭露头角。

在攻读硕士时，周楠的生活一如既往地按部就班，每天不是耗在实验室里，就是忙着查找资料撰写论文，几乎没有一点空闲时间，连周末都得不到休息。每次朋友邀她外出，她都会不假思索地皱着眉头说："我有那么多东西要学，哪里还有闲情逸致去做别的事情呢？"朋友不以为然地说："你不可能把人类几千年积累的知识学问都学会了，就算你有两百年的寿命，也不可能穷尽所有的知识，何不放松一下呢，这样下去你会累垮的，劳逸结合不是会让你的脑筋更灵活吗？"周楠摇摇头说："我的时间真的很有限，我必须争分夺秒地学习，否则就不能以优异的成绩毕业了。"朋友扫兴地离开了，周楠又陷入了无休止的忙碌中。

论文写得很不顺利，周楠废寝忘食地收集资料，思路还是非常混乱，她不明白博闻强识的自己为何会被一篇小小的论文难倒，心情万分沮丧，有时在睡梦中都在赶写论文。度过了难熬的一段时期，她终于拿到了硕士文凭，依照计划，她又开始为考博挑灯奋战了。孰料攻读博士竟成了她生命里挥之不去的一段梦魇，她比以前更拼命更努力，结果却总是不尽人意，她的脸色越来越差，身体也越来越糟糕，还时常犯偏头痛，各种公式不断在她的脑海里徘徊，搞得她不胜其烦，她怀疑自己患上了强迫症，因为总是下意识地重复一些动作。每天她都想找个没人的地方痛痛快快大哭一场，但可悲的是她连哭泣的时间都没有，除了马不停蹄地学习之外，她的生命里已经容不下其他的内容。

周楠时常自我安慰说也许工作以后情况就会有所好转了，谁知进入科研所之后她发现要学习的东西更多，但她还是没有放弃要在权威杂志上发表论文的打算，每天忙完本职工作，就开始为自己的宏伟目标而努力。后来由于精力不济累倒了，最后被迫长时间休假，想起自己那被迫搁置的远大计划，她急得掉下了眼泪，心情越来越烦乱。

在这个充满竞争的社会里，人们面临着巨大的学业压力和工作压力，似乎总有学不完的知识和技能，而时间又是那么有限，有些人把自己变成了不断旋转的陀螺，以为这样就可以在有限的时间内学到更多的东西，获得更大的竞争优势，结果往往事与愿违，本领没有全部学到，身体却在加速折旧，心灵也在提前衰老。庄子告诉我们，任何违背自然规律的努力都是徒劳的，只有了解自身能力的上限，顺应自然之法，才能学有所得；只有放弃不切实际的追求，不强求、不苛求，才能获得内心的平静，掌握生命的智慧。

3. 外化而不内化

面对纷繁复杂的世界，很多人都感到困惑，磨平棱角、随波逐流，就会失去本真，特立独行、我行我素又难以被社会所接纳，那么怎么做才能既能保持自我，又不至于为众人所不容呢？庄子主张“外化而不内化”，意思是外表可以随着外部环境的变化而变化，但内心不能被外物所累，更不能为外界同化，而要保持最初的状态。

“外化而不内化”看似矛盾，而实际上“外化”与“不内化”两者是相辅相成的，“外化”意味着顺应环境、与世界和平相处；“内化”意味着自我的坚守。庄子说的“独与天地精神往来，而不敖倪于万物，不谴是非，以与世俗处”就是典型的外化写照。外化是为了适应环境，更好地安身立命，毕竟世界是客观的，不以人的意志为转移，坚持“不化”，就难以获得生存和发展，桀骜不驯、鹤立鸡群的人往往容易被孤立，纵使才华过人，也得不到一展所长的机会。怀才不遇、苦闷彷徨的人大多属于这种情况，但也有些人由内而外彻底蜕变，完全丧失了原则，为了达到目的无所不用其极，这也是不明智的。

有人或许会认为庄子的这一哲学思想是一种妥协的艺术，但妥协之中也不乏坚持，因为他强调内心有所秉持，固守住自己的精神家园，不让自己的灵魂流离失所、无所归依，任何时候都坚守住原则的底线，正因为如此，他才能活得那么潇洒自由，没有让自己的身心受累。

庄子最为人津津乐道的莫过于他面对高官厚禄的诱惑坚持不仕，其实他也曾经做过官。迫于生计的压力，庄子早年在宋国当过一段时间的“漆园吏”，官阶非常低，收入也很有限，但却异常辛苦。在漆园工作，不仅要经受风吹日晒雨淋之苦，还没有任何闲暇时间，这对于喜欢吟诗抚琴的文人来说，日子无疑是艰辛和苦闷的。

漆园吏官虽小，但却责任重大，因为漆是国家重要的战略资源，无论是装修宫室还是制作兵器，都要用到漆，平民百姓的日常生活也处处都要用漆。因此国家经常派官员到漆园视察，庄子免不了要和各路官员打交道。对于劳神劳力的世俗生活，庄子的内心自然是厌恶的，但他当时无法像不为五斗米折腰的陶渊明那样潇洒，因为陶渊明辞官时尚有微薄的田产，而庄子却一无所有，所以不得不选择了“外化”，也就是与世俗妥协，表面上看庄子与其他的官吏并没有什么两样，他既不恃才傲物，也没有做出什么惊世骇俗的举动，日子过得风平浪静。

条件成熟时庄子毅然选择了辞官，楚国国君盛情邀请他担任宰相，他坚决推辞不就，这让很多人不理解，庄子为何当年甘愿屈居漆园当小官，而今有了出人头地的机会，有幸成为一人之下、万人之上的宰相，他却毫不犹豫地选择了拒绝呢？其实这是因为他内心的“不化”，当初做漆园吏是为了谋生，这本是无可厚非的，在某种程度上他选择了与世俗妥协，但他的内心却从未改变过。

庄子所生活的时代诸侯并起、礼崩乐坏，各诸侯国国君为了自己的利益，不断发动兼并战争，黎民百姓作为战争最直接的受害者，失去了家园、财产，甚至生命。如果庄子像其他秉承现实主义信条的人那样贪图高官厚禄、荣华富贵，那么就会选择出仕，成为虎狼君王残害百姓的帮凶，这是为他所不齿的，所以他宁愿靠编草鞋为生，也不愿做官，体现出一个正直之士的不妥协和坚守，这也正符合他所倡导的“内不化”精神。

人行于世，坚持“外不化”，选择与世俗绝对对立，就有可能沦为世界的弃儿。与世隔绝的孤独和痛苦，是生命不能承受之重，人类脆弱的情感在强大冰冷的客观世界面前是不堪一击的，不肯“外化”的代价高昂得我们无法承受。“外化”是对自然界、人类社会和整个客观世界的理解和尊重，诚然这个世界不够完美，但作为芸芸众生中的一员，就要接纳它的不完美。

“外化”的前提是“不内化”，这就是说我们要学会与俗世和平共处，但决不能与世俗同流合污，我们要呵护好自己心底的那方净土，在遵守社会规则的同时，依然要维系真实的自我。愤世嫉俗是因为处理不好自己与社会的关系，总是一厢情愿地把个人的主观意志强加给无知无觉的客观世界，这样做当然会处处碰壁。庄子倡导顺从自然，并不是指无限度地和外部世界妥协，而是指清醒而理智地看待人与自然、与社会的关系，必要时选择“外化”。“外化”不是脱胎换骨的改变，所变的仅仅是外在的形式，而我们内心所秉持的信条、理念和原则应当是持久不变的，只有这样我们才不会委曲求全、迷失自己，也唯有如此，才能保证自己在不受外界伤害和排斥的同时，继续做我们自己。“外化而不内化”是解决个体和外部矛盾冲突的最佳途径，它能消解痛苦，获得和谐，是修身养性的必修课。

4. 聆听天籁，感受和谐之美

随着社会的高度发展，人们越来越无所适从，快节奏的生活改变了我们的生存状态，也扰乱了我们的心境。钢筋混凝土的现代化建筑分割了城市的空间，鳞次栉比的高楼大厦和川流不息的车辆，成了每个城市千篇一律的缩影。行色匆匆的都市人感到压抑、单调，渴望放飞心灵，越是期望温暖和宁静，就越是感到一切陌生和疏离。我们享受着便利的生活，为什么却感受不到幸福呢？或许我们可以从庄子那里寻找答案。

庄子崇尚自然之美和朴素之美，他认为大自然就是最完美的杰作，任何人为的艺术都无法与之媲美。在《齐物论》中，庄子比较了人籁、地籁、天籁的价值与优劣，并提出天籁最美、地籁次之、人籁最下乘的观点。所谓人籁就是指丝竹管弦等乐器吹奏的声音，地籁是指借助风雨等自然因素发出的声音，天籁是指不借助任何外力自然形成的宇宙之音。庄子说人籁不如地籁、天籁，就是倡导人们返归自然，从神奇瑰丽、色彩斑斓的自然界和浩瀚无穷的宇宙中寻求智慧、陶冶情操，从最简单最质朴的事物中感受美。

在社会化进程中，我们离大自然越来越远，视野也越来越狭窄，除了整齐划一、没有生命力的刻板建筑，我们看不到任何能使我们心动的事物，我们甚至忘记了人类社会本是自然界和宇宙的一部分，大自然才是我们赖以生存的家园。我们冷漠，是因为缺少发现美的眼睛；我们狭隘，是因为没有看到更广阔的天地；我们患得患失，是因为把自己看得太重，并没有看清自己作为宇宙尘埃的渺小和微不足道；我们焦虑不安，是因为我们背离了本初的状态……也许，庄子的自然哲学能带着我们一步步找回迷失的自己，实现心灵的回归。

庄伟是一家大型研发企业的高管，他能力出众、年轻有为，深得老板赏识和倚重，前途一片光明。谁也没想到这样一个令人羡慕的成功人士，会突然之间从云端跌到低谷，遭遇人生的滑铁卢，从此一蹶不振。其实庄伟在很长一段时间一直状态不佳，为了做好一个大项目，他一连好几天熬通宵，可最后还是把这个重大项目搞砸了，最终只好黯然辞职。

庄伟的失败并非偶然，很久以前就有人发现他目光呆滞空洞、脸色阴沉，似乎满腹心事，做什么事都好像提不起兴致，所以人们认为他的失职是精神状态欠佳所致。庄伟刚刚三十出头，正是风华正茂的年纪，怎么会突然状态失控呢？其实他是被烦恼和压力压垮的。庄伟常常感到很迷茫，走在车水马龙的大街上，他常常茫然四顾，感知不到自己与这个快速旋转的世界有什么必然联系。

他的办公室在大厦的最高层，每次极目远眺的时候，看到的都是灰色的天空和生硬呆板的建筑，而办公室的同事也像这冰冷的建筑那样面无表情，他感觉不到一点生气。每天处理堆积如山的工作，让他不堪重负，他变得越来越麻木、越来越迷惘，甚至开始怀疑人生的价值和意义。他时常幻想着逃到一个风景优美的世外桃源，直到引咎辞职，他才从虚幻的世界里惊醒。

后来，庄伟认识了一个叫郭宇的背包客，两个人很快就成了无话不谈的朋友。郭宇个性阳光，非常健谈，听了庄伟的经历，他很是同情，花了不少心思开导这位失意的朋友。有一次，两个人在月光下喝啤酒，郭宇突然指着月朗星稀的天空说："宇宙有数千亿个星系，每个星系大约有一千亿个星体，我们所在的地球只是其中之一，比起浩瀚的宇宙地球是微不足道的，而人类就显得更加渺小了，作为渺小的个体你不可能有无穷的烦恼，你现在这么苦闷，是因为把自己看得太重了。"

"道理我都明白，可我没有办法排解压力和困扰啊。"庄伟说。"那是因为我们所处的环境不利于我们放松身心，你真应该和我一起，和大自然来个亲密接触，你就能发现一个美好的世界。"郭宇的提议得到了庄伟的采纳。

短短几天时间，庄伟在跋山涉水的旅行中心灵得到了完全的放松，他尽情地呼吸着新鲜的空气，静静地聆听鸟鸣和虫唱，感受着美妙的天籁之音。走进了一个鸟语花香的美丽世界，他那濒临麻木的感官似乎瞬间变得敏锐起来，花草泥土的清香令他心神荡漾，雨水滴落的声音赛过世上所有的音乐，岩石粗粝的质感常常让他联想到沧海桑田的变化，亘古的大自然似乎在召唤着他，引领他寻找最初的自己。

重新步入职场以后，庄伟仍定期到郊外踏青，他收集了很多自然界的声音，比如风声、雨声、海浪声、鸟叫声、蛙鸣声，并把它们谱成了曲子，当有人花高价购买他的作品时他拒绝了，并把曲谱撕碎了，因为人工的曲子永远比不上大自然的天籁之音，他在自然界中重新找回了自我，为了感谢大自然的慷慨馈赠，他把那些美妙的声音和画面铭记于心，而不是记录在其他的载体上。

庄子认为自然之美就是大美，它的美是无可匹敌的，人类斧柄的痕迹纵使巧夺天工，也不及它的万分之一，人类要想更深入地了解自己、洞悉世界，就必须回归自然的怀抱，从古老的自然界中汲取智慧，发现美和认识美，以此来润泽自己干涸的心灵，丰富自己空乏的内心，这样才能达到涵养身心的目的。

5. 物无美恶，过则为灾

大多数人都会根据自己的好恶来判断是非，思维方式往往是非黑即白的，正是这种错误观念给自己带来了无穷的麻烦和苦恼。有的人总是摆出一副“世人皆醉我独醒”的架势，随之而来的是“高处不胜寒”的冷遇。与其抱怨世态炎凉，不如从自己身上找原因，有时候是非是自己招来的，而烦恼也是庸人自扰的结果。

庄子抛开了狭隘的世俗观念，从自然之理、宇宙之道的角度出发，提出了物无是非的哲学观念。他在《齐物论》中有过这样的阐述：“民湿寝则腰疾偏死，鳝然乎哉？木处则惴慄恂惧，猨猴然乎哉？三者孰知正处？民食刍豢，麋鹿食荐，蝍蛆甘带，鸱鸦耆鼠，四者孰知正味？猨猵狙以为雌，麋与鹿交，鳝与鱼游。毛嫱丽姬，人之所美也，鱼见之深入，鸟见之高飞，麋鹿见之决骤。四者孰知天下之正色哉?”意思是说，人躺在潮湿的地方入睡，就会得风湿腰痛，泥鳅喜欢湿地，显然不会得病。人居高树会感到惊惧，栖息在树上的猿猴却悠然自得。人类、泥鳅、猿猴各有其所，谁的选择都没有错。人吃肉，鹿吃草，蜈蚣吃小蛇，鸱鸦吃老鼠，哪种食物才是真正的美味呢？动物和人的判断标准是不同的。毛嫱和西施是风华绝代的美人，但鱼儿看见她们却遁入水底，鸟儿看见她们却飞向高空，麋鹿见了她们却选择逃离，人、鱼、鸟、鹿对美的定义显然是不同的。

庄子奉行的是相对主义的是非观，他认为世间不存在放之四海而皆准的绝对真理，把偏狭的是非美丑放到包纳世界万物的广阔天地里衡量，一切都将失去确定性，比如人以为潮湿之地不适合居住，这种标准对泥鳅就不适用；人以为生活在高树上很可怕，猿猴却把高树当成乐园；人以为只有自己的食物才是美味可口的，而老鼠、草、蛇之类的东西根本不能入口，动物却不这样想；人类公认的标准美女对其他物种不具任何吸引力。同理，我们将自己局限在一个人的狭小世界里的时候，就不可能了解别人的想法，基于认知的局限性，我们的是非判断和好恶往往是片面的和不可靠的，我们与外界的冲突大多是源于这种偏狭的认识。这就是“物无美恶，过则为灾”的道理。

谢铭在又一次与同事发生激烈的争吵后，选择了愤而辞职。他厌倦了职场，更厌倦了和那些顽固不化的人打交道，他不明白人们为什么那么是非不分，有时候错的明明是别人，可受到指责的却往往是自己。有时候他觉得世上没有人能真正理解他，人是复杂难测的，人与人之间存在对抗、冲突和敌意，而动物却不这样，它们简单、纯粹、善良，所以他宁愿和动物打交道，也不愿和自己的同类打交道。

自从和动物亲近之后，谢铭的生活发生了翻天覆地的变化，他每天和动物嬉戏玩耍，几乎到了痴迷的程度，后来他成了一个动物学家。为了研究黑脚企鹅，他简单地收拾了一下行囊，只身去了南非的戴尔岛。开始他并不习惯那里的气候，不过此后就慢慢适应了。他每天观察企鹅的习性，认真地做笔记写日记，很快就和这群酷似披着燕尾服的可爱动物变成了朋友，他尤其喜欢企鹅走路摇摇摆摆的憨态，并为岛上的这类动物居民取了不少名字。

最让谢铭头痛的是企鹅的天敌贼鸥，它们是凶悍冷酷的杀手，会不遗余力地将这些可爱的精灵杀死。谢铭痛恨贼鸥，尤其是当它们在自己眼皮子底下猎杀企鹅的时候，他恨不得将这些空中猛禽一一射杀。他果真这么做了，把猎枪的枪口对准了一只向下俯冲的贼鸥，只听一声枪响，这个鸟类中霸主顿时威风尽失，从半空狠狠地跌落下来，顿时一命呜呼。谢铭与贼鸥大战了无数回合，虽然凭借武器他一直处于上风，但要彻底把贼鸥赶出企鹅的领地几乎是不可能的。他感到精疲力竭，而贼鸥似乎有无穷的精力，它们一如既往地扑食企鹅，完全无视谢铭的存在。

谢铭被贼鸥扰得心绪不宁，直到哥哥远渡重洋出现在他的面前，他才意识到自己的行为有多么极端和荒唐。哥哥语重心长地对他说：“知道你感到孤独无助的真正原因是什么吗？是因为你的偏激。你认为世上存在绝对的是非美丑，但事实上没有什么是绝对的，你只是站在自己的立场来考虑问题罢了。在你看来企鹅是可爱的、美好的，需要受到保护，而贼鸥是可恶的、可恨的，应当被消灭，可事实上贼鸥猎食企鹅只是遵循大自然的法则罢了，这里没有什么是非善恶的问题。自然界如此，人类社会也是这样，你认为错的在别人看来未必是错的，你认为正确的在别人看来未必正确……”

以自己的标准去衡量外物、衡量别人，得出的结论大多是偏颇的，是与非的界限并不是能够凭借人的主观意识可以揣度的，以自然界而论，人类根据自己的利益需求和好恶把动植物划分为有益的和有害的，但跳出人类狭隘的自我意识，万事万物无所谓益无所谓害，无所谓是无所谓非；以人类社会而论，由于个性因素、文化背景因素、人文地理环境因素、时代因素等各方面主客观因素，人类对于是非的判断存在巨大的差距，没有哪一种标准是绝对正确的。

庄子说物无是非，并不是要模糊人类对善恶原则的评判，而是建议人们站在一个更高的角度看待问题，摒弃偏狭的自我观念，从自然和人文的更高层面上解读善恶美丑，这样就不会陷入憎恨、迷惑、忧愤等负面情绪中，心无烦虑，不被纷纷扰扰和是非恩怨所累，方能达到和谐的境界。

6. 回归初心，做成人世界里的顽童

人刚刚降临世上的时候，就如同一张白纸，洁白、干净、纯粹，上面没有繁杂的颜色和凌厉扭曲的线条，在这一阶段，人是蒙昧无知的，也是至纯至真的。然而随着年龄的增长和阅历的增加，白纸不再是白纸，而是变成涂抹了厚厚油彩的画图。我们慢慢变得成熟而世故，失去了最初的天真烂漫和无邪的天性，各种烦恼随之纷至沓来。

因为认为世界光怪陆离，我们戴上了有色眼镜，因为背离自己的初衷，我们的灵魂变得支离破碎，不信任别人，也不信任自己，没有安全感，幸福指数直线下降。人为什么会活得那么累？所谓境由心生，一切的苦痛疲累都源自内心。那么，怎样做我们才能拥有一个良好的心境呢？庄子主张清静无为、返璞归真，他说“抱神以静，形将自正”，一切顺其自然，消除伪性和妄念，返归素朴的天性，以一颗赤子之心拥抱生活，如此才能达到达生的状态。

庄子对于争斗、贪念和各种自以为是的小聪明均持批评和嘲讽的态度，他指出人受外物奴役，追求功名利禄，就会付出自我遗弃的惨重代价，人生种种，无论世事荣华还是悲欢喜乐，都不过是“春梦了无痕”，人生若梦，如白驹过隙，忽然而已，若把一切看穿，就会觉得唯有孩童眼里的世界最真，抱朴守拙、返璞归真才能发现铅华洗尽的美好，阅尽沧桑、回归真我才能宠辱皆忘，潇洒如蓬头稚子，快乐如痴憨顽童。

庄子在《达生》中讲过这样一个故事。鲁国有一个手艺非凡的能工巧匠，名叫梓庆，擅做鐻，鐻是古代一种乐器，也指古代悬挂于钟或磬的架子两旁的柱子，上面雕刻着栩栩如生的猛兽图案。梓庆做的鐻精美绝伦，堪称鬼斧神工，见者莫不啧啧称赞，梓庆也凭借出神入化的技艺

而声名远播，连鲁国国君都对这个手艺精湛的工匠刮目相看，不但亲自召见了他，还虚心地向其请教制鐻的诀窍。

梓庆谦虚地说："我只是区区一个工匠，能有什么诀窍呢？不过是掌握了一定的技巧罢了。我每次做鐻的时候，都要事先精心准备，丝毫不敢耗损精力，最关键的是要潜心斋戒，斋戒是为了静心，只有内心平静如水，我才能做出质量上乘的鐻。斋戒至少需要七天。斋戒到第三天我必须忘掉功名利禄。也就是说我不再设想封功受赏，获得丰厚回报之类的事。斋戒到第五天我必须忘掉名誉，也就是说我不会介意别人是称赞我还是贬抑我，说我是天下第一巧匠也好，说我朽木不可雕也罢，我已经完全不在乎了。斋戒到第七天我要忘却自己的形体，达到忘我之境，届时我就可以做鐻了。第七天我已心如止水，接下来一切都会水到渠成，只要找到合适的木料，随手一加工，令世人称奇的鐻就做好了。我的奥秘就是'以天合天'，没有什么诀窍。"

梓庆修心的过程其实就是返璞归真的过程，第一个阶段忘记功利，第二个阶段忘记名誉，第三个阶段忘记自己。不计私利，不在乎虚名，甚至忘记了自我的存在，能做到这三点的不是超尘拔俗的智者就是不谙世事的孩童。孩子不追名不逐利，没有强烈的自我意识，所以他们无忧无虑、与世无争，能充分享受最单纯最纯净的快乐，成年人如果能像梓庆那样清空自己，回归到人生初时的质朴状态，真正做到心无旁骛，不但更容易达成目标，还能得到意想不到的收获，体悟幸福。

庄子是成人世界里的顽童，有人说庄子眼极冷、心极热，眼冷是因为他洞悉了世情，拆穿了俗世虚无的假面；心热是因为他始终怀有一颗滚烫的赤子之心，他用悲悯而又天真的眼光打量着劳劳碌碌的芸芸众生。我们成不了圣人，也成不了像庄子那样的智者，但至少我们可以成为自己，看淡世事繁华，摒弃庸庸碌碌，还自己以本来的面貌。不要抱怨世间的色彩太过庞杂，只要我们内心保持澄澈，那就没有什么能够玷染我们的人生。无论什么时候，都不要以背叛自我为代价换取现实利益，因为那样做得不偿失，人生花火一瞬，所有的浮华都不过是镜花水月，唯有自己可以成为最好的明证，所以我们应该珍视自己的灵魂，就像鸽子爱惜自己的羽毛，不被世间的浮尘污染，守住自己的精神沃土。

7. 越过文化樊篱，悠然见南山

庄子奉行“天然本真”的人生观，在他看来自然的人性就是最美的，而通过任何手段迫使人违背自身天性的做法都是有悖于人性美的。他在《骈拇》中表达了对偏离自然之道的厌恶：“自三代以下者，天下莫不以物易其性矣。小人则以身殉利，士则以身殉名，大夫则以身殉家，圣人则以身殉天下。故此数子者，事业不同，名声异号，其于伤性以身为殉，一也。”意思是说，人的生命和天性都是至高无上的，为名利为家国而毁掉自然的生命，背离最初的人性，都是人为造作，是违背大道常理的。

小人殉利当然是令人唾弃的，可士殉名、大夫殉家、圣人殉天下，庄子为什么也要反对呢？这是因为礼法和文化意识都是人为的产物，人类为了维护自身的统治，会费尽心机地创建一些违背自然大道的礼俗和虚妄的价值观，于是文化就演变成了压迫正常人性的工具。追求个体生命自由的庄子极力反对世俗规范对健康人性的摧残，他认为若要保持真我的存在，就要超越世俗观念和文化的侵蚀，与自然合二为一，从质朴无华、毫不矫饰的自然之道中培养独立的人格意识。

主流文化和世俗普遍认可的价值观未必是正确的，事实上，个体生命的痛苦多半来自于与世俗社会的剧烈冲突，当财富成为评价一个人的单一标准时，人们或主动或被动地接受这种价值观带来的人格异化，然而在挥金如土的享乐中感受到的却是前所未有的空虚和困惑；当权欲膨胀成为一种通病时，人们竞相追逐，真正大权在握时却感到惊恐不安；当天下皆为利来皆为利往时，人们则陷入了深深的孤独。

主流文化所推崇的东西并不能让人感到真正的快乐，相反，它会成为很多人的梦魇，因为它破坏了人与自然、人与人之间的和谐关系，也打破了个人身与心的和谐状态，使人处于自我分裂的矛盾痛苦中。庄子所倡导的顺应自然、回归人性的哲学理念，就是我们冲破文化桎梏和俗世观念，寻求精神本源的有效途径。

严浩不明白自己为什么感到不幸福，多少人羡慕他的生活，甚至做梦都想成为像他那样的成功人士，可他却对一切感到厌倦了。他确实有让人羡慕嫉妒的资本，比如他在公司身居高位，拿着一份丰厚的薪水，每天出入高档写字楼，穿名牌戴名表，住在豪华的大房子里，开着宝马轿车，这些都足以让他引以为傲，可事实上他却充满了挫败感。

有一次，严浩心情不佳想要找朋友倾诉，猛然发现他根本没有真正能谈心的朋友，大家不过是在利益上有交集罢了，谁也不会太过关心别人的情感和命运。本来他已经买好了钻戒，打算向心仪的女友求婚，却突然感到茫然了，因为他不能确定美丽的女友爱的是他还是他所拥有的东西。本来注重外表的他突然厌倦了名牌西装，他忽然发现自己根本不喜欢刻板昂贵的西服和领带，他这样装扮无非是穿给别人看的。他悲哀地想：为什么自己连自由着装的权利都被剥夺了，难道虚荣心真比内心的自由和快乐重要吗?

严浩无法在现代都市里找到答案，所以他选择了走出去，他想追寻另一种生活方式，于是来到了传说中的美人谷丹巴寨。那里有雪峰、密林、清溪，美得令人窒息，仿佛亘古如此，这里完全没有工业文明的痕迹，民风尤为淳朴，严浩甚至觉得自己找到了幻想中的失乐园。

丹巴给严浩印象最深的是古朴的民族风情和天然去雕饰的美女，丹巴人勤劳、勇敢、善良，秉承的是朴素的价值观，人与人之间都非常友好热情。丹巴女子不施粉黛，丽质天成，眼睛如秋水般清澈，芳唇不点自红，面庞标志清秀，体态婀娜多姿，最重要的是她们不光外表美，心灵更美。她们对美的定义也与世俗不同，美之于她们，不是精致的妆容，不是美衣华服，不是闪光的珠宝饰品，而是勤劳的品质和美好的性情。

严浩情不自禁地爱上了一名丹巴女子，想要娶她为妻，这位美丽的丹巴女子对他也很有好感，两人很快坠入了爱河。严浩想要把该女子带出丹巴，他说自己有宽敞阔绰的大房子，有豪华轿车，还有数不清的令人眼花缭乱的好东西，那女子却说那并不是她想要的，她爱这里的山、这里的水、这里的人和这里的一切，她要永远留在丹巴。严浩为自己的俗气而感到羞愧，那女子是那么单纯，她并不了解外面的花花世界，自己当初不就是被那份纯真打动的吗，现在又为何要用世俗社会的庸俗观念来改变她美好的天性呢？

严浩想通之后，选择留在了丹巴，他不知道自己是为爱留下的，还是为这里健康朴素的美好人性留下的，或许两者兼而有之。无论如何他在丹巴找到了爱情，收获了友情，而且平生第一次学会了遵循自己的心性生活。

庄子在《天下》中说："不离于宗，谓之天人。不离于精，谓之神人。不离于真，谓之至人。以天为宗，以德为本，以道为门，兆于变化，谓之圣人。"他所推崇的人性不脱离宗本，不脱离人类自然之初的状态，这种初始状态指的不是人要回归原始的兽性，而是回归到被世俗文明侵染和利欲诱惑之前的状态，也就是返回到人类最纯洁的原始心性。俗世有如一个万花筒，包罗万象，色彩斑驳，制造了很多浮华的幻象，人类沉迷其中，就会迷失心性，唯有摆脱世俗的枷锁，越过文化的樊篱，我们才能倾听到自己内心最真实的声音，进入"采菊东篱下，悠然见南山”的意境，过上自己真心想要的生活。

8. 隔岸看焰火，悠然以游世

“游世”二字足以概括庄子的世界观、人生观和价值观，庄子所处的时代是一个混乱无序的大裂变时代，他虽然活得无比超然，但作为一个具有强烈悲悯心的肉体凡胎，他目睹人间的苦难，并感同身受，心里也是痛苦的。在寻求痛苦解脱之道时发现了游世精神，并提出了游世思想。他所倡导的游世精神并非建议人们以玩世不恭的态度对待人生，不是消极避世、超越红尘遁隐山林，也不是像儒家那样积极入世，而是指藏匿于世俗红尘中，但又与世俗保持适度的距离，就像隔岸观看焰火，欣赏五彩缤纷的颜色，却不沉醉其中。

《逍遥游》中，庄子以辩论的形式阐述了自己对人生价值的看法。惠子说：“吾有大树，人谓之樗。其大本拥肿而不中绳墨，其小枝卷曲而不中规矩。立之涂，匠者不顾。今子之言，大而无用，众所同去也。”庄子却说：“今子有大树，患其无用，何不树之于无何有之乡，广莫之野，彷徨乎无为其侧，逍遥乎寝卧其下？不夭斤斧，物无害者；无所可用，安所困苦哉！”惠子认为物只有对人有利用价值才算有用，庄子却不以为然，他认为树木生于自然之野，自然界才是它的归宿，对人无用它仍具有价值。

以树及人，人若能摆脱各种利益诱惑，回归到自己的本性，就能达到无用中的至用。我们不能把是否能被他人利用当成自己的价值，因为我们本身就具有价值。想要做到这点就必须与世俗保持距离，入世太深必然被世俗同化，但也不能绝对出世，因为作为个体我们很难能脱离人类社会而单独存在，所以要与社会保持一种若即若离的关系，做到大隐隐于市，这就是所谓的游世哲学。

一代开国功臣韩信被吕雉设计害死前，曾悲凉地哀叹道："狡兔死，良狗烹；高鸟尽，良弓藏。"其实在中国历史上，同样的悲剧数不胜数，比如春秋时期的文种就是在失去利用价值被残害的名臣之一。

文种和范蠡都曾辅佐过越王勾践，为勾践一雪前耻，成为春秋霸主立下过汗马功劳，可一个被迫自刎，一个功成身退，浪迹江湖，最终成为历史上赫赫有名的大商人，两个人的命运为何如此不同呢？原因很简单，两个人的人生选择不同，文种选择了为帝王所用，认为在朝为官，辅佐君王，才算实现了人生价值。范蠡却不这样想，他早已看穿了勾践残暴虚伪的本质，所以他选择了保留有用之身，因此得以颐养天年。

勾践打败吴王夫差，实现复国大业以后，自然要重重犒赏有功之臣，文种和范蠡功劳最大，所以都得到了丰厚的赏赐。范蠡认识勾践二十余载，深知此人长颈鸟喙，只能共患难不可同富贵，所以委婉地谢绝了封赏，请求告老还乡。勾践佯装挽留，心里却暗自高兴，爽快地答应了他的请求。

范蠡辞官以后，奉劝文种跟自己一块儿解甲归田，文种却不愿离开，他想自己作为朝中重臣，辅佐君王二十多年，立下了大功劳，现在正是论功行赏的时候，为何要离开呢？无论范蠡怎么劝说，文种就是不为所动。后来文种终于看清了勾践的庐山真面目，这才意识到范蠡的先见之明，可惜为时已晚。他称病不上朝，但最终也没能躲过大祸，勾践带着一把宝剑赶到文种府上，对他说："当年你献七术助寡人灭吴国，寡人只用了三术就消灭了吴国，现在仍有四术没有用上，你去献给先帝，助他继续对抗吴国吧。"说完就扬长而去。

文种自知难逃一死，就用越王给他留下的宝剑拔剑自刎了。范蠡及时功成隐退，后来凭借着卓越的商业才华，成为了名扬全国的豪商巨贾，他乐善好施、广施仁德，经常周济贫苦百姓，成为备受尊敬的一代贤者。

文种的人生悲剧源于他对世俗之用的看重，他认为只有站在君王身侧纵横天下，才能最大限度地体现人生的价值，正是这种执念将他推入了万劫不复的深渊。现代社会有不少人和文种抱有相同的看法，那么这种观念是怎么形成的呢？究其原因和复杂的社会环境有关，当利益成为支配人际关系的纽带时，人与人的关系就演变成了一种交换关系，即通过互换资源来确立彼此的关系，在这种情况下，你只有对别人有用，别人才会认可你的价值。而一旦你失去了利用价值，别人就会对你弃之不顾。

庄子显然并不认可这种世俗法则，所以他主张和世界保持距离，免得被世俗所奴役，若想不为世俗所困，必须要发扬一种游世精神，以游戏的轻松心态来看待阴晦的现实世界，以彻悟来取代对抗，坦然而洒脱地行走于茫茫世间，隐迹于江湖，却要挣脱身不由己的无奈，这种介乎于出世与入世之间的生存哲学就是庄子的游世思想。简言之我们要追求自身的至用，而不要充当别人谋利的工具，更不要把自己的个人价值建立在现实而庸俗的法则上，如此我们才不至于沦为世俗的奴隶，才能真正地享受生活。

9. 大道至简，大美天成

世间万物，洗尽铅华才能识其本真面目，所谓真水无香、静水流深、大美无痕，万物归一，无事雕琢，简单质朴的东西才是最美好的。道家说“大道至简”，庄子说“天地有大美而不言”“天地一指也，万物一马也”“天地与我并生而万物与我为一”，超脱世俗的枷锁，摆脱人间的纷纷扰扰，与自然合二为一，简单生活，才能领悟人生的真谛。

如今，人们总是慨叹社会复杂，而自己在纷繁复杂的环境中也变得越来越现实，越来越沉迷于无谓的争斗。庄子认为人作为大自然的一分子，追求的应该是和谐，而不是对抗，唯有回归自然、回归自我，才能找到内心的和谐，否则就会让自己活得纠结而痛苦，他指出“其寐也魂交，其觉也形开，与接为构，日以心斗”，意思是说，忧心忡忡的人睡觉时心绪烦乱，醒来后仍感到惶惑不安，与外界纠缠不断，整日深陷于钩心斗角之中。人生若陷于这样的境地多半是咎由自取的结果。

人生其实可以很简单的，在庄子眼里，大智慧者必定率性自然，不为外物所累，与世无争，安闲自在，而小聪明者思绪纷繁，锱铢必较，总是把简单的事情搞复杂，伤害别人，也拖累自己。《齐物论》中有云“大知闲闲，小知闻闻。大言炎炎，小言詹詹”，说的就是这个道理。真正有智慧的人并不是高深莫测、城府极深的，他们以简入道，从不高谈阔论，然而所言却是字字珠玑，耍小聪明的人则不然，他们喜欢故弄玄虚和夸夸其谈，而事实上却是非常浅薄和无知的。

我们都希望拥有简单纯粹的幸福生活，渴望有朝一日能摆脱尘嚣烦忧，过上“闲看庭前花开花落，漫随天外云卷云舒”的惬意日子。只有化繁为简，去掉心机，遵循自己的内心生活，我们才能领略到庄子所说的“大美天成”的境界。

曹靖是一家高新技术公司的中层管理人员，他平时业务非常繁忙，每天都要加班加点地工作，然而苦苦奋斗数年，他的职位始终没有提升，还要赔笑脸，默默忍受上司的苛责，这滋味着实不好受。更让他头痛的是公司里复杂的人际关系，项目部经理辞职以后，很多人都觊觎这个位置，曹靖被认为是最有希望接此职的候选人之一，除他之外，还有好几个强有力的竞争对手，曹靖不知不觉就被卷入了复杂的争斗中，为此他非常心焦，几乎整日寝食难安。

妻子不明白曹靖为什么最近总是心烦，于是试探地问：“你有什么心事吗？是不是工作不顺利？”曹靖叹气说：“我真是厌倦了职场复杂的争斗，有时候我真羡慕古代的人，能过着自给自足的简单生活。”妻子说：“我们也可以过那样的生活。”“这是不可能的。”曹靖否定道，“为了过上更好的生活，人就得被迫适应环境，上升的渠道那么窄，诱人的位置又那么少，所有人都在争抢，谁还能独善其身，甘愿退出呢？”接着他又把公司里发生的重大事情讲给了妻子听，随后他又皱着眉头说：“我能有今天付出了很大的代价，这些年来在老板面前我唯命是从，在上司面前我唯唯诺诺，在同事面前我说了许多言不由衷的话，我实在是太累了，现在有更高的位置等着我，但我好像已经没有力气冲刺了。”

妻子听完丈夫的抱怨，沉默了一会儿，说：“你何苦这样为难自己？”“我是想让你过上幸福的生活，这是我在婚礼上承诺过的。”曹靖动情地说。“可我并不觉得那样的生活就是我想要的呀，这些年来你总是忙于应酬，笑容越来越少，还经常说梦话，你过得不开心，这个家也没有幸福的感觉，虽然我们的家居用品越换越高档，外出就餐的时候选择的餐厅也越来越高级，可是我宁愿在家简简单单吃顿便饭。有时我在想如果时光能够倒流该有多好，倒回到我们一无所有的时候，至少我们还可以享受简单的幸福，比如一起吃顿晚餐，一起走在马路上吹吹风，或者是好好坐下来聊聊天，我们好久没有谈心了。”

“你想要的就是这样的生活吗？就是想让我陪你吃晚饭、压马路和聊天？”曹靖觉得有些不可思议，“你的想法也太简单了，要求也太低了。”“可是这样的生活才是最真实的生活呀。”妻子如是说。曹靖这才猛然意识到已经好长时间没有陪伴妻子了，于是第二天就推掉了应酬，驱车赶回家吃了顿可口的晚餐，妻子厨艺不错，做了满桌好菜，两个人吃得非常开心。晚上，他陪着妻子在月下散步，两人边走边欣赏无边的月色，街道两旁的住宅透出温暖的橙黄色的光，万家灯火也显得格外迷人。曹靖忽然领悟原来快乐是那么简单，他似乎在一刹那理解了妻子，决心以后不再沉迷于复杂的纠葛，他要给予妻子最简单的幸福和快乐。

欲求简单，便能清除嘈杂的声响，挣脱生命的藩篱，活得充实自在；生活愈简单，我们愈能体悟到人生的真味；梦想愈简单，我们愈能把握当下的美好生活，而不会为了一个可望而不可即的目标空耗心力；做人愈简单，我们愈能收获亲情、爱情和友情。拥有一颗质朴的心，我们的心境才能更加澄明；皈依自然、回归本真，我们才能看到更美的风景，走完更远的路程。

庄子是简单的，他追求天人合一的理想，认为人性之美可以与天地的大美融为一体，他在世间万物中寻找美的内涵，甚至在蝼蚁、稊稗、瓦甓中都能发现大道的存在，如果我们不能从简单的生活中感悟到和谐之美，只能说我们的眼睛已经被斑驳的色彩所蒙蔽，我们的心灵之花已经被世事风雨所摧折，我们的灵魂也在渐渐枯萎。事实上，只有回归真实的自我，我们才能容光焕发，得到真正的幸福和快乐。

10. 遵循天性，不为外物所累

每个人都在追求自我价值的实现，期望在社会上能够找到自己的位置。尽管生活在一个多元化的时代，人们的价值取向还是异乎寻常的单一，大部分人奉行的是实用主义的法则，根本不清楚自己喜欢什么、擅长什么以及内心想要的究竟是什么，为了薪水做着自己不喜欢的工作，为了出人头地硬着头皮挤进自己不擅长的领域，为了获得外界的肯定完全违背了自己的意愿，结果可想而知，不但没有取得任何成就，反而搞得自己身心俱疲。

庄子在《秋水》中这样写道："贵贱有时，未可以为常也。梁丽可以冲城，而不可以窒穴，言殊器也。骐骥、骅骝一日而驰千里，捕鼠不如狸狌，言殊技也。鸱鸺夜撮蚤，察毫末，昼出瞋目而不见丘山，言殊性也。”意思是说，事物贵贱的价值并非是恒定不变的，而是随时变化的。比如栋梁可冲撞城门，却不能用以封堵洞穴；骏马一日可驰骋千里，可捕鼠的本领还不及狸猫；猫头鹰夜里眼睛最敏锐，能捉蚤察毫末，可白天睁大眼睛也看不见山丘。

庄子认为事物各有所短、各有所长，要充分利用自己的长处、规避短处，才能最大限度地施展自身的才能。所谓“天生我材必有用”，每个人都有自己的独特之处和闪光之处，但是因为受到贪念的驱使或者为外物所累，我们往往会盲目地选择不适合自己的道路，即使每天焦头烂额、叫苦不迭，依旧不肯从迷失中走出来。

不少人把成为人上人当成自己的毕生追求，为名为利为财苦苦奋斗，一路摸爬滚打，可谓耗尽心力，可是却从未体味过人生的乐趣。这是为什么呢？对此，庄子在《马蹄》一文中给出了合理的解释：“马，蹄可以践霜雪，毛可以御风寒。龁草饮水，翘足而陆，此马之真性也。及至伯乐，曰：‘我善治马。’烧之，剔之，刻之，雒之，连之以羁絷，编之以阜栈，马之死者十二三矣。饥之，渴之，驰之，骤之，整之，齐之，前有橛饰之患，而后有鞭筴之威，而马之死者已过半矣。”

马，蹄踏霜雪，以毛御寒，食草饮水，奔跑跳跃，是其天性，高台阔殿对马来说毫无用处。擅驯马的伯乐用烙铁烧马蹄，剔剪刮刻它的蹄甲，然后钉上铁掌，给马戴上笼头配上马鞍，用饥渴、驱驰、鞭打等各种手段来调教马，千里马丧失了马的本性，不仅不能日行千里，而且大部分都会死去。对于很多人来说都曾扮演过庄子笔下的伯乐，同时也是那匹受尽折磨、痛苦不堪的千里马。人们为了所谓的荣光和更美好的生活，时时刻刻都在鞭策自己，以为现在吞下一杯杯苦酒，未来就能得到最甜美的甘露，殊不知强迫自己从事自己不热爱也不擅长的工作，违背自己的天性，非但不能换来甘露，还会让自己伤痕累累、心灵干涸。

余凡是一名程序员，自从从事这份工作，他几乎每天都忙得焦头烂额。编程技术含量高，待遇又非常优厚，在人们眼里能从事这项工作的人可谓是标准的白领。其实，余凡大学学的并不是计算机专业，而是平面设计，他曾经梦想成为一名优秀的平面设计师，最后却在理想和现实面前选择了现实。

余凡从小热爱绘画，对光影和色彩的感觉非常好，而且十分擅长构图，可是对于一个刚刚毕业的大学生来说，做设计必须从基层干起，薪水也比较少，这是一向好强的余凡所不能接受的，他的同学有不少纷纷改行做起了编程，理由很简单，这份工作薪水可观，又受人尊重，从事这一行业的人很容易让人联想到精英阶层。余凡动心了，很快就报了一个编程培训班，之后就有了一个光鲜的职业。

余凡从事软件开发工作整整一年了，但仍不能做到游刃有余，他自知自己根本就不适合做程序员，但又舍不得放弃这份高薪职业。每天他都加班加点地工作，经常把自己搞得头痛欲裂，晚上还要充电，恶补更多的程序知识，实在太累了他就把空调的温度调得很低，以防自己打瞌睡。熬到深夜，他实在撑不下去了，双眼不知不觉就合上了，猛然惊醒后他狠狠地训斥了自己，并快速地冲了一个凉水澡，继续挑灯夜战。就这样余凡秉持着“吃得苦中苦，方为人上人”的信念日复一日地鞭策着自己，以近乎“头悬梁，锥刺股”的自虐方式逼迫自己负重前行。他感到越来越痛苦，却总是安慰自己说痛苦是暂时的，年轻时多吃点苦，将来才能有一个锦绣前程。

两年之后，余凡患上了神经衰弱，他并没有晋升为软件工程师，还常常因为工作上的失误受到上级的严厉训斥，公司老板也对他越来越不满，甚至毫不客气地说如果他不能拿出像样的工作成绩，最好主动离开公司。收到最后通牒以后，余凡压力更大了，想起自己这两年所吃的苦、受的累，他就感到一阵阵心酸：为什么自己付出了这么多换来的却是这样的结果呢?

因为随时有可能被公司辞掉，余凡考虑搬到一个价格相对低廉的公寓居住，收拾东西时他无意中看到了自己大学毕业时设计的作品，而今他真不敢相信那些炫丽的作品真的出自自己之手。那饱满鲜活的色彩、那优美精致的构图、那令人眼前一亮的创意，竟然都是他独自创造出来的，他这才明白“放错了位置的人才就是垃圾”这句话的含义。

后来余凡主动辞掉了工作，专心投入到设计行业。在自己擅长的领域里他做得得心应手，虽然收入大幅度缩水，可日子过得却越来越滋润，而且工作和生活得到了很好的平衡。以前他从未想过自己有一天能过上如此轻松惬意的生活，还以为自己会像一头老黄牛一样一直挣扎到退休。他很庆幸能及时调整方向，找到了适合自己的人生坐标，过上了自己想要的生活，而今他真的感到很满足、很快乐。

为了身外之物而工作，全然不顾自己的内心感受，就有可能把自己变成没有情感和思想的冷酷机器。用残酷的手段逼迫和鞭策自己，和庄子笔下残害千里马的伯乐又有什么区别呢？每一朵花都有自己的芬芳，每一个人都有自己的闪光点，不考虑自己的长处，盲目地追寻别人的脚步，只是为了金钱、地位而奋斗，往往都会一事无成。心灵负累太多，生命就会格外沉重，鸟儿的脚上绑缚上金块，它就飞不高了，人也一样，欲念越重越是不能有所成就，与其急功近利，不如遵循自己的天性，顺应自己的本心，像庄子那样做一匹自由驰骋的、快乐的马。

第二章

见素抱朴：淡泊名利，卸下心灵负荷

庄子说，人一旦被外物所累，心就不自由了，诸如名利、金钱这些让世人趋之若鹜的东西根本不能给人带来真正的幸福，它们只会成为心灵的包袱，给人带来无穷无尽的痛苦和烦恼。锦衣玉食、犬马声色、权力、财富，看似迷人，实则害人不浅，为了追求这些身外之物殚精竭虑、劳损身心，实在是得不偿失。其实，真正的幸福与身外之物无关，它仅仅是人心理上的一种感受，人只有从物累中解脱出来，在精神上获得彻底的自由，才能聆听到幸福的声音、感悟到幸福的真谛。

庄子朴素的幸福观带给我们的是一种全新的启示，我们之所以不幸福是因为被名缰利锁缠绕得太紧，被物欲和虚荣心荼毒得太深，唯有淡泊名利，放下私欲杂念，我们才能卸下心灵的负荷，放飞心情，自由歌唱。

1. 且将浮名换浅唱

沉溺于虚名者，往往是当局者迷，误把虚名当作炫耀的资本和成就，甚至是人生价值的体现。古代帝王将相以为把名字和功绩刻入石碑就可以名垂青史、永垂不朽，结果不是被后世淡忘，就是换来了千载骂名，这说明人之功过不在于浮名，而在于德行。当今社会，不少人都耐受不了默默无闻的寂寞，千方百计地想一举成名，为了出名殚精竭虑，甚至不惜哗众取宠，也许少数人可以凭借手段和运气成名，可付出的代价却是无比沉重的。

人为什么那么迷恋虚名呢？就好比为了追逐虚幻的肥皂泡，宁愿亲手为自己打造一座波光潋滟的华丽水牢，沉迷于其中不愿醒来，名声真的有那么重要吗？对此，庄子给出了否定的回答。他掷地有声地说："名者，实之宾也。"意思是说，名是实的附属物，它是处于次要地位的。

庄子对名无动无衷，否则他也不会放弃高官，甘愿做一个一无所有的小民。要知道显赫的地位和身份是一个人被崇拜被仰慕被美化的重要条件，庄子不爱名，是因为他认为名本是身外之物，为虚名所累实在是不值得，人才是实体，名不过是虚幻的光环罢了，为了一个虚物而曲意逢迎、阿谀谄媚，无异于自取其辱，其行为是非常愚蠢的。在庄子眼里，只有淡泊名利，才能活得率真洒脱；只有看淡虚名，才能领悟人生的真谛。

顾峰做梦都想出名，他时常幻想自己站在舞台中央，台下是如潮的掌声和此起彼伏的欢呼，人们高喊着他的名字，对他顶礼膜拜，把他当成完美的偶像。他想象自己在镁光灯下如何幽默风趣地回答记者的问题，所有在场的人都被他的魅力征服了，似乎他就是本世纪最耀眼的一颗新星。然而这一切不过都是不切实际的想象，顾峰相貌平平，又没有表演天赋，成为影视明星的机会非常渺茫，他也不擅长唱歌跳舞，没有参加过一次选秀节目，所以也成不了歌星。

顾峰虽然不具备成名的条件，但成名之心不死，他想既然没有才艺，可以走其他路，比如写作，现在畅销书作家的名号不比明星差，有的作家年纪轻轻就名扬全国，成为亿万读者心目中的偶像。顾峰为自己制订了一个成名的计划，首先他要推出一部惊世骇俗的作品，最重要的是吸引眼球，至于质量如何倒在其次，因为成名才是他的最终目标。接下来顾峰开始在网站上发表小说，几乎把所有的时髦元素和吸睛要点都融入了这部不伦不类的小说里，可因为网络写手多如牛毛，竞争非常激烈，他的作品没有引起多大的关注，最终石沉大海。

顾峰不甘心，偶然之间他认识了一个性情怪异的文艺青年，他叫韩泽，是个业余的写手。顾峰向他请教写作要领，韩泽不理不睬，还经常出言讥讽顾峰。顾峰没有太放在心上，他想也许文人都才高气傲，既然要向人家学东西，还是忍耐一下吧。后来，顾峰发现韩泽不仅家境优越，还认识很多出版界的名人，他想如果能交上这个朋友，成名就指日可待了。韩泽也看出顾峰有求于自己，平时在交往中总是对顾峰颐指气使，顾峰每次都是低眉顺目、忍气吞声，为了让韩泽高兴，顾峰学会了不少花言巧语，他觉得自己好像变了一个人，张口闭口都是谄媚的假话，有时他甚至在想难道自己天生就有一副媚骨？都说文人有一身铮铮傲骨，陶渊明不愿为五斗米折腰，李白说“安能摧眉折腰事权贵”，可他在韩泽面前，连脊梁都挺不直，简直丧失了一个人最起码的尊严。

顾峰想像韩信那样忍胯下之辱，但他到底不如韩信从容，忍辱负重的滋味着实不好受，他从未感到这么累过，但韩泽仍对他不满意，其实韩泽从没有把他看成自己的朋友，甚至从骨子里瞧不起他。有一次，他无意中听到韩泽说：“那个叫顾峰的写手，想出名想疯了，我平生最看不起这类人，奴颜婢骨、卑躬屈膝，真是让人作呕。”顾峰听到这些话之后就再也没有出现在韩泽面前。后来他发现有不少人都在犯他当年犯过的错误，有的人为了在单位里评职称而不断奉承上级，有的人为了一个所谓的光荣称号甚至出卖了自己的灵魂，有的人为了光环加身而低三下四，这是多么不值得，他想自己成名梦碎未必是坏事，至少他又做回了自己。

大千世界纷繁复杂，诱惑何其多，为名利而奔波和折腰的人不在少数，庄子对名利是不屑的，他不肯“为留骨而贵”，宁可做一只在泥淖里自在曳尾的龟，他高呼“名也者，相轧也”，奉劝世人不要为了名利权势而劳顿于心，更不要为了浮名而相互倾轧，徒有虚名是毫无意义的，一个人一旦实体变质，无论通过何种手段包装自己，都无法改变金玉其外、败絮其中的事实。

我们不是先哲，不求流芳百世，要想获得社会的尊重和认可，靠的不是名不副实的光环，而是自己本身的操守和价值。庄子不求名，却以高洁的人品、卓然的才华而万古流芳，好的名声不是粉饰来的。名为实而存，皮之不存，毛将焉附？丧失了自我，名还有什么意义呢？何不学学柳永，把世事浮名换作浅斟低唱的潇洒。

2. 看淡世间浮华，抛却功利心

有人说有什么样的人生观就有什么样的人生，利欲熏心的人选择了贪婪，因此终生都要和名缰利锁为伴；宁静淡泊的人选择了自由，所以可以安闲自在地悠游于世，庄子正是这样的人。他“不拘一世之利以为己私分”，并且非常赞赏颜回，因为颜回不为功利所累，不沉迷于外物。庄子尤其唾弃那些贪得无厌，为了自身利益而不择手段的人。他在《天地》一文中说：“功利机巧，必忘夫人之心。”意思是说，为了功利投机取巧、机关算尽，必然迷失本心。

庄子不仕，不是因为怀才不遇，也不是因为壮志难酬，他谢绝了别人梦寐以求的相位，甘愿悠然地持竿垂钓，在污浊秽气的环境中，他能独善其身，坚持顺乎本心生活，哪怕换来的是清贫飘零。他就像一朵伟岸幽香的雏菊，盛开在动荡飘摇的乱世，人们为功利所惑，为功利疯狂，为功利杀伐，而他依旧故我，不改最初的本色。当别人为了高官厚禄奔波劳碌时，他却坐在濮水边做淡泊的钓翁，冷静地观察着这个被外物所累的世界。

庄子说人类是有“机心”的，即功利之心，表现为对外界资源的疯狂掠夺和无限制地索取，人类欲壑难平，不仅亵渎了自然大美，还毁掉了自身纯洁的本质，使自己陷入无穷的挣扎和痛苦中。庄子呼吁人们忘却功利心，“知足知止”，摆脱世俗的庸俗精神，只有这样才能“形全精复”、“形精不亏”，成为一个身心健康快乐的人。

有一天，庄子游览栗树园，忽然看到一只黄雀从空中掠过，那雀双翼可达七尺，眼睛足有一寸大，可不知怎么回事，它竟像一只无头苍蝇一样一头撞上了庄子，正中庄子的额头，随后就一动不动地落在树林里，仿佛被撞昏了一般。庄子被撞得头昏眼花，便愤愤地嚷道：“这鸟好生奇怪啊，有这么大的翅膀却飞不动，有这么大的眼睛却对眼前之物视而不见。”

话音刚落，他就在好奇心的驱使下跟踪那只雀鸟，试图找到事情的真相。他手执弹弓，亦步亦趋地跟在黄雀的后面，只等时机成熟就把它射下来。可是还没等到开弓，就被眼前的景象惊呆了。他看到有一只蝉因为贪图阴凉而躲在了树荫下，全然忘记了周围的危险，结果被天敌螳螂逮住了，螳螂为了捕蝉，也忘记了自身的危险，将自己的形体暴露在了危险的环境中，使暗中窥视它的黄雀找到了时机，黄雀一心想着啄食螳螂，美餐一顿，却没有想到不远处正有个执弓的人随时都可以射杀它。

庄子揉了揉额头，似有所悟，他想：“世间万物都是相互牵连的，利益和灾祸也是相互招引的。”庄子沉吟片刻，便扔掉弹弓打算离开，却突然被守园人撞见了。守园人怀疑他入园盗窃栗子，就不分青红皂白地大骂起来，庄子狼狈地逃回了家里，闭门三日不出。

庄子的弟子蔺且对此迷惑不解，他便问庄子："先生为何一连三日不出门庭啊？"庄子说："我想射黄雀，却忘了自己，就像看见浊水，却在清渊面前迷失了心性。我到栗园游玩，发现螳螂为了捕蝉而忘掉了自己暴露在外的形体，结果被黄雀找到了捕食自己的机会，黄雀为了掠食螳螂也忘记了自己，结果差点被手拿弹弓的我射杀，我为了射黄雀同样忘了自己，结果被守园人发现了，还被诬赖偷栗子，我想把其中的道理想个明白，所以才闭门不出。"

螳螂捕蝉黄雀在后的故事我们再熟悉不过了，不过却不是每个人都知道黄雀并不是最大的赢家，因为它身后还有一个手持弹弓随时都可以结果它性命的人，但那执弓之人也不是笑到最后的人，因为他最后不但没有得到黄雀，还被大骂了一顿，之后又被粗暴地赶出了园子。我们都知道鹬蚌相争渔翁得利的道理，可谁又想过渔翁得利之后又怎样了呢？会不会输得更彻底呢？

庄子想告诉我们的其实是一个非常朴素和简单的道理，只顾眼前利益，而看不到潜伏在身后的危害，最后就会在彼此算计中赔上一切。《红楼梦》中"机关算尽太聪明，反误了卿卿性命"说的就是这个道理。庄子鄙视权势、名利等身外之物，将世人趋之若鹜的东西看得极轻极淡，就是因为他看清了逐利的危害。他说："今世俗之君子，多危身弃生以殉物，岂不悲哉！"一语道破了对世俗功利的看法。

人生在世，本来就是苦乐参半的，人要生存发展不但要承受奔波劳碌之苦，还要承受悲欢离合、衰老病死之苦，如果为了蝇头小利再为自己增加无形的心理负担就真是得不偿失了。有的人处心积虑、千方百计地向上爬，终日钩心斗角，惶惑不安，一招错就会满盘皆输，这样的人生哪有半点乐趣可言呢？不如全身而退，学学庄子的人生态度，没有了利益倾轧，我们可以活得更简单更幸福。人生苦短，我们不该被功利阻塞心智，抛弃功利，方能得大自在；远离功利，我们的人生才会更美好。

3. 莫把财富当成人生最高追求

不少人把积累财富和挥霍钱财当成了此生最大的乐趣，在纸醉金迷、灯红酒绿的时代，沉溺于醉生梦死的享乐之中，忽略了生命本身的意义和价值，彻底沦为了金钱的奴隶。其实为钱而活的人无论表面上有多么风光、笑容有多么灿烂，背后大多隐藏着不为人所知的迷惘和虚无感。那么庄子是怎么看待金钱的呢？

表面看来庄子具有强烈的反物质倾向，他说："贵人富商之家求椫傍者斩之。"富人一出场就和棺材联系在一起，显然带有揶揄的味道，这好像在说即使腰缠万贯、富甲天下又怎样，死后一样要装在狭小的棺材里，最终只会化作一抔土而已，钱财生不带来死不带去，又有什么值得痴迷的呢？难道庄子仇富吗？当然不是，他只是看穿了金钱的本质而已。他安贫乐道，不是因为没有飞黄腾达的机会，也不是因为天生视金钱如粪土，而是不愿为物欲所累。

《庄子·至乐》中云："夫富者，苦身疾作，多积财而不得尽用，其为形也亦外矣。"意思是说，富人为了金钱而辛苦劳作，损害身心健康，积累了钱财又不能物尽其用，这对于护养自己的身体不是完全背道而驰吗？也就是说庄子反对为了金钱劳损身心。现代人年轻时用健康换金钱，年老时却很难用金钱买回健康，有的人为了钱而过劳死，这是多么可悲啊。追求物质对身体的损害已经够令人触目惊心的了，对心灵的荼毒更是令人震惊。朋友为了金钱纠葛而反目成仇，亲人为了争夺遗产而对簿公堂等例子在当今社会比比皆是，更有甚者为了谋取财富和物质利益走上违法犯罪的道路。

很多人认为金钱可以买到一切，包括幸福和感情，殊不知金钱买来的幸福往往是伪幸福，金钱买来的感情往往不是真感情，赚钱并不是人生的终极目的，物质的贫乏并不可怕，可怕的是灵魂的腐朽和人性的迷失。

高辉是一家集团企业的老板，他苦苦奋斗了多年才有了如今的家业，事业可谓如日中天，但感情却始终没有着落。他追求纯洁的爱情，不希望婚姻成为青春和金钱的交易，因为没有找到真正的纯情女郎，他迟迟没有结婚。他担心这样下去恐怕会遗误终生，在迫不得已的情况下他选择了隐姓埋名，假装成普通的打工仔等待真爱的到来。

大约过了半年时间，高辉认识了一个普通的小职员，她叫吕颜，有着明媚的眼波和清纯的笑容，留着披肩发，夏天穿白底碎花长裙，冬天穿淡粉色的羽绒服，看起来就像刚出校园不久的大学生。吕颜收入不高，但并不贪心，尽管容貌姣好，却从未有过飞上枝头做凤凰的想法，她以为高辉是个落魄的青年，但还是毫不犹豫地与他建立了恋爱关系。两人经过三年的恋爱长跑，高辉向吕颜求婚了，吕颜高兴地答应了。

“我一定要为你举办一场令你终生难忘的婚礼。”高辉说完这句话，就如实地向吕颜坦白了身份。“你就是我等了多年的新娘，因为你通过了考验。”高辉开心地说。吕颜却因为自己被欺骗而义愤填膺，差点取消婚礼，高辉再三道歉才挽回了她的心。他们举办了一场豪华而盛大的婚礼，在当地引起了不小的轰动。婚后两个人的生活完全变了。之前的三年他们经济拮据，每天过着精打细算的清苦生活。而今高辉开始教吕颜如何适应上流社会的体面生活。吕颜的虚荣心日益膨胀，阔绰光鲜的日子改变了她的人生观和价值观，就这样她从一个单纯朴实的灰姑娘慢慢蜕变成了一个挥金如土的豪门少妇。

后来由于经营决策的失误，高辉的公司破产了，千万家财瞬间蒸发，可是吕颜已经习惯了有钱人的生活，高档时装、珠宝首饰、限量版名包、豪华大餐成了她生活中必不可少的内容，重新去过清苦日子，她受不了，于是她不停地鼓励高辉东山再起，甚至威胁说如果高辉不能给她想要的生活，她就会选择离开。在妻子的逼迫下，高辉走上了非法募集资金的犯罪道路，最后以锒铛入狱收场，吕颜也无情地离开了他。

在监狱里，高辉开始反思自己经历的一切，他为吕颜的蜕变而伤心，更为自己的所作所为痛心疾首，他承认是他用金钱腐蚀了吕颜纯真的品性和两个人纯洁的爱情，他千方百计地逃离物质的浮华泡沫，没想到最终还是深陷其中无法自拔，甚至以非法手段敛财。

古语云："君子爱财，取之有道，用之有度。"可是很多人为了金钱不择手段，把金钱至上奉为人生的信条，最终害人害己。

庄子大半生居于穷街陋巷，在物质上是贫乏的，然而在精神上却是无比富有的。即使穷困使得他形容憔悴、面若枯槁，他也坚持不和鱼肉平民的统治者同流合污，这就是"富贵不能淫，贫贱不能移，威武不能屈"的大丈夫境界。古往今来，但凡贤者大多具有和庄子同样的心境，诸葛亮就曾经在《诫子书》中说："夫君子之行，静以修身，俭以养德，非淡泊无以明志，非宁静无以致远。"而今虽然世风不古，但如果我们能够从传统文化中，尤其是庄子的哲学中汲取精神养料，依然能够受益终生。

4. 无欲则刚，少一点欲望就少一些烦恼

人有七情六欲，欲望是与生俱来的，它是人性中不可分割的一部分，鲜有人能真正做到无欲无求。古语云："食色，性也。"也就是说食色之欲是人的本性，人除了食色这类最基本的欲望外，还受到物欲、权欲、占有欲、支配欲等欲望的控制。欲望是一把双刃剑，适度的欲望可

以成就人，过度的欲望则可以毁灭人。

庄子说“其嗜欲深者，其天机浅”，意思是说，沉溺于享乐，纵欲过度，就会变得肤浅。如果名利心太过强烈，就会变得唯利是图，成为欲望的俘虏，心智就会受到蒙蔽。一个穷奢极欲的人沉醉于声色犬马的享受时，就会变得昏聩。

在庄子看来，“人欲不可饱，亦不可纵”，纵欲必然让人丧失本性，他在《天地》一文里列举了五种欲望所带来的可怕后果：“一曰五色乱目，使目不明；二曰五声乱耳，使耳不聪；三曰五臭熏鼻，困惾中颡；四曰五味浊口，使口厉爽；五曰趣舍滑心，使性飞扬。此五者皆生之害也。”也就是说过度追求视觉、听觉、嗅觉、味觉的享受，过分随心所欲地迎合自己的趣味需要，就会损伤自身。

浅表地理解是，视听的强烈刺激虽被奉为饕餮盛宴，但却使人感官麻木，口腹之欲的无限度追求使得人味觉迟钝，心灵腐朽，最典型的例子是《红楼梦》中的贾府，餐餐都是山珍海味、玉盘珍馐，舌尖上的腐败使得豪门大户更加腐朽堕落，最终落得获罪抄家的悲惨下场。深层次地理解是，欲望一旦与贪婪融为一体，就会让人变得奢靡腐化，使人丧失心性，换言之，贪欲是万恶之源，也是人类沉沦自毁的根源。

古时有个叫曹商的宋国人，他奉命出使当时国力最强盛的国家——秦国。到了秦国，曹商凭借三寸不烂之舌讨得了秦王的欢心，获得了丰厚的赏赐，得到了上百辆豪华的车马。对此曹商不无得意，离开秦国后，便率领着百乘车马浩浩荡荡地招摇过市，到处向人炫耀。

有一天，曹商遇到了庄子，他洋洋自得地说，像他这样的人，若是待在陋巷寒舍，每天以编草鞋为生，恐怕没有能力一展所长。但是出使像秦国这样强大的国家，面见像秦王这样威风八面的君王，他便有能力应对自如，仅仅凭几句美言就能让君王龙颜大悦。庄子听了他的言论，对他的能力不予置评，只是淡淡地说：“我听说秦王身上长了脓疮，求遍天下名医也没有治好，于是就放言说谁若能为他破一个脓疮，就赐一辆豪华车马，谁若不顾廉耻愿意为他舔痔疮，就赏赐五辆车马。你得到了上百辆车马，该不是医好了秦王的痔疮了吧？如果不是这样，怎么会获得那么多的车马呢？”曹商羞愧得满脸通红，顿时哑口无言。

庄子并非不食人间烟火的神人，他同样也要考虑衣食住行的需要，所以不可能完全摆脱人类的固有欲望，但是他只追求正当的合理的欲望，内心不存多余的欲望，真正做到了少私寡欲。

论地位，他不及帝王将相，但因为不贪图权欲，他既不像帝王那样自私残暴，也不像朝中大臣那样一心想着加官进爵，完全不顾原则和道义，有的助纣为虐，成为了历史的罪人；有的遭致大祸，命丧黄泉，庄子没有私欲心，所以不为欲望所累，清清白白、潇潇洒洒地活了 83 岁。他一贫如洗，吃的是粗茶淡饭，穿的是粗衣旧服，住的是简陋的茅舍，出门没有车马，只靠双腿行走，当然不及拥有百辆车马的曹商风光，但他却比曹商活得坦然和自在，他不像曹商那样粗鄙，也没有那么现实和庸俗，有如闲云野鹤般逍遥，因为心无挂碍，获得了真正的快乐。

古人说“无欲则刚”，但真要做到无欲无求几乎是不可能的，“存天理灭人欲”的禁欲思想显然太过偏激，庄子认为欲望害人不浅，所以主张少私寡欲，寡欲就是清除除了满足最基本生存需求之外的多余欲望，并非指绝欲。少一点欲望，就少一些烦恼，多一些快乐，少一些负累，多一些闲适。如果采用人生的减法将所有过剩的欲望都清除，就不会阳奉阴违、蝇营狗苟，社会会变得更和谐，自己的身心也不会再那么疲惫。

欲望好比烈火，过盛就有焚身的危险；欲望像诱人的毒酒，使意志薄弱的人欲罢不能，而一旦选择了饮鸩止渴，后果就不堪设想。事实上，要做到少私寡欲并没有那么难，人的一生其实所需不多，饱暖自在即可，何必沉溺于欲望的泥潭里不肯自拔呢？

5. 心若知足，人生处处是惊喜

人最大的苦恼莫过于贪心不足。没有栖身之所的时候，有个可以住的地方就已心满意足，有了百平方米的房子想要更大的房子，有了更大的房子想要豪宅，有了豪宅想要别墅，有了别墅想要庄园，有了庄园想要整座城市，有了一座城想要整个世界……住宅越来越大，家的味道却越来越淡；荷包越来越鼓，心灵却越来越空虚；职位越升越高，境界却越来越低；得到的越来越多，却越来越不知满足，心越来越累，快乐也越来越少。

庄子在《让王》篇中说："知足者不以利自累也，审自得者失之而不惧，行修于内者无位而不怍。"意思是说，懂得知足的人不会为了追求功名利禄而奔波操劳，使自己身心劳累；懂得自得其乐的人不会患得患失，即使失去也不恐惧；懂得修养身心的人，即使没有官爵也不感到羞愧。庄子倡导"知足知止"，主张抑制贪求和膨胀的欲望，反对贪得无厌。

一个人内心是否感到满足，与他所占有多少资源无关，有的人资源丰富，却总是不知满足；有的人拥有不多，却能笑口常开、知足常乐。人之所以活得心累，大多不是因为生存艰难，而是因为长期受到贪欲的啃噬。因一个"贪"字而劳其身、伤其神、毁其节，以致"行拂乱其所为"，对此庄子一针见血地指出："一受其成形，不亡以待尽。与物相刃相靡，其行进如驰，而莫能止，不亦悲乎！"

当今时代，马路越拓越宽，交通却越来越拥堵；食物越来越丰盛，口味却越来越挑剔；花销越来越多，所缺的东西也越来越多；人的寿命越来越长，却越发感叹人生苦短。庄子比我们活得逍遥快乐是因为他比我们拥有得更多吗？显然不是的，与庄子相比，我们拥有更殷实的生活和更便利的条件，然而因为我们不知道满足，所以我们要承受贪婪带来的各种痛苦。庄子拥有不多，但他所求也不多，一箪食一瓢饮足矣，所以在他的世界里没有疲惫的奔波和欲火煎熬的痛苦，有的只是原原本本的真实人生。

有对乡下夫妻，日子过得很清苦，他们没有太多的积蓄，收入只够维持最基本的生存，然而他们并不沮丧，反而觉得很知足。家里唯一的财产就是一匹马，但因为两人都已上了年纪，既不能骑马，也不能驱马做农活，所以这匹马对他们来说价值已经大打折扣了。一天，妻子和丈夫商量把马牵到市场上换些有用的东西，丈夫同意了。

农夫牵着马赶到了市场，正碰见有人赶着一头肥壮的奶牛向前走，他想："如果我用马换了牛，那么我和老婆不是每天都能喝上新鲜的牛奶了吗？"于是他喊住了那个赶牛的人，提出愿意用自己的马换他的牛，马当然要比牛值钱，这笔交易如此划算，赶牛的人一听，非常高兴，立即爽快地答应了。

农夫赶着牛慢慢地往回返，在路上又碰见了一个牵着羊的人。他想："如果我也有一只羊该多好啊，那样在寒风刺骨的冬夜，我和老婆就能围坐在火炉旁，一边织羊毛袜子一边聊天了，日子多美啊。"抱着这样的想法，他又喊住了牵羊的人，提出愿用自己的牛换他的羊，牛比羊值钱，牵羊的人自然也乐于交换，于是农夫又把牛换成了羊。

农夫牵着羊快快乐乐地往家赶，途中又碰见了一个抱鹅的人。他想："有一只鹅多好啊，那样在夏天我就可以和老婆在池塘边看它快活地游泳了。"于是农夫又把羊换成了鹅。后来农夫遇上了一个抱着老母鸡的人。他想："假如我们有一只老母鸡，不就可以经常吃到香喷喷的煎鸡蛋了吗？"于是他又把鹅换成了老母鸡。

农夫抱着老母鸡走着走着，遇到了一个扛着袋子的年轻人。农夫好奇地问里面装的是什么。年轻人说是半袋烂苹果。农夫想不可能半袋的苹果都是烂的，里面总会有几个完好的吧。如果有了这些苹果，晚餐就能吃到可口的苹果馅饼了。于是他又把老母鸡换成了半袋烂苹果。

农夫扛着烂苹果回到了家里，他眉飞色舞地向老伴讲述这一天交换物品的经历，告诉老伴他是如何把一匹马换成半袋烂苹果的，他说："我真的很走运，每笔交易都做成了。"老伴认真地听完，然后高兴地说："你的每个想法都很美妙。现在我要去做苹果馅饼了。"

农夫的故事告诉我们拥有知足常乐的心境，人生才能处处充满惊喜。不计较得到与失去，不在乎物质多寡，时刻保持快乐的心情，我们才能找到幸福的真谛。清人金圣叹曾在《临江仙》中写道："是非成败转头空，古今多少事，都付笑谈中。"功成名就也罢，功败垂成也好，一切都将化作历史的尘烟，多少叱咤风云、显赫一时的大人物，坐拥富可敌国的财富，拥有至高无上的权力，而今不过成了后人茶前饭后的谈资罢了。知足常乐、欲求较少的庄子却超越了历史的局限，成为世人推崇和尊敬的精神导师。

庄子是懂得知足真谛的，他不惧穷途失意，不畏世事艰辛，不贪恋权势、功名，宁愿守着朴素宁静的日子终老。生于乱世，他没有发出"宁为太平犬，不做乱世人"的悲叹；生活困顿，他依旧能感受到游鱼的快乐。我们能生于和平年代是何其幸运，而且没有三餐不继的悲苦，那么为什么我们就不能像庄子那样学会满足呢？

6. 放下即拥有

我们之所以身心乏力、精疲力尽，是因为总是执迷于错误的东西。由于放不下，所以难释重负。人生路漫漫，背负太多的包袱，就注定步履维艰，唯有放下，才能轻装上阵，处处通途。放下是一种境界，更是一种智慧，学会放下才能举重若轻、笑傲江湖；学会放下才能宠辱不惊，静看云卷云舒；学会放下，才能活出优雅、活出风采。

庄子说：“巧者劳而智者忧。无欲者无所求，泛若不系之舟。”意思是说，手艺好的人辛劳，聪明的人焦虑，无欲无求的人悠然自在，就像四处漂流的小船。那么巧者因何而劳、智者因何而忧呢？为何庄子说无欲无求者最自在呢？这是因为手艺精湛的人，为了收入为了美名为了地位，要付出更多的劳苦；聪明的人思考太多，事事都想周全，活得太过谨慎，所以往往非常忧愁，而无欲无求的人，把这一切都放下了，什么也不在乎，所以才能自由自在地遨游。

庄子又说：“至人无己，神人无功，圣人无名。”无己、无功、无名就是放下的境界，如果能做到这点，就可以与世无争地逍遥一生。人们之所以放不下，是因为很多东西难以割舍，其实抓住不属于自己的东西死死不放，所失往往大于所得，而唯有懂得放下，才能真正拥有。庄子劝诫世人放下奢望和强求，他曾在《内篇·德充符》中写道：“游于羿之彀中，中央者，中地也；然而不中者，命也。”“知不可奈何而安之若命，唯有德者能之。”他并非是宣扬听天由命的消极思想，也不是让人们抱有“得之，我幸；不得，我命”的赌运心理，而是要让人们看清这个世界，不去强求和违背自然之道，以“无己、无功、无名”的思想来克制自己的贪念，放下身外之物，因为唯有如此，才能活得旷达和泰然。

庄子虽然超然于世，但终究是个性情中人，在人生的不同时期，他同样有过困惑和挣扎。历经沧桑以后，他才达到了“无己、无功、无名”的境界。少年时代的庄子是率性而天真的，他流连天地大美，热爱大自然，羡慕游鱼之乐，对世界充满了好奇和幻想。青年时代的庄子日益叛逆，他看穿了封建伦理道德的虚伪，尤其痛恶礼法教化，对于出仕为官极为排斥，于是他离开了宋国，远走他乡，来到楚越寻古探幽，试图找到万物和谐的理想世界。楚越之地古朴的民风让庄子摆脱了世俗的烦扰，使他感受到了人与自然的和谐之美。

中年时期，庄子为了谋生做了漆园吏，虽然俸禄微薄，他却从没有想过贪污受贿，平时只是老老实实、本本分分地完成自己的本职工作。对于看不惯官场规则、个性清高的庄子来说，出仕显然是一种无奈的选择。他虽然精神境界极高，但终归是肉体凡胎，没有衣食之源显然是不现实的，所以他克服了心理上的种种不适，达到了“无己”的境界，“无己”就不会为“身不由己”感到悲哀。

庄子的辞官以及对高官厚禄的推辞足以说明他已经完全放下了功名利禄。他辞官以后，就再也没有出仕，坚持以打草鞋为生。庄子变成庶民以后，非常贫穷，有一天家里实在没有食物了，饥肠辘辘的庄子不得不到管理河道的监河侯家里借粮。

监河侯面对面有菜色的庄子，态度非常无礼，他不冷不热地说：“等到我收完租税后才能借给你三百两银子。”庄子知道监河侯根本没有诚意借给自己粮食，就对他说：“我昨天在路上听到大声求救的声音，循声赶去，却发现呼救的原来是一条鲫鱼，它躺在干涸的车辙里，说自己来自东海，不幸落到了这般田地，哀求我给它一点水保全性命。我说‘我很同情你，我会去劝说吴王和越王，让他们开渠引水，把西江的水引过来救你，你觉得如何呢？’那鲫鱼听完，气得怒眼圆睁地说：‘我现在离开了海洋，只需一斗水就能活命，你却说引西江水这样的空话大话，等到你把水引来，我早就成为市场上的干鱼了。’”

庄子虽然穷困潦倒，但却不改初心，即使到了向别人借粮的地步，也没有丧失自己的人格尊严，遭受了侮辱还能淡定地讲故事说道理，表现得不卑不亢，这说明他不在乎别人怎样看待自己。他不仅放下了功名富贵，还放下了个人荣辱，在困厄中活出了洒脱。晚年的庄子更是达到了一种忘我的境界，他甚至看穿了生死。垂危之际，弟子表示要厚葬他，他却说："天地就是我的棺椁，日月就是我的连璧，星辰可作珠玑，万物与我同葬，这些东西难道还不够吗？哪里还用得着额外的东西呢？"弟子担心他的尸体会被鸟兽吃掉，庄子又说："弃尸于地上会被鸟类啄食，深埋于地下会成为蝼蚁的食物，为什么要夺走飞鸟的食物，交给蝼蚁吃呢，这不是太偏心了吗？"

比起世人的风光治葬，庄子丧葬从简既是对生死的超脱，也是对世俗观念的蔑视，多少人生前牢牢地把金钱、权力揽在手里，到死都舍不得放手。庄子生前放下了一切，面对死亡也如此淡然，又是何等洒脱啊。

对于执迷不悟、不肯放下的人，《红楼梦》里有句话一语道破了玄机："好一似食尽鸟投林，落了片白茫茫大地真干净！"该失去的终归会失去，人两手空空而来，终归会两手空空而去，世间没有什么是永恒的，有时候有些东西抓得愈牢，失去得愈快，处之泰然，反而能长期拥有。无功无名的人往往能取得更大的成就获得更好的名声，贪功贪名的人往往志大才疏、一事无成。无已的人更能活出自我，而把自己看得太重的人更容易迷失自我。庄子告诉我们，放下即得到，放下即拥有，放下身外之物，甚至放下自己，我们才能获得更多。

7. 淡泊以明志，宁静以致远

庄子说："轩冕在身，非性命也。物之傥来，寄者也。寄之，其来不可圉，其去不可止。故不为轩冕肆志，不为穷约趋俗，其乐彼与此同，故无忧而已矣。"意思是说，高官厚禄、荣华富贵都不是生命之内的东西，它们是暂时寄存在人生当中的，既然不是来源于生命本体，就是可以失去的，也是可以放弃的。这就意味着不要把世俗之物看得太重，而要把它们看淡。

庄子认为人们趋之若骛追求的世俗之乐并非真乐，恬淡才是真乐，世俗却认为这是大苦，所以才会在趋乐避苦的过程中承受更大的痛苦。庄子提出了“至乐无乐，至誉无誉”的观点，就是说追求极致的快乐和荣誉就会感受不到乐趣和荣誉感，最大的快乐就是超越了世俗的快乐，最大的荣誉就是脱离了世俗的荣誉，做到“举世而誉之而不加劝，举世而非之而不加沮，定乎内外之分，辩乎荣辱之境”，远离是非功利和虚荣心，感受怡然自得的淡泊逍遥，做一个淡泊名利、宁静致远的人。

庄子最大的魅力不是他恣肆汪洋的才气，也不是他桀骜不驯的风骨，而是他淡泊潇洒的品性，他对一切都能淡然处之，理性睿智却不冷酷，感情丰富却不敏感脆弱，他足够超脱，但绝不无情，更不麻木。人如何才能做到淡泊呢？是泯灭激情、消除人欲，目空一切，漠视一切吗？当然不是。把激情的泯灭当成智慧的开端显然是个谬误，心如死灰、麻木不仁的人绝不是淡泊，庄子的淡泊之道在于他既能超脱世俗的名利、私欲，又能深沉且满怀激情地热爱这个纷乱的世界，并从中体会智慧和美的真谛。

相传庄子的朋友惠施官运亨通，成了梁国的宰相。庄子想要拜访他，没想到却给这位朋友带来了巨大的压力。原来是有人向惠施进谗言说：“庄子此番前来，恐怕是为了取代你的相位啊！”惠施虽然对这个推断半信半疑，但心里还是有几分惶恐，毕竟以庄子的才能，若真有意与自己争夺相位，自己全然不是对手。

惠施思来想去，觉得必须果断采取行动，于是就派人到处找寻庄子，下令务必要阻止庄子前来。谁知找寻多日都不见庄子的踪影。数日之后，庄子忽然来到惠施的府上叙旧。惠施不情愿地接待了他。客气地寒暄了几句之后，惠施便语气生硬地问庄子此次来访有何贵干。庄子并没有直接回答，而是给惠施讲了一个故事。

他说："南方有一种羽毛鲜艳的鸟，叫作凤凰，它以幽竹的果实为食，非甘泉不饮，非梧桐不栖。有一天，一只猫头鹰正低头吃腐烂的老鼠，凤凰恰好从旁边飞过。猫头鹰紧张地护住未吃完的老鼠肉，向凤凰怒喝道：'你也想吃吗?'凤凰不作答，鄙夷地看了猫头鹰一眼，拍拍翅膀飞走了。梁国相位对我来说也就是只腐烂的老鼠罢了，你觉得我会对它感兴趣吗?"惠施惭愧地低下了头，良久无语。

对于性情淡泊的庄子来说，位高权重的相位不过是一只散发着恶臭的腐鼠罢了，这和他襟怀天下的志向是不相符的。庄子不追求名利双收的官爵，虽然这是很多人朝思暮想、梦寐以求的，在他看来为君王效力，不但劳心劳力，难以保身，而且意味着丧失自由和精神追求，是非常不值得的。世人争得头破血流抢夺的东西，即使别人拱手相送，庄子也不予以理会，因为别人眼中的大乐在他看来是大悲，别人认为至高无上的东西，他却认为一文不值。

庄子虽然看淡世俗功利，但却并非是性情冷淡的世外之人，相反他是个非常有激情的人。从他神奇奔放的想象力、犀利辛辣的文笔以及狂放不羁的个性，我们就可以看出他是一个地地道道的性情中人，他的淡泊源自于对这个世界的深深热爱，面对着一个生灵涂炭、哀鸿遍野的残损世界，他深知人类苦难的根源源自私欲的无限膨胀，所以不愿为虎作伥，宁愿淡泊一生，在自己的精神世界里自在逍遥。

庄子有着哲人般清醒的理智，又有着诗人般激越的性情，所以内心坦荡平静如无风的湖面，又汹涌澎湃如滚滚浪涛，这种淡泊之美就是激情和超脱的混合体，就像一杯淡酒，味淡而香浓，又似空谷幽兰的芳香，虽无馥郁的花香，但细细嗅闻，却沁人心脾。淡泊超然是一种生活态度，它是岁月历练出来的成熟与豁达，拥有淡泊的心境我们才能在时代的大潮中悠然地踏波逐浪，才能更好地把握生命中的每一天。所有轰轰烈烈的过往都将成为过去，其实平平淡淡才是真，淡然才能明志，淡泊才能养心，唯有把一切看淡，我们才能活出率真的本性，不为世事左右，不必再发出“长恨人心不如水，等闲平地起波澜”的哀叹，从而达到“仰观于天，俯察于地，皆无愧于心”的境界，光明磊落、潇潇洒洒地走过人生这一遭。

诚然，我们不是圣人，也不是看破红尘的隐者，但是作为一个独立的个体，我们不该被世俗的罗网紧紧缚住，如果庄子追名逐利，那么世间就少了一个思想上的巨人，多了一个为了一己私欲荼毒苍生的佞臣。人应该培养淡泊的心态，既是为了保持内心的纯洁，也是为了净化而不是污染这个已不完美的世界。所以，人生贵在淡泊。

8. 克制权欲，无争心自清

古往今来，多少人为了权力而疯狂，那么权力对于人类究竟意味着什么？意味着个人意志的实现、成就感和支配欲的满足，还是至高无上的权威和荣耀，抑或是社会资源的占有？总之权力能产生很多的衍生品，古时由于争权夺利引发了无数的血雨腥风，成王败寇的法则毁掉了无数人的黄粱美梦。

庄子说：“声色滋味权势之于人，心不待学而乐之，体不待象而安之。夫欲恶避就，固不待师，此人之性也。”意思是说，声色、滋味、权势，对人有着天生的吸引力，人不需要经过后天的学习就会爱上它们，不必效仿他人就觉得很享受。这些欲求反映的是人的本性。也就是说权欲是人类与生俱来的，它就像诱人的糖果，人注定要为了它而抢夺。庄子所生活的时代，人们对权力的追逐和迷恋已经到了登峰造极的地步，诸侯为了争夺霸权长年混战，视平民生命如草芥；臣子为了争夺权力而钩心斗角，一时形成了“窃钩者诛，窃国者为诸侯”“无耻者富，多信者显”的局面。

面对黑暗的现实，庄子选择了远离权力，他一生鄙视权力，更不认可由权力秩序衍生出来的社会等级制度，甚至发出了“圣人不死，大盗不止”的呐喊，这里所说的“圣人”指的是维护封建礼法道德的权威人物，“大盗”就是窃国大盗，这些人为了登上权力的宝座祸国专权，搞得国家乌烟瘴气、民不聊生。

庄子蔑弃权势，不仅是因为那些地位显赫、道德低下的大人物给社会带来了无穷的灾难，也是因为不认同封建社会集权体制下的尊卑秩序，他曾在《秋水》篇中提出：“以道观之，物无贵贱；以物观之，自贵而相贱；以俗观之，贵贱不在己。”意思是说，物无贵贱，人无贵贱，从事物自身的角度看，它是宝贵的，人本身就有价值，以世俗权力划分的贵贱标准完全是错误的。在世俗社会中，权力大的人往往高高在上，身份是尊贵的，而无权无势的平民属于弱势群体，地位是卑微的。庄子却不这么看，他认为万物齐一，人人平等，所谓的尊卑贵贱都是无稽之谈，诸侯国君并不高贵，达官显贵也没什么了不起，布衣平民也没有什么可羞愧的，庄子不认可权势，也不迷恋权力可能给自己带来的种种好处，甘愿做一辈子没有权柄的庶民，但却真正掌控了自己的人生。

汉朝最骁勇的大将当属卫青和霍去病，霍去病英年早逝，卫青却得以尽享天年，究其原因，不仅是因为他有一个健康的好身体，更重要的是对于权力他真正做到了拿得起放得下。功高震主、执符拥兵的武将大多遭到皇帝的猜忌，大部分惨遭诛杀，多少人躲过了沙场上的刀光剑影，却避不开君王的屠刀。卫青执掌大权时，从未滥用过职权，他甚至一次次毫不犹豫地交出兵权，才没有沦为权力的牺牲品。

卫青具有卓越的军事才华和赫赫武功，他一生功勋卓著，为大汉的边界安定立下了汗马功劳，作为一位手握重权的大将军，他奉行的是温良俭让的处世之道，既不飞扬跋扈，也不用职权为自己谋求任何好处，所以就连多疑的汉武帝也对其颇为欣赏，找不到降罪于他的理由。汉武帝信任自己时，卫青毫不犹豫地率军出征，战事平息汉武帝想要收回军权时，卫青毫不贪恋权力，又义无反顾地交出兵权，正因如此，他才躲过了权力的戕害。

卫青在权力面前表现得极为克制，清代的年羹尧却完全相反，他居功自傲、恃宠而骄，尽情地享受拥揽大权的好处和荣耀，最终落得个身败名裂、自裁狱中的悲惨下场。年羹尧是清廷的肱股之臣，深受雍正的信赖和器重，雍正不仅让他参与国家要事，在吏治方面还给了他极大的权柄。

年羹尧由于受到过多的赞誉和宠信，渐渐变得骄横跋扈，他的权力欲迅速膨胀，非常享受这种居高临下、目空一切的感觉，变得日益趾高气扬。雍正二年，年羹尧赴京觐见皇帝，途中下令总督和巡抚跪道迎接，至京师以后，又命令王公以下的官员一律跪接迎送，而他高高地安坐在马背上，王公大臣向他问候时，他只是微微点一下头而已。

后来年羹尧越来越盛气凌人，向下属官员赠送东西，竟令他们向自己叩头谢恩，还经常对同级官员呼来喝去，总是让别人行跪拜之礼。渐渐地，年羹尧开始不把雍正放在眼里，在雍正面前经常举止失仪、行为造次，引起了雍正极大的不满，最终落得身死狱中的可悲下场。

在庄子看来，权力本身没有价值，人不需要在权力意志中证明自己，人真正的价值在于自我本身。

9. 须知香饵下，触口是钓钩

大千世界充满了各种各样的诱惑，金钱、名利、感官刺激都是诱惑，花花绿绿的钞票是诱惑，琳琅满目的商品是诱惑，豪车美宅是诱惑，权力地位是诱惑，光环闪耀的荣誉是诱惑，美味佳肴、视听享受也是诱惑……所有的诱惑都有其诱人之处，所以，许多人会全然不顾后果地扑上去。

诱惑就像是渔夫投下的香饵，散发着扑鼻的香气，令人垂涎，殊不知下面就是危险的鱼钩。诱惑是让人丧失理智的麻醉剂，使人在糖衣炮弹面前变得软弱无力，不知不觉就堕入了深渊。那么庄子为什么就没有被诱惑呢？难道是因为他的定力更强吗？不是。庄子在《至乐》中说："夫天下之所尊者，富、贵、寿、善也；所乐者，身安、厚味、美服、好色、音声也；所下者，贫贱、夭恶也；所苦者，身不得安逸，口不得厚味，形不得美服……若不得者，则大忧以惧，其为形也亦愚哉！"道出了人们为何无法抗拒诱惑的缘由。"富、贵、寿"不是他的人生追求，"身安、厚味、美服、好色、音声"也不是他想要的，他认为这些正是人生大不幸的根源。

人无法对诱惑免疫，是因为人生来就有追求享乐的天性，每个人都把追求幸福当成自己的人生目标，可是什么才是真正的幸福呢？多数人觉得能够纵情享乐就能得到幸福，庄子却说真正的快乐与肉体上的享受无关，内心快乐才是真正的快乐。他在《天道》一文中这样写道："知天乐者，其生也天行，其死也物化，静而与阴同德，动而与阳同波。故知天乐者，无天怨，无人非，无物累，无鬼责。故曰：其动也天，其静也地，一心定而天下正；其鬼不崇，其魂不疲，一心定而万物服。言以虚静推于天地，通于万物，此之谓天乐。”意思是说，真正的幸福快乐源自与自然天地的感应，它是心无挂碍、怡然自得之乐，它是不为物役、无忧无虑之乐，这种快乐与物质财富的多寡、社会地位的高低以及躯体上的各种享受无关，它源自人类的精神世界，不依托于外界的刺激，全凭自己的内心。

庄子最为人津津乐道的莫过于他面对相位的诱惑持竿不顾，这种超然的态度不仅让楚国大夫无比惊诧，还对后世产生了深远影响。相传有一日庄子在濮水垂钓，有两位大夫奉楚王之命请他到朝中做官，并许以相位。

面对这个凭空而降的机遇，只做过漆园吏的庄子一点也没有受宠若惊的样子，他拿着钓竿头也不回地说：“我听说楚国有一只乌龟，整整活了三千年，死后得到了很高的礼遇，楚王用上好的锦缎包裹着它，又把它放在精美的竹匣里，珍藏在宗庙的高堂上。对于这只龟来说，它是愿意死后留下骨骸显示自己地位的尊贵呢，还是更愿意活着曳尾自由爬行呢？”

两位大夫回答说：“当然是更愿意活着曳尾爬行了。”庄子说：“所以我更愿意做一只活着的自由自在的乌龟，也不愿意留下骸骨供人供奉，你们请回吧。”庄子拒绝了相位，是为了能够自由自在地生活，在他看来自由之乐比权势富贵更有吸引力，所以他宁愿做平民而不愿做宰相。

在庄子眼中，心灵上的快乐要比肉体上的享乐重要。世人都贪图富贵，不愿过艰难困苦的清寒生活，庄子却完全相反，他穿粗布衣裳，脚蹬草鞋，面见魏王时也是这样的装束，丝毫也不感到困窘。魏王见他如此落魄，忍不住惊叹道：“先生为何如此贫困潦倒啊？”

庄子不以为然地说：“我是很贫困，但并不潦倒，有志之士道德意志不能体现，才是潦倒，我穿着破衣烂衫不过是贫穷而已，算不得潦倒，落得这步田地仅仅是生不逢时而已。大王您见过在树上往来如飞的猿猴吗？它们攀缘在树枝上闪转腾挪，动作灵巧轻盈，即使像后羿、逢蒙这样的神射手也拿它们无可奈何，但是若让它们在荆棘丛中穿行，它们的动作就不会那么灵便了，腾跃的能力也显示不出来了。而今，昏君暴君当道，奸臣佞臣把持朝政，置身于这样混乱险恶的局面，我想要不潦倒几乎是不可能的。”

庄子不以物质贫乏为苦，认为人可以贫穷但不可以潦倒，他的日子虽然过得清苦，内心却是无比快乐的。因为庄子自身是快乐的，所以认为世上的生灵也和自己一样快乐。有一天，他和惠施漫步于濠水的一座桥上，看到鱼儿自由地在水里游弋就说：“鱼儿在水里悠然自得，是多么快乐啊。”惠施说：“你又不是鱼，怎么知道它是不是快乐呢？”庄子反驳说：“你又不是我，如何清楚我是否知道鱼的快乐呢？”惠施说：“我不是你，当然不知道你的感受，你也不是鱼，又怎么可能知道鱼的感受呢？”庄子又说：“你最开始问的是‘你怎么知道鱼的快乐’，这就表明你已经承认我知道鱼的快乐了。”

庄子知鱼之乐不是因为巧言善辩，而是因为他有颗快乐自由的心，所以常将自己的情感移到万事万物上。正是因为庄子对苦乐的定义与世俗不同，所以才远离了诱惑，找到了自己的伊甸园。人活于世，并非是为了单纯享乐，我们来此世上一遭，更多的是为了寻找生命的意义，感悟人生的真谛。与诱惑享乐为伴，我们将会活得浑浑噩噩，只有洞穿诱惑，毅然前行，我们才能不因碌碌无为而羞耻，不因虚度年华而悔恨，生命才能更加丰盈精彩，如此才能让人生不留遗憾。

第三章

逍遥达生：峥嵘岁月，安然静好

庄子的一生是快乐逍遥的，他在濮水边怡然垂钓，在梦中化蝶，独与天地往来，在春华秋实中感悟生命的美好，活得怡然自得。生逢乱世，目睹百姓所遭受的离乱之苦，饱尝世事艰辛的庄子，逍遥豁达的秘诀何在呢？答案即是以平常心面对世事风雨，以乐观的心态应对人生种种的磨难与坎坷，保持独立精神和独立人格，真正做到了无所待，因此得到了大自在。

我们知道人生之旅是不平顺的，昔日春风得意，他日就有可能坠入低谷，生活中充满了酸甜苦辣各种滋味，如果我们不能以正确的心态看待得失，就会陷入痛苦的深渊中无法自拔。想要活得潇洒怡然，我们不妨学学庄子，任岁月峥嵘、风雨沧桑，我自安然如醉，静看云淡风轻。

1. 拥有平常心，笑看云卷云舒

在人生的道路上，有激流也有浅滩，有高峰也有低谷，谁都不可能一马平川、肆意纵横，山穷水尽之际，正是峰回路转、柳暗花明之时，怀有平常心，我们才能冲破困厄，潇洒高歌。那么怎样才能拥有平常心呢？就是要做到“不以物喜，不以己悲”，春风得意时不要忘形，失意落魄时不要气馁，对待成败得失秉持“得之坦然，失之淡然，顺其自然”的态度，尤其在关键时刻要沉稳镇定，不能患得患失，只有这样才能搏出属于自己的一片艳阳天。

庄子在《达生》篇中讲了一个发人深省的小故事：“以瓦注者巧，以钩注者惮，以黄金注者殙。”意思是说，博弈者在用不值钱的瓦盆做赌注的时候，心中无所顾虑，经常巧中，屡屡得胜；以略微贵重的财物下注时，就非常担心输掉财物；以黄金做赌注时，唯恐有失，内心慌乱不已，结果往往输得非常彻底。也就是说不在乎输赢得失，反而会赢，越是在乎输赢，越是会输得一败涂地。

古语说“胜败乃兵家常事”，世上没有常胜将军，以平常心看待人生成败，在命运的拐点上才能书写出属于自己的传奇。有些人通过了无数的考验，却在改写命运的重要时刻败下阵来，原因何在呢？当然是心态使然。人只有抱持平常心，才能做成非常之事，瞻前顾后、患得患失，什么事情也做不成。

庄子笔下的大鹏鸟“其翼若垂天之云”，同风而起，可“扶摇直上九万里”，可是在化身为鹏之前它只是北方大海里的一条鱼，从大鱼变成巨鸟总有一个过程，如果它不能沉住气就无法由鲲变成鹏，即使成了鹏也需要借助风力才能驰骋遨游。

对于大鹏鸟来说，最大的目标就是飞到遥远的南溟去，成败的关键在于它是否能够顺利乘风而行，庄子说“风之积也不厚，则其负大翼也无力，故九万里则风斯在下矣”，意思是说，风的力量如果不够雄厚，就无法托负它巨大的翅膀，那么想要飞上九万里高空，成功迁徙到南溟去简直就是不可能的。在最为紧要的时刻，大鹏鸟如果没有过硬的心理素质，总是为成败得失而焦虑的话，就会遭遇惨败，成为寒蝉和灰雀的笑柄。大鹏鸟能够创造奇迹不在于它的身型有多么硕大，而在于它始终抱有一颗平常心，凭借良好的心态，它经历了由鱼化为鸟的蜕变，并创造了令人叹为观止的神话。

有一位著名的钢索表演艺术家，性格大胆，非常热爱冒险，曾以高超的技艺征服了无数观众。他素来以稳健著称，在高空钢索上行走如履平地，为观众献上了一场又一场惊心动魄的演出。尽管从事的是非常危险的职业，他心态依然十分放松，因为他相信凭借自己娴熟的技巧足以克服所有的困难，故每一场演出他都是轻装上阵的。

有一天，这位表演艺术家被告知演技团要为特别的客人献上有史以来最为精彩的演出，他的节目已经被定为压轴表演，届时好几位知名人物都会到场。表演艺术家心潮澎湃，他想重要人物的捧场一定会将他的演技生涯推上一个全新的高度，这次的表演必须万无一失。表演前夕，他反反复复琢磨每一个动作、每一个细节，时刻提醒自己，这次表演非常重要，只能成功不能失败，平生第一次感到紧张不安。

终于，备受期待的走钢丝表演开始了，所有人的目光都聚焦在这位颇具传奇色彩的表演艺术家身上。为了显示自己超凡的本领和过硬的实力，表演艺术家坚决不用保险绳。他像往常一样，从钢索的一端出发，慢慢向前移动，走到钢索中间时，刚做了两个难度不大的动作，身体就失去了平衡，于是悲剧发生了，他从10米高空坠落下来，当场身亡。

后来，他的妻子在提起那次事故时，心情沉痛地说："我就知道他一定会出事的。他在演出前不停地对自己说'这次表演太重要了，我决不能失败'。以前每次表演，他心里只想着怎样走钢丝，从不担心什么。但是，最后一次演出时，他太紧张了，如果他还能保持原来的心态，凭借丰富的经验和高超的技能，是不会出事的。"

一个人是否能取得更高的成就，关键在于心态，能"泰山崩于前而色不变，麋鹿兴于左而目不瞬"的人，不会在乎成败荣辱，这样的人往往更容易达成目标，而遇事慌乱，得失心过重，则无异于作茧自缚，最终有可能一手促成自己的失败。诚惶诚恐、战战兢兢时，步步都会如履薄冰，只有从容自若、步步为营地一路前行，方能顺利抵达目的地。庄子笔下的大鹏鸟如果没有一个良好的心境，就不能实现逍遥游的壮举，只会沦为身躯庞大却飞不起的笨鸟罢了，它能御风前行，需要准确把握风势、风力和风向，而且还要掌握恰当的时机，如此高难度的事情不具备一个良好的心态是不可能做成的。

庄子带给我们的启示就是以平常心看待人生得与失、成与败，保持内心的平静，拥有“行至水穷处，坐看云起时”的悠然心情，如此我们才能笑傲人生，实现自己的逍遥游。

2. 乐观面对坎坷，岁寒方知松柏茂

面对同样的境遇，不同的人有不同的感受，有人会对着半杯水愁眉苦脸地说：“糟糕，我只剩下半杯水了。”而有人却兴奋地说：“太好了，我还有半杯水!”这就是悲观和乐观的区别。置身在同一片玫瑰园里，有人为玫瑰花的娇艳和芬芳赞叹不已，有人却在喋喋不休地抱怨花刺太多。这就是所谓的一念天堂、一念地狱。在乐观者眼里，处处都是旖旎的春光，而在悲观者眼里，到处都是阴霾和黑暗。

庄子认为，人生在世，一定要乐观豁达，他曾在《养生主》中这样写道：“泽雉十步一啄，百步一饮，不蕲畜乎樊中。”意思是说，水泽中的野鸡逍遥自在，十步一啄食，百步一饮水，悠然自得，心情愉快，因此可以长生。而关在笼子里的小鸟，整日郁郁寡欢，因此难以全生。由此看来，心情是否愉悦直接影响生命的质量和长度。悲观者就好比笼中之鸟，而乐观者就有如在水泽中自由觅食的快乐野鸡，两者的命运之别或许可以给我们带来更多的启示。

有人或许会说野鸡可以无拘无束、自由自在地生活，当然乐观了，

而笼中之鸟，寂寞孤苦，又失去了飞翔的自由，就算是抑郁而终也没有什么不正常。其实乐观和悲观只是心态不同而已，境遇相同也好，境遇存在天壤之别也罢，快乐或是痛苦都是可以凭借人的主观意愿选择的。

庄子是个乐观的人，并不是因为他没有痛苦，而是因为在他看来痛苦是可以通过乐观的情绪消解的。愈是恶劣的环境愈是能考验人，在痛苦中历练才能活出卓尔不凡的风采。他在《让王》篇中说："天寒既至，霜雪既降下，吾是以知松柏之茂也。"意思是说，酷寒霜雪才能检验松柏之茂。平时所有的树木都是一片苍翠，唯有大寒降临、严霜飞雪肆虐的时候，才能看清松柏的坚韧，只因万物凋零、落木枯萎之际，松柏依然卓然傲立、挺拔青翠。这就是说，逆境可以成就人，有的人被困难击垮，有的人却超越了困难，彰显出了别样的魅力。

庄子生活在一个群雄争霸、弱肉强食的时代，各路诸侯杀伐不断，黎民百姓在刀光剑影、血雨腥风中苟延残喘，过着朝不保夕、提心吊胆的日子。面对着人间的浩劫、苍生的苦难，庄子的内心也是痛苦的，这也是他为什么会用那么多的癫狂之语讽刺无道的君王和乱臣贼子的原因。他虽然有愤世嫉俗的一面，但却不消极悲观，而是选择了用乐观的心态来看待这个世界。他既能看到人性的可憎可鄙，又能看到人性的光辉，在嬉笑怒骂评论现实的同时，他写出了多篇反映劳动人民生活的好文章，如《不龟手之药》、《庖丁解牛》、《支离疏忘形》等。

庄子一生落魄潦倒，他本是宋国君主之后，在乱世之中，却只能靠编草鞋为生，可谓是失意之极，但庄子却不这么看，他认为残酷的环境更能检验一个人的品质和承受能力，所以他选择了乐观坦然地面对自己的人生，于是他成了严冬时苍翠不凋的松柏，将那抹倔强的绿意永远地留在了历史的画页里。

在一场盛大的音乐演奏会上，一名小提琴手正专心致志地演奏着自己熟悉的曲目，美妙的音乐在大厅里久久回荡，观众陶醉在优美的旋律

中，纷纷向表演者投来赞叹的目光。正当小提琴手渐入佳境时，却忽然发现小提琴的一根琴弦断掉了，他略微迟疑了片刻，立刻调整好情绪，又全情投入到演出当中，仿佛什么事都没有发生过一样。

小提琴手微笑着继续演奏，拉完了一首又一首曲子，现场观众没有察觉出任何异样，音乐会就这样圆满结束了。直到小提琴手高举着乐器谢幕时，人们才发现提琴已经有一根琴弦断掉了，那根断弦就像一个不和谐的音符闯入了人们的视野，那样醒目，观众大为惊叹，对这位技惊四座的小提琴手报以更热烈的掌声，以此来表达自己的敬意。事后，记者问他是如何在那样的情况下保持心态稳定的，小提琴手回答说："其实情况并没有那么糟糕，断了一根琴弦，我仍旧可以用剩下的琴弦演奏啊。"

琴弦断掉以后，小提琴手并没有被突如其来的变故吓住，而是乐观地用残损的提琴奏出美妙的音乐，这就是乐观的力量。无独有偶，有位年轻的工程师，面对不幸的遭遇时，同样做出了乐观的解读。有一年，这位工程师带领着一队工人修筑河堤，施工还没有完毕，就遇上了一场百年不遇的特大洪水雨，施工场地被大水淹没了，辛辛苦苦修筑的工程全都冲毁了，机器设备也陷入了一片汪洋之中。

雨停之后，洪水慢慢退去，现场一片泥泞，狼藉不堪，机器东倒西歪地陷在泥地里，工人们看着自己的劳动成果毁于一旦，施工场地一片混乱，全都愁容满面。工程师微笑着问大家："你们怎么个个都愁眉苦脸？"工人们锁着眉头说："你自己看吧，遍地都是淤泥。"工程师说："我没看见啊。"其中一名工人没好气地指着裹满泥浆的机器设备说："这里都是泥泞，还有那里……"

工程师脸上露出恍然大悟的表情，但他却不认同工人的看法，而是语气轻松地说："我只看见了一片蔚蓝色的晴空，那上面没有一点泥土，即便有也不要紧的，泥巴不会抗拒阳光的照射，过不了多久泥巴就会结块，到时我们不是又可以动工了吗？”

当我们的人生遭遇变故和不幸时，只要以乐观积极的心态面对严峻的挑战，就能冲破各种艰难险阻，奏出生命的华章。不经历风霜雨雪的洗礼，树木难以成材；不经历痛苦的磨砺和考验，我们根就不会知道自己能力的极限。古语说“岁不寒，无以知松柏；事不难，无以知君子”“艰难困苦玉汝于成”，不要抱怨生存环境有多么恶劣，也不要抱怨命运有多么不公，外界的因素是我们无从选择的，但我们可以改变自己的心境。

悲观的人即使仕途平顺也会忧心忡忡，而乐观的人即使面对多舛的命运和艰辛的人生，也能在绝境之中看到希望。庄子正是这样乐观的人，他能苦中作乐，以乐观豁达的心态拥抱人生，因此他活出了自己的风骨，并把苦难转化成了快乐，成功主宰了自己的人生，这种精神是非常值得我们学习和借鉴的。

3. 知惑才能不惑

每个人都有迷惘困惑的时候，有时候就像走进了一片迷雾，看不清眼前的世界，也不知道自己该何去何从，有时又像是闯入了幽深的迷宫，几经尝试都找不到出口。迷茫的时候我们该怎样做呢？像屈原那样高吟“路漫漫其修远兮，吾将上下而求索”吗？要想摆脱焦虑烦心的负面情绪，首先要对困惑本身有个正确的认识。

孔子说“智者不惑”，即智慧可以解决困惑的问题，而庄子却认为困惑是人生的必经阶段，人只有经历困惑、解惑的过程，才能顿悟，因此困惑本身是有意义的，没有必要为一时的迷惘而苦恼。庄子在《孔子向老子问道》中讲了这样一个故事：孔子 51 岁那年去拜见老子，说自己耗费五年的光阴从制度的角度悟道，什么都没有得到，后来又从阴阳变化中求道，耗费了十二年的时光，还是没有得道。老子说道不能用来奉献，也不能用来施予，只能从内心探求。孔子又说：“我钻研《诗经》、《尚书》、《仪礼》、《乐经》、《易经》、《春秋》，向七十二位国君宣讲其中的道理，为何竟无一人采纳呢？”老子说：“六经是先王留下的遗著，但不是事物本原。”孔子回到家中后三月闭门不出，专心悟道，最终得道。

孔子究竟悟出了什么呢？他终于明白自己烦恼疑惑的根源不在于外界，而在于自己的内心。早年他想力挽狂澜“治世”，其政治主张在鲁国没有被采纳，周游列国也一无所获，为此他感到大惑不解，后来他终于明白了治世不成，不如治心，只要自己内心得到平静，一切的困惑忧烦都将烟消云散。

庄子通过讲述孔子悟道的故事，旨在说明人生就是一个解惑的过程，没有人能随随便便得道，一时感到大惑不解是很正常的，反反复复探求就是一个悟道的过程，总有一天自己会茅塞顿开，找到人生的出口。人只有迷惑才会有所思，只有通过不断的探求和思考，才能更深入地了解自己内心的症结，如此才能使自己的心海澄澈如溪泉、辽阔如海洋，而一旦心平如水、心境阔达，世上就再也没有什么疑惑和烦恼是自己装不下的了。

林嵩自从参加工作以后，感到压力非常大，他时常感到困惑，不知道自己想要的是什么，也不清楚路在何方。大学刚刚毕业，他就选择了一线城市，至于为什么要选择大都市，他也不是完全清楚，他只是想逼迫自己奋斗，理由仅仅是有压力才会有动力，可是没想到压力非但没有给他带来多少动力，反而给他带来了很多苦恼。

面对一幢幢拔地而起的高楼大厦，林嵩忽然意识到自己也许永远都无法在这座城市扎根，这里的房价对他来说简直是天文数字，作为只拿固定工资的小职员来说，购房的梦想几乎是遥不可及的。漂泊了几年之后，林嵩总算小有积蓄，租住的房屋环境也越来越好，但是每次匆匆忙忙地搭乘地铁时，他都会羡慕有车一族。后来林嵩辞掉了工作，开始下海经商，有了自己的公司，收入翻了数倍，终于在城市的非核心地段购买了一幢百余平米的房子，又购入了一辆奥迪作为代步工具。

林嵩原以为自己成为有房有车一族就会很知足很幸福，可是没想到事实却并非如此，他再次陷入了深深的迷惘中。以前他是因为没有人生目标而困惑，后来是因为物质贫乏而困惑，而今是因为内心不快乐而困惑。自己真正当了老板，他才体会到创业的艰辛，他不但要为业务而奔波，还要处理公司很多事务，工作上的事情搞得他心烦意乱，他感觉自己就像一架上了发条的机器，总是停不下来，他经常问自己这么累究竟是为什么，可是却得不到答案。

有一天，林嵩和大学时代的好友谈心，将自己这么多年来的困惑和烦恼一股脑说出，好友说："你感到困惑很正常，你遇到的问题也是很多人都会遇到的。初出茅庐时，我们找不到方向，后来就把房子、车子这些物质上的东西当成很实际的目标，等到拥有了这些东西，却发现自己并没有因为物质上的富足而感到快乐，照样因为各种各样的事情而烦恼。我想我们最大的问题可能是过于重外而轻内了吧，太过注重身外之物，却忽略了自己内心的需求。"

"或许吧，我想我现在知道自己想要什么样的生活了，我不是那种天生的工作狂，我内心渴望的是那种慢节奏的生活。我打算关闭公司，开间大型便利店，把更多的时间用于游泳、划船和打球。"林嵩开始计划另外一种生活方式。"希望你能过上自己想要的生活。"好友真诚地说。"没想到我走了那么多弯路才弄清自己想要什么。"林嵩慨叹道。"人生本来就不可能是一条直线，谁都会走弯路，经过一番折腾和兜兜转转之后才能走上正轨，这也很正常啊。”好友说。“是呀，好在我心中的疑惑都解开了。上学的时候，老师扮演传道、授业、解惑的角色，步入社会后一切都得靠自己了。”

世人最大的疑惑莫过于找不到方向或是怀疑自己的追求，这样的疑惑反映了我们的内心世界，疑惑使我们警醒，使我们对自身的行为有所体察，它让我们更深入地认识自己和了解自己。

人生有很多岔路口也存在多种选择，有时眼前会出现迷雾，看不清道路时，我们只好摸索着前行，等到雾气慢慢消散，我们似乎找到了一条通向坦途的康庄大道，但行至半路或是走到尽头才发现自己走错了方向，于是只好再次摸索，直到真正找到自己向往的那片乐土。迷惑让我们看清了自己的所需所求，它是障碍，也是路径，不经历迷惑，就没有彻悟，更谈不上经营人生和营建自己的精神家园了。

庄子一生追求精神自由，但他的彻悟也不是一蹴而就的，同样经历了迷惑和解惑的过程。他认为孔子放弃周游列国转而修养身心，是一个解惑的过程，而事实上，这个故事又何尝不是他自己内心的写照呢？生于动荡混乱的时代，目睹黑暗残酷的社会现实，庄子起初也很难让自己的内心保持平静，可最后他领悟到人内心的恬淡无关外界，而在于自己的心境，如此他才摆脱了外界的干扰，得到了真正的自由和宁静。我们并不是全知全能的人，在人生的各个阶段心存疑惑是正常的，不必为此太过焦虑，所谓“船到桥头自然直”，终有一天我们能解开自己人生的方程式，找到正确答案。

4. 不以物喜，不以己悲

人不可能每天都开心快乐，一个心智正常的人情绪必然是有起伏变化的。喜怒哀乐是人的正常情绪，绝对无喜无悲的人在现实生活中是不存在的。可是大喜或大悲就属于极端情绪了。俗话说人逢喜事精神爽，淡淡的喜悦让人心情舒畅，适度的喜悦让人容光焕发，过度的喜悦就有可能乐极生悲。悲伤也是如此，适度的悲伤可以释放人的不良情绪，而过度悲伤就会严重损害身心健康，甚至引发抑郁。

庄子说："平易恬淡则忧患不能入，邪气不能袭，故其德全而神不亏。"意思是说，要保持心境恬淡平静，切忌大喜大悲，不要让自己的情绪大起大落，这样疾病便不能侵入机体，人也会显得神采奕奕。庄子不仅从养生之道的角度阐述了保持心态平稳、控制极端情绪的必要性，还从人的道德修养层面论述了稳定情绪的重要性。

他在《大宗师》篇中说："若然者，其心志，其容寂，其颡頯。凄然似秋，暖然似春，喜怒通四时，与物有宜而莫知其极。"他认为品德高尚、有涵养的人，面容安详，精神抖擞，外表像秋天一样冷肃庄严，和他交谈有一种如沐春风的温暖感觉。他不是喜怒无常的，情绪的变化就像春夏秋冬一样温和自然。无论走到哪里，都会让人感到舒适愉快。也就是说善于控制自己情绪的人能给人留下良好的印象，也能反映出一个人的品德修养。庄子主张人要将自己的情绪变化调理得像四时一样自然温煦，不要喜怒无常惹人不快。

人生的际遇是很微妙的，所谓世事无常，一切不过是浮云，一时的风光不值得躁动兴奋，一时的失意也不值得过分悲伤。我们常看到有的人高兴时即眉飞色舞、欣喜若狂，生气时便怒不可遏、拍案而起，甚至大发雷霆、歇斯底里，忧伤时便郁郁寡欢、泪流满面，这些极端的情绪表现不仅会让他人感到不适，还会给自己的人生带来非常消极的影响。

《红楼梦》中的林黛玉是一个美丽但却悲情的角色，她正当妙龄却抑郁而终，真是让人惋惜。她的人生悲剧从客观因素上来看，罪魁祸首是封建礼教，从主观上来看，真正的元凶是不良情绪，长期的抑郁和悲伤不仅弄垮了她的身体，还摧毁了她的意志，最终夺走了她年轻的生命。

林黛玉极端的情绪和她所处的环境以及自身的性格有着密切的联系。她自幼丧母，又羸弱多病，从小寄人篱下，虽得贾母怜爱，但生存环境过于复杂，在贾府总要步步留心、事事提防，这些因素造成了她多愁善感、敏感多疑的性格。她冰雪聪明、品性清高，对爱情充满向往，但却由于封建礼教的束缚，无法与贾宝玉终成眷属，又因为人们有意撮合贾宝玉和薛宝钗的金玉良缘，她时常怄气伤心，经常折磨自己，身体状况每况愈下，心情也越来越低落。

由于长期郁郁寡欢，她的心理健康已经出现了严重的问题。等到贾府里传出贾宝玉和薛宝钗的婚讯时，失恋的痛苦成了压倒她生存意志的最后一根稻草，最后她带着无限的幽恨和怨愁离开了人世。

林黛玉的例子足以说明大悲会给自身造成极大的伤害，其实大喜给人带来的负面影响绝不亚于大悲。比如《儒林外史》中的范进，金榜题名高中举人后，竟然欢喜得发了疯，真可谓是乐极生悲。范进是个寒门之士，一直期望着通过寒窗苦读博取功名，怎奈应试了二十多次，却屡屡不中，直到50多岁才中了秀才，后来竟戏剧般地高中举人，见了喜报，他大喜过望，由于痰迷心窍，当场就昏厥了过去。

昏厥只是这场闹剧和悲剧的开始，醒来以后，范进就发了疯，他拍着手高叫道："噫！好！我中了！"然后向后跌倒，又晕了过去。被灌了几口水清醒以后，又笑道："噫！好！我中了！"说完就开始往门外疯跑，脚踩在泥塘里，搞得自己满身脏污，头发也跌散了，披头散发，狼狈不堪，街上的人都知道他欢喜得发疯了。其母急得哭起来，娘子胡氏也心慌意乱，不知如何是好。高中举人本是喜事，却闹得全家鸡犬不宁。最后胡屠户狠狠地给了他一个耳光，在惊吓之下，他才把痰吐了出来，不再发疯了。

范进因中举喜极而疯，虽然只是一个虚构的故事，但却反映出了喜极生悲的道理。这就像那些意外中彩的人，好运忽然从天而降，由于喜不自胜，引发了各种各样的悲剧。有的人因为过度兴奋而当场身亡，还有的人将意外之财挥霍一空，后来不但两手空空，还因为一时的财迷心窍搞得妻离子散，这就是大喜带来的恶果。

庄子说，人不可大喜，亦不可大悲，恬淡安然才是养心养德之道。庄子生于乱世之秋，可喜之事并不多，他曾有过平步青云的机会，面对唾手可得的相位，他处之泰然，并没有流露出大喜的情绪，面对人生的种种困厄，他亦没有大悲过，即使与自己相濡以沫的妻子亡故，他也没有悲不自胜，这不是因为他内心没有悲伤，而是因为他看破了生死，明白人出于尘归于尘的道理，所以才有了"鼓盆而歌"这样令人费解的举动。

可喜之事也好，可悲之事也罢，都将成为人生的插曲，我们没有必要过度喜悦和悲哀，大起大落的经历不过是生活的某个片段而已，人生更多的是平淡，无论有过多少欢笑和泪水、多少快乐与伤痛，生活终归会恢复常态。

5. 福祸相倚，处之泰然

常言道："天有不测风云，人有旦夕祸福。"面对意料之外的福运和突如其来的灾祸，人们往往措手不及。其实祸福无常，它们就像一枚硬币的两面，相倚相生，随时都有可能发生转化。老子说"祸兮福所倚，福兮祸所伏"讲的就是这个道理，庄子在《则阳》中也说："安危相易，祸福相生，缓解相摩，聚散以成。此名实之可纪，精微之可志也。"安全和危险是相对的，福祸也是相伴相生的，得到福祉的时候就意味着失了福分，蒙受灾难的时候就等于消了灾祸，故不必为得福而欣喜，也不必为蒙难而痛苦。

庄子继承和发展了老子的观点，指出福祸是对立统一的辩证关系，两者相互依存并可以互相转化，并告诫人们不要为一时的好运而庆幸，也不要为一时的歹运而懊丧，福运亨通时要保持警觉，霉运当头时要保持镇定，因为否极便意味着泰来。

福是人们梦寐以求的，祸是人人避之不及的，求福避灾是人们的普遍心态，但俗话说得好"福无双至，祸不单行"，太多的福气我们消受不起，而灾祸一旦临门，就有可能接二连三降临到我们头上，这也正应了那句"屋漏偏逢连夜雨，船迟又遇打头风"的古话。庄子告诉我们不要把福和祸太放在心上，正所谓福中有祸、祸中有福，因福生祸、因祸得福是常有的事，基于客观和主观的原因，福祸常常会发生微妙的转化，所以我们不要因为福运和灾祸而扰乱了心境。

庄子曾经在《人间世》中说："福轻乎羽，莫之知载；祸重乎地，莫之知避。"意思是说，幸福轻如鸿羽，不知怎样承受；灾祸比大地还要沉重，却不知如何规避。这是因为生活在诸侯割据、生灵涂炭的乱世，灾祸远远大于福祉，但即便如此，庄子对福祸还是有着较为客观的认识。

庄子不贪恋高官厚禄的福运，一部分原因是因为不愿与世俗同流合污，另外一部分原因是因为他从人人求之不得的福运中看到了潜藏的灾祸，出仕固然可以获得锦衣玉食，但代价却沉重得很。古代君王掌握着生杀予夺的大权，稍有不慎就可能面临灭顶之灾。朝野文武百官为了自身利益互相倾轧，一不小心就会沦为权力斗争的牺牲品。别人认为做官是享福，庄子却看得更长远，他一眼看透了福气背后的祸患，所以宁愿做一个逍遥自在的平民。庄子给我们的启示是不要过分贪福，也不必过分惧怕灾祸，顺其自然，尽可能趋利避害，保持平和的心态。

《徐无鬼》中记载了一个有关福祸相生的故事。有一个叫子綦的人，膝下有八子，他德行甚高，对子嗣也寄予了很高的期望，非常想知道八个儿子将来的际遇如何，于是就找来九方歅算命。

九方歅善相面，他一一看过子綦的八个儿子之后，十分笃定地说："梱最有福气。"子綦很高兴，急忙问道："怎么最有福气呢？"九方歅说："梱终生会和国君一道饮食。"意思是君王能享受到的美食佳肴，梱也有幸能享受到。子綦听到这个答案不喜反悲，他凄然而出涕说："我的儿子怎么会陷入这样的境遇呢？"

九方歅很是不解："梱能终生和国君一道饮食，这是多大的福气啊，恩泽可以惠及三族，作为父母的也会跟着享福啊，先生听了这等喜事不仅不高兴，反而伤心痛哭，你是想要放弃未来的福禄吗？你的儿子梱是个有福之人，但是你却是没有福分的。"

子綦解释说："你怎么能确定能和君王一道饮食就一定是福气呢？酒肉入了口中，只是满足了口腹之欲而已，又怎么知道酒肉是从哪里来的呢？不蓄养牲畜却在屋子的西南角发现羊，不狩猎却在屋子的东南角看见鹌鹑，这不是很奇怪吗？我平时教导儿子与天同乐，在天地间自由遨游，我没有教过他们出谋划策、建功立业。我教导他们顺其自然，不为外界所左右，可如今却获得了世俗的报偿，这是不合常理的。此事蹊跷，必有原因，有了奇怪的征兆，必然会有奇怪的事情发生，这后面可能潜伏着危险啊，我觉得恐怕不是我儿子的过错，而是命运使然，我是因为担忧才哭泣的呀。”

没过多久，子綦的预言就应验了。有一天，梱到燕国办事，途中被强盗劫持，强盗打算把他卖掉，可是一想身体健全的人并不好卖，于是就砍断了他的脚。梱被卖到了齐国，买主是一个叫渠公的人，他正缺一个看守，于是便安排梱看守城门，梱成了残疾人之后，得到了一个差事，每天都能享受好酒好肉，就这样过了一辈子。

古语云：“塞翁失马，焉知非福。”可无缘无故得来的福运焉知不是祸呢？梱因福得祸正说明这个道理。福和祸是相互联系、相互影响的，它们都是暂时的，没有人会一辈子交好运，也不可能有人一生走霉运。福运降临时，不要得意忘形；厄运当头时也不要怨天尤人，交好运时要从好运中看到危机，做到防患于未然，走霉运时要心态坦然、从容自若，不要因为一时的困厄而万念俱灰，要知道终有一天会时来运转。等到一切时过境迁，是福是祸已经不重要了，重要的是无论经历什么，我们都可以继续笑对人生，心态平和地迎接每一天。

6. 骄傲自满，天地便小了

古语说：“满招损，谦受益。”谦虚不仅是一种美德，还会让自己受益终生。庄子认为虚心最大的益处莫过于开拓视野、开阔心胸，他指出人只有虚怀若谷，才能看到更广阔的天地，否则就会故步自封，成为目光短浅的井中之蛙。

望洋兴叹的故事我们再熟悉不过了，在庄子笔下，河伯海神都被赋予了人类的灵性和情感，而波涛汹涌的河水和浩瀚无垠的汪洋大海，也都成了他讲述谦虚之道的载体，河伯没有见到大海时，自以为江河百川都汇集到了自己这里，于是开始沾沾自喜，后来它顺流而下，见到了浩浩汤汤的大海，顿时被大海波澜壮阔的面貌和气吞云天的磅礴气势震慑住了，这才收敛了得意的神色，感叹自己的渺小。在海神面前，它羞赧地承认了自己的自大和无知。

河伯由于视野的局限性，误以为“天下之美尽在己”，产生了骄傲自满的情绪，如果不及时调整心态，永远都不可能知道天地的广大以及自身的渺小。庄子借海神之口说明了虚心乃大、心宽天地宽的道理：“天下之水，莫大于海，万川归之，不知何时止而不盈；尾闾泄之，不知何时止而不虚。春秋不变，水旱不知，此其过江河之流，不可为量数。”天下之水没有比海更大的了，万川归海，滔滔奔流，日夜不息，可大海并不会溢出，海底的尾闾不断地倾泻海水，可大海也没有干涸，海水的水量不因季节的变化和水旱灾害的影响而削减，这是因为它的容量远远超过了长江、黄河，汪洋无际，不可估量。

海神汇聚了天下之水，掌管世间的汪洋大海，却从未自我夸耀过，它认为与天地宇宙相比，自己不过是小石小木之于在大山，四海在天地间，也不过是巨泽中的小小蚁穴而已。海神对自己有一个清晰的定位，所以既能看到自己的优势，又能看清自身的不足。人之所以骄傲自满，究其原因，关键在于对自我的错误认知以及眼界的局限性。

俗话说“人贵有自知之明”，自知才能不骄不躁，才能以“三人行必有我师”的谦虚心态，不断地学习别人的长处，完善自身，取得长足的进步。庄子在《骈拇》一文中说：“吾所谓明者，非谓其见彼也，自见而已矣。”即所谓明达的人，不是指能看清别人，而是能正确地审视自己。一个人谦虚还是骄纵，不在于对别人怀有怎样的看法，而在于是否能正确地看待自己。

扁鹊是闻名天下的名医，在民间有口皆碑，齐国国君甚至要把他封为“天下第一名医”，对于这样的殊荣，扁鹊却坚持不肯接受，因为他认为自己的医术并非天下第一，他的两个哥哥医术都远在他之上。齐国国君感到很奇怪：“如果你的两个哥哥医术当真比你还高明，为何寡人从来没有听说过他们啊，寡人倒是久闻先生你的大名。”

扁鹊回答说：“我二哥能在小恙发展成大病前，及时加以诊治，他能从一些微小的症状看出大病的征兆，因此挽救了无数人的生命。乡人身体有什么小毛病都找二哥诊治，二哥每每药到病除，不待小恙恶化成大疾时，就已经将病源根除，所以他在家乡小有名气，人们只知道他能医治小恙，并不了解他真实的医术水平。我大哥医术就更高超了，他能防病于未然，一眼就能看出别人得了什么病，在病人发病前就能及时加以治疗。乡人只知道大哥诊断水平很高，但并不清楚他的医术水平。而我呢，既不能在小恙恶化成大疾之前加以施治，又没有防病于未然的过人本领，直到病人病入膏肓时，我才能妙手回春，所以我的名气才会那么大，而实际上我的两个籍籍无名的哥哥才是真正的神医。”

扁鹊是古时名气最大的神医之一，他的医术出神入化，可是他并未因此而骄傲，而是清醒地看到了自己的不足，正是凭借着这种虚心的精神，他的医术才越来越高明，以至于在《扁鹊见蔡桓公》的故事里，从微小的征兆里，一眼就看出了蔡桓公的疾患，其医术水平已经可以和他的两个哥哥比肩媲美了。

扁鹊的谦虚广为世人称颂，他的故事可谓家喻户晓。清朝年间有个叫戴震的学子，虽然名气远远不及扁鹊，但他谦虚有节的态度却获得了当朝皇帝的赏识，有关他的故事也成为了民间流传的一段佳话。相传在雍正年间，有个叫江水的人被荐举到朝廷当官。被雍正帝召见时，他由于过于紧张，以致口齿不清，不能正常对答，只好让其学生戴震代答。

戴震一点也不怯场，不仅对答如流，而且非常有见地，寥寥数语便切中要害，分析问题条理明晰，让人觉得畅快淋漓。雍正帝对他的表现大为赞赏，便问道："你和你的老师比，谁更有才学？"戴震谦虚地说："我不如老师。"雍正帝又说："既然老师更有才学，为什么不能回答问题呢？"戴震说："老师年纪大了，耳朵有些背，听不清皇上的问题，可他的才学犹如汗牛充栋，是远远超过我的。"雍正帝非常欣赏戴震尊师重道的精神以及谦虚做人的态度，便赐他为翰林，以示表彰。

真正学识渊博、本领超凡的人大都谦虚，但凡在某一领域有造诣的人都明白无论是知识汲取还是技能提升都是没有极限的，人毕生学习也不可能无所不知，就算技艺达到登峰造极的地步，仍有进步的空间，没有人能无所不精，人总有认知的盲点，再智慧的人也不能穷尽天下所有的知识和技艺。据《史记》记载庄子"其学无所不窥""其著书十万余言"，可见其学识广博，但庄子充分认识到学海无涯，以及人的精力的有限性，认为以有限的生命穷尽无限的知识是不可能的。

无论我们在现阶段取得了怎样的成就、获得了怎样的本领，都不该骄傲自满，因为世上可学的东西依然很多，我们所掌握的东西不过是沧海一粟罢了，唯有认清自身能力的局限，我们才能脱离狭小的个人天地，看到更广阔的蓝天，取得更大的进步。

7. 在嘲笑中奋然前行

古往今来，不少襟怀远大的人在放出豪言壮语时都不同程度地受到过别人的嘲笑，大多数人选择了在嘲笑中奋然前行，甚至把讥讽当成前进的动力，取得了令人刮目相看的成就。陈胜在面对嘲笑时，叹息说："燕雀安知鸿鹄之志哉！"李白面对嘲笑时写下了"大鹏一日同风起，扶摇直上九万里”豪迈诗句，前者领导了一场轰轰烈烈的反秦大起义，加速了秦朝暴政的灭亡，后者成了盛唐时期的伟大诗人，留下了无数脍炙人口的经典诗篇。

当有人嘲笑我们的理想和计划时，我们的反应又如何呢？反唇相讥、自我怀疑还是依然故我？当然不同的人有不同的心态。庄子笔下硕大威武的大鹏鸟，想要从北海飞到南海时，就遭到了蝉和小斑鸠的嘲笑，这两个小动物说：何必要飞那么远呢，我们碰到榆树和檀树飞不上去，就落在地上休息，你何必费那么大力气非要飞到南海去呢？像我们这样从一棵树飞到另一棵树不就行了，累了或者飞不上去就歇息，这样多轻松自在啊。面对这样的嘲笑大鹏鸟是怎么做的呢？它依旧坚信自己能乘风飞到九万里之外的南海去，但并不强求蝉和小斑鸠这样渺小而不善飞翔的小动物理解自己。

大鹏鸟的心态其实就是庄子本人心态的写照。他借评价大鹏鸟南飞和受到嘲笑，暗示自己的志向不被世人所理解，不过他并不为外界的评说所左右，依旧会坚定不移地践行自己的理想。庄子说：“小知不及大知，小年不及大年。奚以知其然也？朝菌不知晦朔，蟪蛄不知春秋，此小年也。”他以朝生暮死的菌草不知黑夜晨晓，只能活一季的寒蝉不知春秋，说明蝉和小斑鸠是不可能明白大鹏鸟的凌云之志的，两者的智慧、能力和境界根本就没有可比性。

嘲笑固然令人不悦，但只要我们不加理会，它便犹如秋风之过耳，并不会给我们的人生带来什么影响。对待嘲笑，庄子认为没有必要太过恼火，因为只能在蓬蒿间短距离飞行的蝉和斑鸠，自然会觉得翱翔九万里是天方夜谭，自己能力不济，所以不可能理解大鹏的宏愿；人亦如此，庸庸碌碌的人只是甘于平凡，没有梦想，也没有过高的追求，从来没有取得过人的成就，受眼界的限制，不可能了解比自己更强大更智慧的人，故庄子说：“夏虫不可语于冰，笃于时也；井蛙不可语于海，拘于虚也；曲士不可语于道，束于教也。”

任国有一位公子想要钓到大鱼，亲手制作了一个巨型鱼钩，钓线是正常钓线的好几倍，鱼饵也很特别，是用五十头壮牛做成的肉干。渔具准备妥当后，他每天都蹲在会稽山上投竿垂钓，人们都说他异想天开，是不可能钓到大鱼的。有的人还说他头脑发昏，各种嘲笑和非议声不绝于耳，公子不予理会，依旧在东海边日日垂钓。

公子每天携带巨竿和牛肉干早出晚归，终日专心致志地钓鱼，可是总是一无所获，不但没有钓上大鱼，甚至连一条小鱼都没有钓到。日子一天天过去了，春去秋来，转眼就过了一年。公子不惧严寒酷暑，不怕风吹日晒雨淋，立志要钓上大鱼。有人说他痴心妄想，有人说他疯疯癫癫，没有人相信他能够钓上大鱼，因为这里的人从来没有钓上过体型硕大的鱼类，人们收获的不过都是鲵鳅小鱼罢了。公子的举动在当地无疑是惊世骇俗的，因此惹来了不少饶舌的人。

时间慢慢地过去，公子依旧没有什么收获，闲言碎语越来越多，他却全然不放在心上，坚持垂钓，终于有一天有条大鱼咬钩了，大鱼吞食了牛肉干做成的鱼饵，牵着巨钩钻入了海底，它负痛挣扎，掀起阵阵巨浪，一时间整个东海都被搅得动荡不宁，翻滚的浪涛发出振聋发聩的巨响，惊动了方圆千里的人们。公子紧握着鱼竿不放，鱼儿在海里不停地腾跃翻滚，几经较量之后，大鱼渐渐没了力气，公子扬竿而起，终于钓上了自己梦寐以求的大鱼。

得了大鱼之后，公子并没有独自享用，而是把大鱼剖开，做成了一条条鱼肉干，分给附近的人们食用。浙江以东、苍梧以北的人很长时间都以这鱼肉干为食，最后都吃腻了。公子钓得大鱼的事在方圆千里的地带传开了，人们奔走相告，像是在传播什么奇闻异事。后世之人听到这个离奇的故事，仍旧不敢相信，他们整日持短竿钓鱼，钓线又细又短，垂钓的地点就在小水沟，所获的不过是些小鱼小虾罢了，所以没有人钓

到过大鱼，他们也无法想象公子钓到了震惊四海的大鱼，以为那只是不着边际的谣传罢了。

面对他人的冷嘲热讽，公子不屑一顾，在一无所获的时候也不灰心气馁，所以最终实现了自己的愿望，得到了朝思暮想的大鱼。这说明只有在嘲笑中勇往直前才能得偿所愿。有的人把嘲笑当成了侮辱，有的人在嘲笑中退缩，更有甚者因为别人的嘲笑而失去了信心，这都是意志不坚定的表现。

现实和梦想往往存在巨大的差距，不是每个心怀大志的人都能实现梦想，有时远大的梦想会被别人解读成空想，如果出师不利，或者遇到重重阻遏，同时又屡屡遭到外界的嘲笑，心理上就极有可能失衡。倘若不能很好地控制自己的情绪，长期郁结于心，不仅会让自己一无所成，还会扰乱心智。因此我们应冷静地面对嘲笑，理解世人眼光的偏狭，静心休养心性，坚定信心，以一个良好的心态朝着梦想的方向奋力前进，直到到达梦想的彼岸。

8. 水到绝境是飞瀑，人到绝境是重生

庄子说："夫哀莫大于心死，而人死亦次之。"意思是说，比躯体的死亡更可怕的是心灵的死亡，一个人一旦心如死灰，就如同一具行尸走肉，即使苟活于世，也不过是一个没有灵魂的躯壳罢了。那么人是如何沦落到虽生犹死的地步的呢？与其说是被逼入了绝境，不如说是来自心底的深深绝望。

世上没有真正的绝境，只有绝望的心境，陷入绝境只是一种心灵的体验，只要不放弃希望，再漫长的黑暗和煎熬，都无法吞噬一颗光明的心。在人的一生中，有暖春也有严冬，有句话说得好"雪化了以后就是

春天”，勇敢面对冰冻酷寒，做到冻而不僵，就能安然度过漫漫寒冬，迎来冰消雪融的春天。

庄子整整活了 83 岁，在那个“人生七十古来稀”的时代，堪称高寿，那么他长寿的秘诀又是什么呢？是因为他不仅懂得如何养身，更懂得如何养心。他深知比起身体的消亡，灵魂的麻木更加可怕。生于“天下无道，祸重于地”的纷乱时代，他注定一生怀才不遇，但他并未因此而感到麻木和绝望，而是从自己的“无用”之身中找到了“有用”的意义。面对贫困潦倒的生活他也没有绝望，而是从风光秀丽的自然山水和雄奇浩瀚的宇宙中，悟出了自然之道和人生之道，把痛苦转化成了宝贵的思想财富。

只要生命不止，希望就不可能破灭，人生没有过不去的火焰山，水被逼入绝境变成了凌崖的飞瀑，人若置身绝境便意味着浴火重生。黑暗的尽头是黎明的曙光，病树前头是争春的万木，有时危机往往意味着转机。在恶劣的情境中，只要心中充满希望，就有机会找到出路。有的人因为失恋、失业、考学失利、经济破产、身染恶疾等重大挫折而陷入绝望，心灰意冷之后便熄灭了心中的希望之灯，陷入颓废的状态无法自拔，甚至到了悲愤欲绝的程度，这种情形也就是庄子所说的“心死”，由于无力改变现状，找不到生存的价值和生命的意义，因而选择了对人生的拒绝和放弃。

其实人所感受到的一切痛苦，本质上都是一种无可奈何的愤怒，真正击垮自己的并不是那些不幸的重大事件，而是自己绝望的内心。庄子始终对人生抱有希望，即使到了断粮的地步，他也没有产生绝望的情绪，面对仕途失意和生老病死，他都能处之淡然，所以才从绝境中获得了新生。

有一位成绩优异的青年，大学毕业以后，到一家大型公司应聘。本以为凭借自己名校毕业生的身份和光鲜的履历，能够获得心仪的职位，同校的同学也觉得他有实力可以从众多的竞争者中脱颖而出，没想到却没有被录取。

他感到很失望，后来竟产生了绝望的情绪。他认为笔试已经发挥到了最高水平，面试时侃侃而谈，每个问题都回答得非常出彩，可最终公司却不认可自己的表现。作为学业出类拔萃的优秀学子，他不甘心屈居小公司，如果不能在大公司立足，他便觉得自己一辈子都不会有前途，正是因为抱着这样的想法，落选的消息就像晴天霹雳一样击垮了他。他从此浑浑噩噩，犹如行尸走肉一般在城市里游荡，在一个大雪纷飞的深夜，他喝醉了酒，醉倒在街头，差点被冻死，后来由于好心人的帮助他才捡回一条命。

没过多久，他接到了一通电话，他应聘的那家公司告诉他他被录取了，下个星期一就可以到公司上班，公司的解释是由于人事部门工作疏忽，在统计笔试成绩时，把他的考卷和另外一个名字相似的考卷搞混了，所以才漏掉了他这个人才。听到这个天大的好消息，他高兴得整夜都没有合眼，消极愤懑的情绪很快一扫而空。星期一他高高兴兴地入了职，孰料刚刚过了三天，他就被公司解雇了。原因是他醉倒街头的画面上了报纸，公司高层认为连这么小的挫折和打击都承受不了的人，是不可能在工作岗位上做出成绩的。

他心情沮丧地离开了公司，为自己的行为感到懊悔不已，他终于明白为了一次求职失利而绝望有多么不值得，此后他改变了心态，俨然换了一个人，后来无论遇到怎样的困境他都没有绝望过。以后的几年里，他得到过满意的工作，也经历过失业，最难熬的时候连房租都交不起，但他咬牙挺了过来，最后终于在一家大型进出口公司站稳了脚跟，前途一片光明。在情感方面，他经历过甜蜜的恋爱，也品尝过失恋的苦果，与相恋两年的女友分道扬镳时，他以为自己再也没有爱的能力了，怎么也想不到后来会遇到更适合自己的人，并建立了美满的家庭。

看到那些深陷困境甚至是绝境中的人，他常常会这样说："在同一扇窗前向外看，有的人看到的是满地的泥泞，而有的人看到的却是满天的繁星。向下看会让人绝望，向上看才会看到希望，所以我选择抬起头来仰望星空，而不是盯着地上的泥泞。"

有个成语叫作"绝处逢生"，绝境并不等于绝域，绝境中也潜藏着机遇，有时回转身你会发现一个更加广阔的世界。人在磨难中更能体味到生活的真谛和人生的真味，经历过黑暗才能更加珍惜光明，经历过狂风暴雨才更能体会阳光的温暖和美好。所以不要害怕绝境，只要心不死，任何滋味你都能安然享受。

9. 不为物累，放飞心灵

自由是一个永恒的主题，人类自从有了自我意识，就对自由充满了向往，甚至有人发出了"不自由毋宁死"的呼声，可见自由对于人类而言有多么宝贵。庄子最大的精神追求，概括起来，也莫过于"自由"二字，他毕生都在追求"入无穷之门，以游无极之野"的自由境界，以及不为形役、遨游于四海的空灵洒脱。在庄子看来，人生最大的乐趣莫过于无拘无束地在宇宙天地间驰骋，他把这种状态解释为逍遥游。

《逍遥游》是庄子的名篇，也是他哲学著作的开篇，蕴含了他人生理想的精华，全面阐述了他对于自由的理解。无论是"绝云气，负青天"纵横九万里的大鹏鸟，还是御风而行的列子，讲述的都是有关飞翔的故事，这种诗意般的飞翔已经超越了正常的物理极限，"背若泰山，翼若垂天之云"的大鹏鸟"怒而飞"，扶摇可上九万里，可谓逍遥之极。人是不能飞行的，可列子却能御风而行，他比一般人就获得了更多的自由，但庄子却认为无论是大鹏鸟还是列子都没有获得真正的自由，因为他们有所凭借，大鹏鸟要借助巨大的风力，才能快意遨游，列子也需要驾风而行，这些都不是庄子所追求的最高自由境界。

在庄子看来，自由并非和物理极限有关，它无关于形，而在于心，心若自由，就能摆脱外界的各种限制，挣脱世俗的枷锁，使自己的自由意志得到最大限度的体现。凡夫俗子自然不能像大鹏鸟那样振翅一飞，水击三千里，遨游于无穷的境地，也不能像神人列子那样御风飞行，但心灵可以，思想意志也可以。故真正精神自由的人比大鹏鸟和列子还要逍遥自在。庄子指出人想要得到绝对的自由，就要达到“无待”、“无累”、“无患”的境界，他认为人一旦有所凭借依待，心灵就有了羁绊，那么就离自由越来越远了。

我们要抱有怎样的心态才能得到真正的自由呢？庄子给出的答案是：身在人世，心做逍遥游。然而生活就是衣食住行、柴米油盐的琐碎，为了满足肉体的各种需求，放弃了精神的追求，身体不自由又如何让心灵自由呢？庄子说，回归本源，顺从自然，不为物累，不为形役，保持精神的自由，在精神的乐园里安宅，像鱼儿那样自由游弋，像鸟儿那样快乐飞翔，与天地同在，与天籁共语，让自己的心灵无拘无束，无牵无绊，自在翩跹，直到地老天荒。

韩斌有一次到另外一个城市旅游，拜访了一位年长的朋友，他叫孟廷，是一个非常沉稳成熟的中年人，给人印象最深的是他由内而外散发出来的超然淡定，和他在一起，再浮躁的人都会感到平心静气。孟廷个性潇洒，似乎从来不会为生活的种种所牵绊，总是一副自在安闲的样子。

韩斌非常羡慕孟廷，于是有一天终于忍不住开口问：你是如何修炼出那份洒脱从容的？孟廷淡然一笑，从书柜里拿出了一个笔记本，这个笔记本看起来已经很旧了，纸张明显泛黄，第一页密密麻麻写满了字。孟廷说这是他在读研究生时写下的东西。上面内容如下：

一、我现在在勤工俭学，整天为钱发愁，感到很不自由，以前我认为这种生活是命中注定的，现在我不再那么想，我依旧可以利用课余时间做兼职，但要留出一点时间任自己自由支配，多读几本好书，或者去看几场有趣的展览，人不能只为肉体活着，还要为心灵而活。

二、买小物件或者买菜，绝不费尽口舌讨价还价，平均也不过一天损失几毛钱，一年下来不过损失几百元，这个损失我还是承受得起的，没有必要让自己的心灵受累。

三、我有一款很贵的专业级别的相机，宝贝得不得了，生怕别人知道后向我借，很长一段时间我都感到忐忑不安。别人若是开口，我不好意思回绝；若是外借，又担心相机被损坏，所以以前我一直把相机锁在抽屉里，有一天被宿舍的同学发现了，以后我再也不给抽屉上锁了，谁想用就随便用，用一个相机换来心灵上的自由是非常值得的。

四、我决定依靠自己的实力在社会上崭露头角，决不采用任何不正当的手段，也不依赖外界的力量，更不会为了获得更多的资源低三下四、卑躬屈膝。

……

韩斌疑惑地看着孟廷："就这些。"孟廷点点头，他说："大学时代我非常喜欢古典文学，尤其喜欢庄子的作品，我很羡慕他的个性，尤其认同他对自由的解读。庄子说无所凭借才能实现心灵的自由，神鸟和神人逍遥但却不自由，因为他们都得依赖风。我们不自由，是因为我们太过依赖外界，所以我才决定凭借自己的能力而不是依赖别人而生活，这样也就避免了对别人曲意逢迎，在一定程度上也算摆脱了世俗的枷锁。我们不自由另外一个原因是为物质所累，为了一点蝇头小利或者一点损失而斤斤计较，其实那些东西不值得我们那么耗神，懂得割舍也就实现了自由。我们不自由更大的一个原因是人是由肉体和精神两部分构成的，重肉体轻精神，心灵就会被牢牢束缚住，我们要在两者间找到一个微妙的平衡，才能实现真正的自由，既要保证肉体最基本的需求得到满足，又要让自己的精神得到自由，能做到这一点，就能活得自由自在了。”

韩斌不解地说：“这说起来容易做起来难啊，比如我吧，也想活得自由一点，可我总要生活吧。”“满足最基本的生活条件并不需要太多资源，你并不是被生存所困，而是被外物所累。”孟廷一针见血地说。“或许吧。”韩斌喃喃地说，低头陷入了沉思。

生存和自由并不是水火不容、绝对对立的，有人说为了生存就必须放弃或者割舍自由，这显然是一种极端的看法，事实上生存和自由是可以兼容的，庄子就是最好的明证，他获得了精神上的自由，而且安然地生存了下来，而那些放弃了自由为功名劳碌奔波的人反而在残酷的环境中一个个倒下了，庄子提出了“物物而不物于物”的观点，即人要主宰外物而不能被外物支配或主宰，从“物累”中彻底解脱出来，就能在物欲横流的现实世界中找到一个宁静的心灵港湾，进而实现精神上的自由。

10. 独立不迁，是谓至贵

我们所生活的世界，充斥着浮躁的气息，一些人在商品经济的滚滚大潮中，随波逐流，为了一斗米竞折腰，甚至失去做人的基本原则。

庄子说：“出入六合，游乎九州，独往独来，是谓独有。独有之人，是谓至贵。”意思是说，超越有限的存在，出入六合空间，自由遨游九州，独来独往，体悟真性，进入独立的人格世界，这样才算至高无上的，也就是说庄子主张保持独立不迁的品格和自由意志，他认为保持心灵的纯净和空灵，实现真正的精神自由，就能超越世俗，达到至上至贵的境界。

庄子生活在一个黑暗残酷的时代，但他并没有随波逐流，而是最大限度地保持了自己的独立人格。他曾对那个民不聊生、战事频仍的时代感到痛心失望，于是发出了“以天下为沈浊，不可与庄语”的悲凉喟叹，大半生都秉持“独与天地精神往来”的态度，在自己的精神乐园里得到了满足。

庄子之所以与众不同，是因为他的特立独行和卓尔不凡，他既是濮水边悠然自在的钓翁，又是浪漫的田间诗人；既是悲天悯人的隐士，又是雄辩滔滔的哲人，总之他是独一无二的，在阴霾的笼罩下傲然地保持人格的独立，不为权贵折腰，不为利禄引诱，活出了属于自己的风采。

诚然，每个人都有谋求幸福的权利，但绝不能以出卖灵魂为代价，无论世风如何，我们都应该在自己心中放一把尺，具备最基本的独立判断能力，狂热跟风和与世沉浮是不足取的，作为一个独立的生命体，我们应该拥有独立的思想意识，活出一个全新的境界。

秦二世统治时期，丞相赵高野心日益膨胀，伺机谋权篡位，虽然权倾朝野，但他并不清楚有多少人真心支持自己称帝、有多少人会公开反对自己，为了弄清状况，他想出了一个办法来测试自己在朝中的威严。

有一天早朝，赵高命人把一只鹿带到了朝堂上，他指着鹿笑容满面地对秦二世说：“陛下，我想把这匹膘肥体壮的骏马献给您，不知您意下如何?”秦二世定睛一看，心生狐疑：这分明是一只鹿，为什么赵高口口声声说它是马呢？秦二世不知赵高打什么算盘，于是便纠正道：“丞相你弄错了，这是鹿不是马。”赵高依旧不肯改口：“陛下，错的是您，这的确是一匹马，您再仔细看看。”

秦二世朝那只鹿看了几眼，说：“如果它真是一匹马，头上怎么可能长角呢?”赵高又说：“陛下若是不肯信我，可以问问这朝上的文武百官，它究竟是一只鹿呢还是一匹马呢?”大臣们面面相觑，不明白赵高有何用意，他们看看鹿，又看看赵高似有深意的笑容，忽然明白了赵高的用心，原来他想用指鹿为马的方式来测试大臣们对其专权的态度，说假话的就意味着顺从，说实话的就意味着与其做对。想到这里，大臣们惊出了一身冷汗，时时刻刻都感到赵高那双敏锐的眼睛在盯着自己，有一种如芒在背的感觉。

依附赵高的奸佞小人立刻随声附和道："陛下，它的确是一匹马。"秦二世以为自己的眼睛出了问题，盯着那只鹿看了良久，可是无论怎么看它都不像一匹马。部分有正义感的人，由于胆小怯懦，纷纷低头不语，有的人还被迫说了假话，只有很少的人大胆说出了真话，但是那些说真话的大臣日后都受到了赵高的中伤和迫害。

很多人随波逐流，误以为绝大多数人的选择就是最实用最有利的选择，而事实是，放弃千军万马过独木桥，敢于走窄门的人，才能找到内心的和谐。正所谓"真理掌握在少数人手中"，盲从意味着失去自我。如果当初庄子选择了随波逐流，他终生都会被负罪感和自责感啃噬，一辈子都将生活在痛苦和矛盾中。他遵循自己的心性而活，虽然失去了眼前的利益，但却换来了一辈子心境的宁和，所以说这种舍弃是值得的。

在人生中，虽然我们要历经披荆斩棘的艰辛，但决不能为了达成个人目的而失去了本色，更不能不假思索地追随世俗的脚步，在任何时候任何情况下都要保持独立的人格，遵循自己的良知生活，只有这样我们才不会失去自我，从而成为一个更加美好的人。

第四章

境随心转：境界高远，心宽天地宽

王国维说，有境界自成高格，庄子高洁清逸的气节和如水般淡泊的品格，皆源于他所追求的超然物外的真我境界。正因为有着超世拔俗的非凡境界，他才突破了狭隘的世俗观念，将无限辽阔的天地宇宙纳入了自己的精神世界，得以尽情尽兴地遨游。

我们虽然很难达到庄子的境界，但却可以通过调节心境来实现修身养性的目的，正所谓“境由心生，境随心转”，一个人有什么样的境界，便有什么样的心情，心态的好坏会对我们产生或积极或消极的影响，而人生的种种际遇又会反过来作用于我们的心境。只有提升自己的精神境界，保持良好的心情，以阳光心态和超然的态度应对俗世中的各种苦恼，看淡荣辱，珍惜生活、珍爱生命，我们才能渡过人生的种种难关，看到风雨过后的彩虹。

1. 有一种境界叫作忘我

庄子说修身养性最高的境界就是达到忘我的境界，也就是“吾丧我”，那么“丧我”之后又如何呢？庄子认为人若能够做到物我两忘，就能得到极致的自由和快乐，进入道家的高层境界。他说“鱼相忘于江湖，人相忘于道术”，意思是说，鱼儿在江河湖泊中悠游自在地游弋时既忘记了水的存在，也忘记了自己的存在，所以鱼儿是快乐的。鱼生于水就好比人生于道，人只有忘记道术，同时也忘记自身的存在，才能体会到快乐的真谛。

庄子用鱼和水的关系阐述人和道以及人和自我的关系，旨在说明人只有超脱物外，忘记俗世中的自我，思想修养才能臻于完美。他所说的“忘我”、“丧我”，指的都是抛弃俗我，发现真我，成就新我。那么这物我兼忘究竟是怎样的一个状态呢？庄子在《齐物论》中讲了这样一个故事：南郭子綦进入坐忘状态，形若槁木，了无生气，这就是忘我的表象，他脱离了具体的俗我，精神遨游于玄妙的境界中，内心如初升的新月一般澄澈明洁，身心得到了彻底的放松，浑然之间仿佛自己的形体完全不存在一样，虽然外在像枯槁之木，内心却如初春一样生机勃勃。

《齐物论》中的最后一个故事更加美妙，而且富有浪漫主义色彩。“昔者庄周梦为蝴蝶，栩栩然蝴蝶也。自喻适志与！不知周也。俄然觉，则蘧蘧然周也。不知周之梦为蝴蝶与？蝴蝶之梦为周与？周与蝴蝶则必有分矣。此之谓物化。”人蝶不分可谓是忘我的最高境界。庄子梦蝶并不稀奇，因为在花丛中自由翩跹的蝴蝶最能体现他对人生的理解，也最能体现他的志趣和追求，可是醒来时竟分不清究竟是自己梦到了蝴蝶，还是蝴蝶梦见了自己，就颇为吊诡了。这个故事再也不是化蝶那么简单了。人蝶不辨就是“物化”，它指的是全然忘却自我的存在，和外物完全融为一体，也就是物我相融的意思。在梦境中“我”化身为在花丛中翩然飞舞的蝴蝶，那么蝶就是“我”，“我”就是蝶，“我”的生命、情感和思想与自然界完全融为一体，“我”感到无限自由，无比快乐，所以即使醒来后“我”依旧辨不清自己是人是蝶，甚至怀疑是不是蝴蝶梦见了“我”，而不是“我”梦见了蝴蝶。

庄周梦蝶的故事非常有趣，也非常发人深省，对于我们为外物奔波劳碌的现代人也具有很好的借鉴意义。为什么我们的饮食越来越丰富、营养越来越全面，心灵却在日益枯萎、为什么我们拥有得越多，自身的价值感就越模糊、为什么我们的阅历和知识越多，却越来越不了解自己的内心世界？庄子给了我们答案，是因为我们太过关注外在的俗我，而忽略了自己的内心，以道家的境界而论，重外轻内是下品，只有忘却外在的俗我，才能找到内在的自我。

杨旭是一家小企业的业务经理，他是从基层做起的，能晋升到这个位置实属不易，回顾那些在职场上摸爬滚打的经历，他并不为自己感到骄傲，相反，时常为此感到怅惘。遥想当年，他怀揣着五百多元的生活费只身闯荡北京，住最便宜的旅馆，穿着不合身的西服，风尘仆仆地跑人才市场，那段日子确实十分心酸，所以他发誓日后一定要出人头地，决不会再让自己过这样的日子。为了改变命运，他彻底变了一个人，变得连自己都不认识了，如今他虽然过上了所谓的好日子，可是却一点也感觉不到快乐。

为了提升业绩，杨旭可谓使尽了浑身解数，甚至不惜编造各种谎言欺骗顾客，他故意夸大保健品的疗效，口若悬河地鼓吹公司的产品效果是如何神奇，那些缺乏健康知识的中老年人，在他强大的宣传攻势下，纷纷高价购买了他公司代理的各种保健品。起初杨旭还为自己的欺骗行为感到内疚，后来转念一想，自己推销的保健品虽然效果不太明显，但也不是完全没有疗效，自己不过是言辞夸张了一些，何况这些保健品对人体又没有什么严重的副作用，自己根本没有必要太过自责。

杨旭不仅在顾客面前习惯了说谎，在同事、朋友面前也总是满口谎言，为了把朋友的父母发展成顾客，他可谓是费尽了唇舌，为了从普通业务员中脱颖而出，他极力讨好上司，还耗费心机地笼络业绩高的老员工，甚至成功说服一名即将退休的资深员工把一笔大单改在了自己的名下。杨旭虽然如愿以偿地得到了自己想要的东西，却无心享受这份成功的喜悦，他感到自己彻底迷失了。

后来杨旭在推销保健品的过程中，认识了一个白发苍苍、精神矍铄的老人，两人谈及养生养心之道时，老人说："忘记俗我，才能找到自我；找到自我，才能舒心快乐；笑口常开心情好，才能养生养心。"杨旭疑惑地说："我们在现实世界里生活，怎么可能忘掉俗世中的自我呢？""小伙子你整日愁眉苦脸、心事重重，就是因为太看重俗我了，你可以尝试着将俗世的东西看淡些，多听听自己内心的声音。"老人的一席话引发了杨旭的思考。

经过一番深思之后，杨旭决定将自己归零，彻底告别原来的俗我，他放弃了业务经理的职位，在一家培训学校做起了老师，他曾多次和学员分享自己的经历，还告诫学员不要为了俗我而失去了自我，忘记俗我才能发现真实的自我，得到真正的满足和快乐。

庄子告诉我们千万不要为了外在的俗我，而遗忘了自己的内心世界，滚滚红尘中，我们不能让眼花缭乱的物质世界遮迷了双眼，失去了自我。为了追寻真我而忘却俗我是值得的，因为只有真我能将我们引向幸福快乐的美丽世界。

2. 超脱旷达，不畏风雨

生活总是让我们感叹人生的无奈。生命是一趟苦旅，我们一生都在跋涉中。在现实面前，有时人会显得渺小无力，毕竟再强悍的人也不可能无坚不摧。

庄子说，以精神的超越来抗争现实。在庄子看来，人世充满了忧患，他在《山木》篇中写道：山中之木因为不成材而得以幸存，而雁鹅却因为不成材而被烹杀，所以他宁愿介于材与不材之间，即便如此，还是不能完全避免忧患灾祸，在那个时局动荡、昏君乱臣当道的时代，

“合则离，成则毁，廉则挫，尊则议，有为则亏，贤则谋，不肖则欺”完全是常态，聚合了便要分离，成功者遭毁损，锋利了便缺损，也就是说无论成与败，材与不材都不能免除忧患。在这种情况下，人只有靠精神超脱来解除内心的苦闷了。

庄子生不逢时，不能在仕途之路上践行自己的人生理想，他在浊世中以超然物外的态度寻求精神解脱，以傲然独立、放浪形骸的形象出现在我们面前。他任自己的思想天马行空地在幻想的美妙世界里纵情驰骋，在天地宇宙间感受与道合一的欢喜和快乐，但作为一具血肉之躯，却免不了要承受现实生活的严峻考验，靠编草鞋度日的日子自然是无比艰辛的，但寒衣粗食、缺吃少穿的日子并没有夺走他那份怡然自乐的洒脱，他也没有被现实的大山压垮，而是先让无形的精神挣脱了现实的羁绊，然后又以精神上的满足抚慰肉体的痛苦和疲累，最终战胜了现实的磨难。

在庄子眼中，最理想、最完美的人就是至人、真人、神人，他们不被世间的藩篱束缚，超然地畅游逍遥之境，没有烦忧，没有纷扰，与天地大道合而为一，与星辰日月同辉，他们永远精神焕发、神采飞扬，能“上窥青天，下潜黄泉，挥斥八极，神气不变”，这显然是庄子理想的化身。他本人虽然达不到至人、真人、神人那样神通广大，但在思想境界上却是最接近这些高深莫测的理想人物的。

如果我们在现实世界里感到疲惫受伤，甚至痛苦万分时该怎么办呢？最好的处方莫过于像庄子那样以超然的精神为自己筑造起牢不可破的长城，只要我们的境界足够高远，世间的各种烦扰就会变得渺小无力，只要我们的内心足够强大，现实的苦难就失去了深度伤害我们的力量，无论现实有多么残酷，都不能征服我们无畏的灵魂和超然物外的内心。

在我国历史上，恐怕没有什么人比陶渊明更能代表魏晋风骨了，他

既有不为五斗米折腰的铮铮傲骨，又有“采菊东篱下，悠然见南山”的潇洒怡然，可是他所生活的时代并不比庄子好多少。陶渊明同样生活在动荡时期，时局的混乱、社会的黑暗也给他的内心带来了深深的伤痕，由于朝政腐朽，他最终选择了辞官归隐。

陶渊明归园田居之后，发出了“误落尘网中”“性本爱丘山”的感慨，在远离尘嚣的幽静环境中怡情养性。离开了污浊的朝野，他卸下了所有的负荷，尽情尽兴地享受着田园之乐，农闲时以吟诗作赋、游览山水遣怀，他像普通农人那样关心庄稼的生长和节候的变化，又用一颗诗心感受着这种辛劳却宁静的淳朴生活，以此抚慰自己壮志难酬的忧伤。

陶渊明的田园梦远没有他笔下的《桃花源记》里描写得那般美好。纷乱的时局、黎民的疾苦时时牵动着他的心，这无休止的人祸让他感到痛心疾首。人祸让人无可奈何，又偏偏赶上天灾。有一年夏天，他的十余亩方宅和八九间草屋被一场大火焚毁了。全家人无处栖身，只好暂住在船上。现实是如此严酷，陶渊明平静的生活完全被打乱了。他感到无比茫然，似乎不明白自己何以沦落到如此悲惨的田地，不免悲从中来。他多么向往那种衣食无忧的生活啊，但依旧不为自己的选择后悔，面对突如其来的天灾，最初他虽然有些手足无措，但很快就振作起来，他开始动手重整家园，渐渐从懊丧的情绪中走了出来。

外界对人的影响，归根结底是通过心灵反馈给行动，如果我们能掌控自己的心灵，拥有以不变应万变的淡然心境，那么世事对我们的影响就会大大减弱。真正活得超脱的人，并非是没有经历过人生的大风大浪，也并非是世界对其有所偏爱，而是因为他们精神达到了“任尔东西南北风，我自岿然不动”的境界，最终战胜了困难，在人生泥泞的道路上留下了一串串坚实有力的脚印。

3. 内在美胜过外在美

常言道："爱美之心，人皆有之。"爱美是人的天性，人们追求美是无可厚非的。美分为两种，一种是外表美，一种是内在美。注重仪表美体现的是一种礼仪和风尚，注重内在美体现的则是一种境界。一些人穿着高档时装，妆容精致、风度翩翩但表情冰冷、高傲、不可一世，这只是一种浮华之美，而真正美好的人势必拥有一颗温暖、善良的心，即便他们没有美的外表，依旧活出了美的境界。

在庄子看来，内在美比外在美更重要，他在《德充符》中描写了不少外表丑陋、内心高尚的人。他反对以貌取人的观念，甚至高度赞扬形体残缺或身体畸形的人，以他们奇丑的外形和美丽的心灵作对比，突出自己对精神美的追求。庄子赞美畸形人，并不是说畸形就是美，而是为了说明心灵的残缺比肢体的残缺更可怕，一个人外表丑陋并不可悲，只要他具备内在的精神力量，具有美好的品德和人格魅力，那么虽丑犹美，但心灵丑恶的人无论容貌有多么俊美，都是丑陋可悲的。庄子说："故德有所长，而形有所忘。人不忘其所忘，而忘其所不忘，此谓诚忘。"意思是说，人只要德行美好，形体上的缺憾就会被世人遗忘。

庄子认为外在形体上的缺陷可以通过美德来弥补，而形体健全、人格卑下的人才是真正无可救药的。对于修身养性来说，修心当然比修身更加重要，美是由内而外散发出来的，它不仅仅是一种气质，更多的是一种人格魅力和精神力量。有的人虽然有着无可挑剔的外表，但内心却无比自私和冷漠，这样的人不可能让自己的精神升华到一个更高的境界，也不可能体悟到庄子所倡导的养生、养性、养德之道。

外表之美是肤浅的，也是短暂的，所谓光阴荏苒、岁月如梭，再美的容颜也敌不过岁月的侵蚀，只有心灵之美才是永恒的。外在只是人的包装，一个人的修养、内涵和精神才是人的内核，过分重视外表，而忽略内在，无论曾经获得过多少关注，其境界都是不高的。

有个国王身染重疾，自觉不久将离开人世，于是把两个儿子叫到面前说："你们两个如果谁能找到永恒不败的花，谁就可以继承王位。"两位王子离开父亲之后，便四处寻找老国王所说的不败之花，他们去了很多地方，问遍了王国里所有的园丁，谁也没有听说过世上有这种神奇的花，因为再娇艳的花朵过了花期都会凋落衰败，不萎之花根本就不可能存在。

两位王子一无所获，但却不想两手空空地回到宫中，只好各自带着自认为花期最长的花朵回到了老国王身边。大王子展示的不过是一朵普通的花，这多少有点让人失望，不过他马上补充说自己已经掌握了最先进的温室技术，可以延长花朵的花期，只要温度适宜，普通的花朵也能常开不败。老国王听完之后，并没有说什么，而是把目光转向了小王子。

小王子并没有把花带回宫中，他向大家展示了一只小小的玻璃瓶，里面装的是鲜花研成的粉末。他解释说："鲜花再美，也会凋谢的，只有花香能让人回味无穷，所以只有无形之花才能永开不败。"小王子的回答才是国王想要的答案，老国王露出了嘉许的笑容，并兑现了自己的诺言，就这样小王子顺利继承了王位，成为了新的国王。

花香比鲜花本身要持久，这就好比人的内在美要比外在美持久，无论是楚楚动人的妙龄女郎还是意气风发的美男子，终有年华老去的一天，恃美而骄是一种肤浅的表现。

有这样一个故事：有一个身材高挑、容貌姣好的女孩进入机舱后，强烈要求乘务员把自己安排在豪华客舱，而她买的却是经济舱的机票。无论乘务员怎么劝说，女孩都不肯安静下来，依旧无理取闹地吵着要坐豪华舱。她睁大眼睛理所当然地说："豪华舱有那么多座位，不可能都坐满，为什么不让我坐？"乘务员万般无奈之下，只好把机长找来。

机长走了过来，女孩摆出一副高傲的架势，仿佛自己受到了慢待似的。她无非是认为自己长得漂亮，就理应受到优待，甚至应该打破规格，受到超常待遇，很显然，无论是机上的乘客还是工作人员都不这么认为，人们纷纷向她投来鄙视的目光，好像在说，这个女孩这么年轻漂亮，可是却这么没有教养。

机长并没有向女孩讲什么大道理，也没有劝说她，而是以平静的口吻问她想要去哪里。女孩说她要到芝加哥去旅游。机长微微一笑，上前一步悄悄地对女孩说了一句话，女孩听完之后，拎起行李就朝经济舱的方向走去，乘客虽然不知道机长说了什么，不过看着女孩狼狈地离开，都忍不住笑了起来。女孩平生第一次受到这样侮辱性的嘲笑，忍不住流下了泪水，脸上的妆都哭花了。

女孩离开后，人们都好奇地问机长刚才究竟说了什么。机长回答说："我告诉她只有经济舱飞往芝加哥，豪华舱不到那里。"人们听完之后笑得更厉害了，大家乘坐的都是同一架飞机，她怎么会相信经济舱飞往芝加哥，而豪华舱却不到那里呢，该不是女孩的智商有什么问题吧。笑过之后人们又想，既然乘坐豪华舱和经济舱都能到达目的地，她为什么偏偏要凭经济舱的票硬挤进豪华舱呢？这的确是一个值得深思的问题。

外在美就好比绚烂夺目的花朵，内在美才是它深植土壤的根基，只有不断修养自己，致力于提升自身的内在美，我们的生命才会变得丰盈美丽。良好的外在形象可以让自己神清气爽，让他人倍感舒适，但唯有内外兼修，才能让自己变成一个气质优雅、魅力长存的人。一个人只有光鲜的外表是不够的，只有不断提升自己的精神境界，才能成就最美好的自我，才能让自己的生命像夏花一样开放，让自己活得快乐怡然。

4. 至高之境：荣辱毁誉不挂心，功名私念皆可抛

人生有三重境界，第一重境界是看山是山、看水是水，它是说人的认知全都来源于自己的所见所闻。第二重境界是看山不是山，看水不是水。进入这个阶段，人的阅历与日俱增，对这个世界有了更多的认知，变得不再那么轻信，对一切产生了质疑，所以山还是原来的山，水还是以前的水，因为心境不同，所见之景也不一样了。第三重境界是看山还是山，看水还是水。这时人已经历经沧桑，对芜杂俗事完全可以一笑置之，内心犹如清风朗月一般，所以见山又是山，见水又是水了。

庄子的《逍遥游》深入地向我们阐述了人生的三重境界。第一重境界是弃小志立大志，超越狭隘和局限，成就卓越。第二重境界是“举世而誉之而不加劝，举世而非之而不加沮，定乎内外之分，辩乎荣辱之境”，意思是说，不以外界的荣辱标准评价和定义自己。第三重境界是“至人无己，神人无功，圣人无名”，它是人生的至高境界，也是最难达到的境界。

初入社会时，血气方刚、年轻气盛，因为涉世不深，所以皆以世俗的追求作为最高追求，心怀大志、不甘平庸，想要功成名就。这时就处于人生的第一重境界。《逍遥游》中的大鹏鸟以飞往数万里之外的南海作为目标，其志向不可谓不大。庄子以大鹏鸟的庞大和蝉、斑鸠的渺小作对比，阐明了大物与小物的不同，并通过两者飞翔本领的悬殊，来进一步阐述两者的差异，大鹏鸟可遨游九天，从北海飞到遥远的南海，而蝉、斑鸠这类小动物只能徜徉于蓬蒿之间，有时还要被迫着地，故而大鹏鸟志向高远，而蝉、斑鸠则没有什么大志向，只能庸庸碌碌地度过一生。

庄子非常赞赏大鹏鸟，为讥笑大鹏鸟的小动物感到悲哀，并把这种大小之别的道理延伸到做人的境界上。他说那些凭借一定的才能在一方为官的人，就像在蓬蒿间盘旋的小鸟那样，太容易满足了，以为获得了君王的赞赏就实现了人生的价值，这类人看不到更高远的目标，也没有更大的追求，所以不可能有更大的成就了。他们为什么把功名和荣誉当成最大的追求呢？主要是因为处于“看山是山，看水是水”的境界，所以不可能突破表象，看到山水以外的风光。这样的人充其量只是扮演蝉、斑鸠之类的小角色，永远不可能和大鹏鸟同日而语。

接着庄子又以宋荣子举例，提出了“举世而誉之而不加劝，举世而非之而不加沮，定乎内外之分，辩乎荣辱之境”的境界。宋荣子不在乎外界给予自己的荣辱，就算全世界的人都赞赏他，他也不会变得更加勤勉；全世界的人都诋毁他，他也不会沮丧难过，因为他明白荣与辱不过是一种内心的感受，外界的评价并没有那么重要。

宋荣子的境界堪称“看山不是山，看水不是水”了。但庄子说他仍没有达到最高境界，只有做到无己、无功、无名的时候才算进入了至上境界。这时，人无所依凭而游无穷，将功名利禄、个人虚名统统抛却，甚至忘记了尘网中的有形之躯，获得了彻底的自由，内心一片清朗，这样的人便进入了第三重境界“看山还是山，看水还是水”。

程毅在旅游时曾经喝过云南大理闻名遐迩的三道茶，第一道茶味道清苦，第二道茶甜美爽口，第三道茶香气四溢，这苦苦甜甜、余香沁齿的清茶引发了程毅的思考。他认为这茶的味道非常符合人在不同阶段的感受，也契合人在不同层次上的境界。遥想当年，他刚刚踏入社会，整天想着如何出人头地，为了让别人能对自己刮目相看，付出了常人无法想象的努力，但奋斗的豪情并没有让他的生活变得更美好，反而让他感到分外疲累，他不知道自己要奔波多久，心里分外茫然，心境也全然是苦的。

过了30岁以后，程毅在事业上小有成就，他有了更多的时间来思考人生的意义。他忽然觉得为了迎合别人而活是多么不值得，人生是自己的，没有必要活在别人的眼光中，从此他不再刻意逼迫自己做自己不想做的事，也不再把别人向自己投来的或赞赏或嫉妒或轻蔑的目光放在心上，他学会了按照自己的心意而活，慢慢地体味着原汁原味的生活，对人生也有了更深刻的认识，突然发现生活里不仅有苦涩，也有甘美。

进入不惑之年后，程毅经历了很多事，回首往事时总不免思绪万千，他这大半生有过辉煌也有过黯淡，曾经被评为业界最有影响力的人物之一，也曾经被受媒体误导的大众骂得一文不值，他功成名就过，享受过荣华富贵，也落魄潦倒过。而今，他把一切都看淡了，内心却越发澄明，他不再为成败和荣辱苦恼了，追忆过往时，也不再为往昔的一切感到纠结，内心越发坦然淡泊，就像是一缕淡淡的茶香。偶然之间他重读了一遍庄子的《逍遥游》，这篇中学时代学习的课文，现在细细品来，又有了全新的感悟。他不敢说自己已经进入了无己、无名、无功的境界，但至少已经不再为外界的评价苦恼了，也算达到了“举世而誉之而不加劝，举世而非之而不加沮”的境界了。

人生如茶，有苦有甜也有淡淡余香，达到庄子所说的第二重境界，不以别人的眼光来定义自己的人生，才能感受到生活的甜美，看到青山碧水之外的旖旎风光。达到庄子所说的第三重境界，则可以忘却世间所有的烦恼，卸下生命里所有的重负，感受到前所未有的人生快意。

5. 境界高低取决于眼光和认识

人生境界的高低主要和见识、眼界有关，河伯不见大海，就以为“天下之美尽在己”，斥鴳没见过壮观的飞翔，就以为在蓬蒿间短距离的飞行就是极致的飞翔了，井蛙没有跳出井口，就只能看到巴掌大的一方天，根本无法知道这个世界究竟有多么广大。庄子通过一则则寓言告诉我们境界取决于认识客观世界的广度。

心胸偏狭、视野狭窄的人，常常会犯一些常识性的错误，以致一叶障目不见泰山，人生的种种苦恼皆源于此。如果我们的见识足够广博、胸襟足够开阔，世界便会大得超出人的想象，很多耿耿于怀的事情都会释然，其实人生之境的大小皆藏于心间，而心境的大小则在于人的经历和眼光。

庄子曾经和惠施辩论一只葫芦有用和无用，惠施认为葫芦太大，外皮又太薄，不能剖开做成容器，所以一点用处都没有，庄子却不以为然，他说为什么要把它剖开做容器呢，何不把它系在身上遨游江海呢？庄子从一只无用的小葫芦上看出了大用，打破了人们常规的认识，这也取决于他自身的经历和认识。生于诸侯混战、苍生泣血的浊世，许多人把效忠君王、建功立业当成大用，因为功不成名不就而苦恼，庄子因为亲眼目睹了暴君和佞臣给苍生带来的伤害和苦难，得出了无用之人才是大用的结论，凡夫俗子心中的苦恼在他看来全都不值一提。

智慧的深浅、境界的大小不仅会影响一个人的行为和判断，还会直接对人的心境造成影响。但凡心境宁和、心性平和的人和一般人相比，势必境界也更上一层，王国维说：“有境界者自成高格”，其实反过来讲，有高格者自有境界。格调是培养出来的，境界是修炼出来的，没有人天生就自成高格或者天生境界就比别人更高，丰富自己的阅历，多一些见识，我们才能拥有更敏锐的眼光和更开阔的视野，才能升华到更高的境界，过滤人世间的种种烦忧。

宰相王安石在忙完政务后，非常喜欢阅览各地读书人拟写的诗文。有一日，他看到了一首写景小诗，这首诗出自广东秀才的笔下，其文如下："彩蝶双起舞，蝉虫树上鸣。明月当空叫，黄犬卧花心。"王安石认为前两句写得不错，不过后两句就完全不通了，明月怎么可能啼叫呢，体型硕大的黄犬也不可能静卧于小小的花心上，看到这里，他不禁哑然失笑，后来才知道这名秀才寒窗苦读多年，屡试不第，他又想这秀才如此糊涂，怎么可能考上科举呢？于是提笔就把后两句改成"明月当空照，黄犬卧花荫"。

后来王安石变法遭到重重阻力，变法最后失败了，他本人也引咎辞职了。离开了官场，他有了更多的闲暇时间，开始到各地游山玩水。有一天，他到潮州游玩。到了晚上，兴致未减，便留在花园里观花赏月，当晚皓月当空，花香怡人，风景非常醉人。

王安石正陶醉在迷人的月色中，忽然走来了一位老花匠，老花匠说他是来捉黄犬虫的，这种虫子喜欢卧在花心里睡觉。说完，他就捉了一只虫子拿给王安石看，王安石定睛一看，是一条毛茸茸的小黄虫子。他正想仔细瞧瞧那黄犬虫时，空中突然传来一阵悦耳的鸟鸣声，感到好生奇怪，这种鸟叫声自己从未听到过，于是就问老花匠这鸟叫什么名字，老花匠回答说："这是一种非常稀有的鸟，每当明月当空时就会高声鸣叫，所以人们管它叫明月鸟。"

老花匠的一番话让王安石感到分外羞愧，想起自己不识明月鸟、不知黄犬虫，却误以为秀才头脑发昏乱写诗，就深感内疚，后来他特地登门拜访了那位写诗的秀才，真诚地表达了自己的歉意。

王安石由于眼界的限制误会了秀才，后来视野开阔后得知了事情的真相，主动向秀才赔礼道歉，可谓是境界又上了一层，但他和司马光的君子之交以及日后的断交，从另一个角度说明其做人境界的局限。

王安石和司马光虽然政见不合，但两人性情相投，彼此欣赏，曾经结下了深厚的友谊，可两人最终却因为一场小小的争执发展到了形同陌路、老死不相往来的地步，确实令人感叹。有一次，洛阳牡丹花开，包拯邀请同僚一起饮酒赏花，王安石和司马光均在受邀之列。当天，包拯设下酒席，席间宾客一起品评美酒，一块儿欣赏国色天香的牡丹，非常热闹。司马光平素不喜饮酒，但在包拯的劝说下，还是勉强喝了几杯。

司马光放下酒杯后，轮到王安石喝酒了，王安石平时滴酒不沾，无论包拯和司马光怎么劝都不肯喝一口，全场大为扫兴，包拯虽然不予计较，司马光却觉得自己被驳了颜面，很不客气地数落了王安石几句，王安石一听心里很不痛快，也回敬了几句，两个人大吵了一架，之后便不欢而散。事后，王安石和司马光都曾为那次失言后悔，然而因为碍于面子，谁也不愿主动让步，以致最后真的发展到了“相忘于江湖”的地步。

王安石满腹经纶，却并非无所不知，这足以说明一个人不可能天生就有广博的视野，即使经过后天学习和努力，也未必能无所不通、无所不晓，唯有多多增长见识，丰富自己的阅历，才能让自己有更广阔的视野，才能进一步提升自己的境界。王安石和司马光因为一次小小的争执就发展到绝交的地步则说明，王安石尚未达到那种能容人之失、心平气和的境界，与之相比，庄子的境界就更高一层，庄子和惠施是多年的知己好友，两人经常在一起畅谈一些人生哲学问题，可他们也曾产生过重大摩擦。

惠施怀疑庄子要取代自己的相位，竟下令搜捕庄子，庄子当场刻薄地教训了惠施一通，事后仍旧把惠施当成自己的朋友。惠施死后，庄子非常伤心，难过地说今后再也找不到能和自己辩论的朋友了。庄子海纳百川的肚量，源于他饱经忧患的人生阅历，世事艰难越发让他感到友情可贵、知音难求。他和惠施虽不像俞伯牙和钟子期那样心意相通，但却同样惺惺相惜，所以他才能站在更高的境界看待惠施其人其事，没有像王安石那样为痛失知己而烦恼。一个人境界提升了，心胸也就豁达了，痛苦烦扰也就少了，也就不会为世间的纷纷扰扰乱了心性。

6. 清静修心，无为养性

清静无为是道家的核心思想，庄子作为道家学说的继承者和发展者，非常遵从清静无为之道。清静是修身养性的基础，它指的是克制私心杂念和各种贪欲，清心静气，让自己的心境如清涧一般明净澄澈。无为并不是什么都不做，彻彻底底地消极避世，而是指按照自然大道和事物发展规律行事，不以人为之力干涉万物的发展。

要达到清静无为的境界，须经历心斋和坐忘的环节，庄子在《人世间》引用老子之言阐述心斋的概念："若一志，无听之以耳而听之以心，无听之以心而听之以气。听止于耳，心止于符。气也者，虚而待物者也。唯道集虚。虚者，心斋也。"意思是说，摒除一切杂念，调整呼吸，不要用耳朵听，而要用心灵体会，让心灵和气息相依，达到天人合一、神气合一的境界，使自己与道相融合，这就进入到了虚境中的心斋状态。庄子又在《大宗师》中借用颜回之口阐述了坐忘的理念："堕肢体，黜聪明，离形去知，同于大通，此谓坐忘。"意思是说，忘却形体，抛却聪明，摆脱身体和心智的束缚，与道融为一体，使自己的精神得到彻底解放，进入恬淡、清静的状态，在与宇宙融合的过程中，达到心境澄明、契合自然的境界。

人生活在凡尘俗世中，基于内外环境的影响，会产生各种奢求和欲望，这些过分强烈的贪欲与修身养性是背道而驰的，庄子认为人只有清心寡欲，抛开各种思虑，物我皆忘，摒弃功利思想，甚至忘记自己身心的存在，才能进入超然纯净的世界。庄子在《则阳》中阐述了自己的这一思想，他说“养志者忘形，养形者忘利，致道者忘心矣”，说的是养志的人忘记了形体，养身的人忘记了功名利禄，求道的人则全然忘记了心机。能够做到清静无为的人势必顺乎自然，心中所有的私欲杂念都像渣滓一样被慢慢过滤掉，使得整个心境一片澄清。

庄子虽然超然世外，但时刻关注着社会的困境、国家的困境和人生的困境，他指出最有效的解决之道就是清静无为，无为治国，国泰民安；无为修身，身心得修；无为处世，与世无争，纷争必止；无为做事，遵循自然之道顺势而为，则会事半功倍，得到意想不到的收获。

《养生主》记载了这样一个故事：庖丁为文惠君宰杀一头牛，只见他手、肩、足、膝并用，牢牢地将牛抵住，动作无比娴熟。解牛时刀子在皮肉和筋骨间发出霍霍的声音，手起刀落，姿势优美和谐，宛若起舞般美妙动人。旁边的文惠君看得惊呆了，忍不住惊叹道：“你的技艺太出神入化了，你是如何练就这样高超的技艺的呢？”

庖丁回答道：“我做事重视事物的规律，因为它比技巧更重要。初学解牛时，我并不清楚牛的身体构造，看到的不过是一个笨重庞大的牲口罢了。三年之后，我完全熟悉了牛的身体构造，所见的就不再是一头整牛了，而是一个个身体部件。现如今我解牛时不必用眼睛看，只用心感应便可以了，我懂得哪些部位适合下刀、哪些部位不适合，完全按照牛的天然构造运刀，让刀在牛筋骨相连的空隙部分游刃有余地出入，这样自己省力，刀也不会受损。骨肉相连的地方我会完全避开，不好解的部位我也不会触碰。一个技艺高超的庖厨一年换一把刀，因为他们用刀割肉，一般的庖厨一个月就得换一把刀，因为他们用刀劈骨削骨，而我这把刀整整用了十九年，刀刃还像刚磨过一样锋利。虽然我解牛的技艺已经很高超了，但遇到筋骨交错之处也要小心翼翼，我会放缓动作，运力尽可能轻，找到了最适合下刀的部位，便以迅雷不及掩耳之势把牛剖开，解完一头牛，我把刀仔细擦拭干净，收入鞘中，心中有说不出的畅快。”

文惠君听完庖丁的讲解，赞许地点了点头，沉吟了片刻之后说：“听完你这番话，我倒是悟到了很多修身养性的道理呢。”

无为不等于不作为，道家倡导的无为是“无为而无不为”，只有真正能进入清静无为境界的人，才能感受到渐入佳境时的那份自得和美妙，庖丁精湛的技艺已经达到了无为的和谐境界，他将解牛技术运用到了令人称叹的艺术范畴，在解牛过程中，他没有丝毫杂念，完全做到了身、心合一，所以技艺才达到了炉火纯青的境界。

文惠君说从庖丁解牛的过程悟到了修身养性之道，其意是顺乎自然，不妄念，逍遥自在地游走于世间，就像庖丁的解牛刀游刃有余地穿行于筋骨空隙间一样，如此方能活得快乐潇洒。庖丁解牛时心无旁骛，他发自内心地热爱自己的职业，在平凡的工作中做出了非凡的成就，并从中享受到了生命的乐趣，这种无为的观念不仅没有任何消极的色彩，对我们而言反而具有积极的进步意义，如果我们能像庖丁那样做事和生活，就能建立幸福健康的生活模式，有效提高自己的生命质量和幸福指数。

7. 正确看待生死

死亡是一个永恒的话题，也是每个生命体都要面对的问题，有人说生是一个等待死的过程，自从我们降生到这个世界上，就已经慢慢向死神靠近了。人对死亡的感觉以及死亡意识显然比其他物种要强烈，死是人类最恐惧、最厌恶，也是最无可奈何的事情。那么庄子是怎么看待死亡的呢？

庄子在《田子方》中说：“死生亦大矣，而无变乎己，况爵禄乎！”又在《至乐》篇中说：“察其始而本无生，非徒无生也而本无形，非徒无形也而本无气。杂乎芒芴之间，变而有气，气变而有形，形变而有生，今又变而之死，是相与为春秋冬夏四时行也。”在庄子心中，生死同样是人生的头等大事，不过他不像世人那样把死亡当成人生最大的痛苦和不幸，而是把它看成像四时的变迁一样自然，在他看来，人之生死与季节的更迭和花谢花开是一样的，它是一种不可逆转的自然规律，对于生死人只能安然接受，不必过分悲哀。

庄子提出了“以生为丧，以死为反”的观点，强调生死本为一体，试图以此来解除人们对死亡的极端恐惧。他力图改变世人悦生恶死的普遍态度，指出生未必快乐，而死未必痛苦，并在《至乐》篇中借骷髅之口说“死无君于上，无臣于下，就无事实之事，徒然以天地为春秋，虽南面之乐不能过也”，即人死之后不受君王和官吏的管束，也不用再奔波操劳，这种快乐是活人比不上的，骷髅甚至不愿意放弃死之快乐复活。

像迎接一个必将到来的节日一样，迎接死亡的到来，这就是庄子的生死观，既然死是不可避免的，与其悲悲戚戚地走向死亡，还不如快快乐乐地度过最后的岁月。庄子不惧死亡，但他并不主张厌生乐死，对于生与死，他秉持的是客观理性的态度，所以并不急于投向死亡的怀抱，而是致力于潜心养生。

庄子说：“故善吾生者，乃所以善吾死也。”即生是让人欣喜的事，死亡同样也是值得欣喜的事。也就是说生与死意义一样重大，它们具有同样的价值，都是值得人欣喜的。庄子肯定生的价值，认为人应该享受生的乐趣，同时他又肯定了死亡的价值，甚至认为人们应该像享受生之乐那样享受死之乐。正所谓"不知死焉知生"，如果没有死亡，我们无法知道生命的宝贵，所以死并不完全是一件坏事，对死有了更深刻的认识，我们才明白该如何把握生、如何让自己的生命更有意义。

惠施得知庄子痛失发妻，很为这位老朋友的遭遇难过，两人交往多年，感情深厚，他认为作为朋友，理应在对方最痛苦的时候给予安慰，于是急急忙忙地赶到庄子家里，想要表达自己的哀悼之情。可是来到庄子家里之后，他完全被眼前的景象惊呆了。只见庄子平静地端坐在地上，双腿岔开，脸上没有一点悲伤的表情，哪里像一个刚死了妻子的人呢？更让人不解的是，他不仅不为妻子的离去悲哀，还手持木棍有节奏地敲着瓦盆，兀自唱起歌来，仿佛很欢喜的样子。

惠施起初没有反应过来，怔怔地站了一会儿之后，对庄子的表现生出了不满的情绪，后来越想越气，甚至感到义愤填膺了。他气呼呼地来到庄子面前，想要出言质问。庄子神色自若地瞟了他一眼，照旧鼓盆唱歌。惠施觉得忍无可忍，以一副严肃的口吻教训道："尊夫人和你相濡以沫这么多年，她贤良淑德、勤俭持家，既为你养育子女，又照顾你的起居饮食。现在她去世了，你不但一点也不感到难过，竟然还鼓盆唱歌，这实在是太过分了！"

庄子默默听完老朋友的斥责，缓缓起身。惠施这才发现庄子并非想象中那么冷血，他的脸上也流露出了淡淡的不易让人察觉的悲伤，于是对自己方才过激的话有点后悔。惠施和庄子相识了这么多年，现在越发觉得庄子难以捉摸。

庄子见惠施良久无言，便解释说："感谢你专程来悼唁。其实妻子离世，我又怎么不难过呢？可是哭过之后，我仔细想来，她最初是没有生命和形体的，出生以后才有了生命、形体和气息，而今她去世了，又失去了生命和形体，和天地自然融为了一体。她的生与死就像春夏秋冬一样是自然发生的，不是人力可以控制的，现在她在天地宇宙间得到了安息，我何苦又哭泣不止呢？这样一想，我就不再悲伤了，所以也不再哭哭啼啼了。”

生死是自然常理，非人力所能改变，所有的抗拒都是徒劳的，唯有坦然接受，我们才能安静平和地度过生命最后的时光。庄子在《大宗师》中说“死生，命也，其有夜昼之常。天也，人之所不得与，皆物之情也”，既然生死有如昼夜之常，完全是一种自然现象，我们又何苦执迷于生，竭力排斥死呢？庄子把个人的生死以及亲人的生死都看成了一种必然的自然现象，妻子去世时，他虽然悲恸，却很快释然了，自己面临死亡时，他怀着“死去何所道，托体同山阿”的心境，含笑而逝，这又是何其超然。

如果能像庄子那样看破生死，就不会再执迷于生命的长度，而会更加注重生命的质量和幸福的感受。理解了死亡的意义，就能找到生的意义和生的价值，知道该如何面对死亡，我们才知道该如何享受生的乐趣。庄子的生死观对于我们现代人仍具有非常重要的启示作用，非常值得我们认真深思和细细品味。

8. 保持本色，简单快乐

人的内心是否感到安宁幸福，主要取决于自己，而心灵所承受的各种煎熬，多半源于不正当的欲求。城府太深的人，心机太重，整日忙于算计，自然会感到心累。天真无邪的孩子为什么容易快乐，而涉世太深的成年人即便捕风捉影也难于找到快乐呢？就是因为孩童纯真，而世故的成年人皆为心所累。

庄子反对“挟心而与天下游”的自以为是，他在《天地篇》中有这样的记述：“机心存于胸中，则纯白不备；纯白不备，则神生不定；神生不定者，道之所不载也。”“纯白”是指内心纯洁无瑕，意思是说，唯有心灵纯净，忘却机心，才能心神安定，领悟大道。

庄子在《逍遥游》中说：“藐姑射之山，有神人居焉。肌肤若冰雪，淖约若处子；不食五谷，吸风饮露；乘云气，御飞龙，而游乎四海之外。”“肌肤若冰雪”意指其形貌洁白，品性高洁，而“淖约若处子”则意指其神凝心静。庄子理想中的人物是纤尘不染的，这样的人具有美好的品德和高尚的追求，丝毫不受俗世的玷染，因此才能使自己的精神境界升华到常人难以企及的高度。

我们虽然成不了庄子笔下的神人，但至少可以尝试着抛开世故之心，只有忘却机心才会获得更多的善意，才能在和谐融洽的人际交往中感受到人间的温暖和美好。

东晋时期，王、郗两家都是名门望族，郗鉴是当朝的太尉，而王家的王导官拜丞相，王、郗两家是至交，又同为朝廷效力，感情较为深厚。郗家有女初长成，郗鉴忙着给女儿物色如意郎君，听说王家子嗣甚多，又个个一表人才，就有意和王家结亲。有一天在早朝之后，郗鉴把两家联姻的想法告诉了王丞相，王丞相爽快地说：“王家子嗣众多，你随意挑选吧，只要你看中便可，无论相中谁我都赞成。”

郗鉴一听，非常高兴，忙派管家带了重礼到王丞相家择婿，王府的子弟得知当朝太尉要和自家联姻，又听说太尉家的千斤才貌双全，都想结成这门婚事，于是全都精心打扮了一番才高高兴兴地出来相见。王府的管家一看，少了一个人，郗府的管家为了交差，要求见王家所有的子弟，无奈，王府管家只好带着郗府管家来到了东跨院的书房，只见有一个仪表堂堂的年轻人袒腹卧在床榻上，好像对太尉择婿一事并不十分热心，见有人前来也不拘谨，若无其事地吃着东西。

郗府的管家回到府上报告说：“王家的少爷个个都不错，听到太尉要择婿全都穿戴得整整齐齐，表现得循规蹈矩，唯东床有位公子，袒腹而食，无拘无束，仿佛若无其事似的。”郗鉴说：“这个年轻人正是我要找的女婿。”于是又命人仔细打听东床公子的情况，原来那不拘小节、个性率真的年轻人正是东晋书法家王羲之。后来郗鉴亲自到王府登门拜访王羲之，只见王羲之气质儒雅，又有才学，个性豁达，丝毫不矫揉造作，对这个年轻才俊非常满意，于是当场就下了聘礼，把自己的掌上明珠许配给了他。

王羲之风雅倜傥，没有因为太尉选婿而刻意装扮自己，而是无拘无束地坦腹东床，却获得了太尉的赞赏，这说明不怀机心、本色示人的人更容易得到他人信赖。才子佳人的姻缘际会和坦腹东床的佳话带给我们的启示是，忘却机心，会让自己的人生变得更美好，也会给他人留下美好的印象。

庄子在《在宥》一文中说：“天下脊脊大乱，罪在撄人心……绝圣弃智，而天下大治。”在他看来，机心使人虚伪，是扭曲人性的罪魁祸首。故庄子劝诫世人弃机心，甚至绝圣弃智，保持一颗纯净之心，永远都不要让自己的心境浑浊。对于现代人而言，想要获得宁静、简单、快乐的生活，我们必须抛开机心，坦荡率真地生活。

9. 用敬畏之心善待生命

生命对每个人来说都只有一次，它不仅是宝贵的，而且是神圣的，敬畏生命和尊重生命是我们所应该抱持的态度。一个人只有热爱和尊重自己的生命，才会热爱生活，热爱世界，尊重和珍视别人的生命，这样的人才能活得快乐开心，同时给他人带来更多的快乐和福祉。

庄子生活的时代，群雄并起、兵荒马乱，百姓像蝼蚁一样被践踏，有时权臣也难逃无妄之灾，对于生命的湮灭，庄子感到无比痛惜，他以仁爱之心审视生命，发表了很多尊生的言论。比如他说“夫天下至重也，而不以害其生，又况他物乎！唯无以天下为者，可以托天下也”，意思是说，天下虽然重要，但却不值得为了得天下伤害自己性命，也就是说天下远没有人的生命宝贵。

庄子又说“故天下大器也，而不以易生，此有道者之所以异乎俗者也”，即天下最为贵重的器物不能换取人的生命，在俗人眼里器物珍贵，在得道者眼中，生命才更珍贵，这就是两者的区别。的确，世上有什么东西会比生命更宝贵呢？奇珍异宝有价，生命却是无价的，为了身外之物而失去生命是多么不值得啊。

庄子并不惧怕死亡，但对生命尤其看重，他觉得生命重于一切也高于一切，为了天下、为了器物、为了荣华富贵损伤生命都是不明智的。他在《让王》篇中说：“能尊生者，虽贵富不以养伤身，虽贫贱不以利累形。今世之人居高官尊爵者，皆重失之，见利轻亡其身，岂不惑哉！”意思是说，真正懂得珍爱生命的人，即使富贵了，也不会为了养生的物品损害身体健康，即使贫贱也不会为了追逐利益而劳损身体，而现今的达官显贵把爵位看得比生命还重要，见到功名利禄就忘却了自己的性命，这岂不是太糊涂了吗？

当我们对生命习以为常时，往往就会对各种损害生命的事情浑然不觉，直到付出了惨重的代价才后悔不迭，可是一切都已经无法挽回了。

有位淘金者在返回的路上被同行的伙伴无情地抛弃了，他独自跋涉在茫茫荒野上，感到步伐越发沉重。食物吃完了，他饿得头昏眼花，双腿渐渐无力，背上包袱里的黄金就像一座大山一样压得他喘不过气来，尽管疲惫不堪，随时都可能一头栽倒，长眠于这片荒凉的荒原上，他依旧不愿放弃贵重的黄金，这沉甸甸的东西承载着他的未来，当初他吃了那么多苦，受了那么罪，就是为了淘金，而今只要他能咬牙把黄金带出荒原，就能改写自己的人生。

淘金者背着黄金一路踉踉跄跄地走过了沼泽、丘陵，饥饿无时无刻不在折磨他，他越来越虚弱，不得不丢掉了一部分金子，减轻了负重他确实感到轻松了不少，然而想要活着走出这片杳无人烟的荒原对他来说依旧希望渺茫。沿途他发现了几具尸体，都是像他那样的淘金者，尸体旁边无一例外都有一袋金子，这些人到死都没有放弃金子，真是可悲啊。他没有打金子的主意，反而把自己包袱里的金子又丢掉了一些，心想如果不能活着走出去，拥有再多的金子又有什么用呢。

由于过度疲惫和饥饿，他陷入了半睡半醒的状态中，他觉得自己随时都有可能长睡不醒，绝望攫住了他的心。就在这样令人沮丧的时刻，他遇到了一只饿狼，那狼骨瘦如柴，眼睛黯淡无光，里面布满了血丝，很显然它是一只饥饿的病狼。人狼僵持了一阵，都在琢磨着如何索取对方的性命，饱餐一顿。对生的渴望使两个绝望的生命陷入了疯狂。

狼一步步前进，首先发动了袭击，它用砂纸般粗糙的舌头舔了淘金者的两腮，似乎已然把他当成了自己的美餐。淘金者心里一惊，开始反击，他用鹰爪般的手向饿狼扑去，可惜扑了个空。狼和人经过一个回合的交锋，似乎都有些疲倦，都在等待对方先垮掉。淘金者闭上了眼睛，狼用最后一点力气把牙齿伸进了他手上的皮肉中，淘金者在千钧一发的时刻抓住了狼的牙床，狼拼命挣扎着，却无力挣脱，淘金者一把把狼掐住，然而两只手都使不上力，他只好用自己的身体压狼，他没有力量把狼掐死，但是却牢牢地卡住了狼的咽喉，半个小时后，他终于喝到了狼血，这新鲜的血液还是温热的，虽然很难喝，却暂时解决了他的饥渴问题。

后来他扔掉了所有的金子，跌跌撞撞地又走了好久，终于支撑到了海边，幸运地遇到了几个科考队员。他衣衫褴褛，样子狼狈不堪，整个人瘦得可怕，简直不成人形。获救之后，他渐渐胖起来，总是在床下藏面包，出于为他的健康考虑，人们限制了他的饭量，可他还是越来越胖。饥饿的阴影在他的生命里留下了不可磨灭的烙印，在荒原跋涉的时候，他多想把所有的金子都变成食物来延续自己的生命，现在他有了食物，也活了下来，无论别人给他多少金子他都不会用食物来交换，因为他再也不能忍受死亡步步逼近的感觉了。

为了财富、名利等透支健康，甚至损耗生命，是非常不理智的。人活一世，应该善待自己，善待生命，对自己的人生负责。

荀子学习之道

学习是一个古老而常新的话题，古有“闻鸡起舞”、“囊萤映雪”的美谈，今有素质教育的改革方针。其实早在两千多年前，荀子就提出了智育、德育并举的治学理念，他重视人的综合素养，认为人之为学不局限于吸取文化知识，培养美德健全人格也同样重要。他的学习理念多反映在《劝学》篇中，洋洋洒洒千余字涵盖了为学的意义、学习的方法以及治学的基本态度等内容，很多见解在今天看来仍属于真知灼见，对我们现在的学习和工作仍具有一定的指导意义。

荀子认为读书能使人明智知礼美身，它能成就美好的品格，改变人性上固有的瑕疵和缺憾，使人成为品学兼优、德智双全的有用之才。这种论调比“书中自有黄金屋，书中自有颜如玉”的实用主义观点要进步很多，今天我们无论是阅读经典著作，还是研究某一学问，抑或是学习某项技能，都不要仅仅把学习当成一种敲门砖或者谋生的工具，而要用知识来武装自己的头脑，丰富自己的心灵，陶冶自己的性情，致力于把自己培养成德才兼备、有益于社会的优秀人才。

第五章

开卷有益：马欲奔驰自奋蹄，人求上进多读书

我们已经进入了知识经济时代，日新月异的科学技术和人类文化成果在经济增长中起的作用越来越重要。不喜学习、不善学习，就等于自绝于这个时代，很容易被甩在别人后面，严重制约个人的发展。早在两千多年前大教育家荀子就已经向我们揭示了学习的重要性，他语调铿锵地向世人提出了终生学习的主张，强调开卷有益，指出人唯有通过不断的学习，才能明智、修身，成为社会所需要的人才。

荀子把培养君子作为育人的根本目标，所谓君子就是德才兼备的社会精英，当代社会需要的也正是这类人才。从古至今，人的成才之路皆脱离不了学习，读书生活陪伴我们度过了美好的校园时光，走上社会以后，我们在职场打拼的时候，仍然需要借助各种各样的图书工具，提升自己的专业技能。所以说，读书是一辈子的事，如果你是一个有上进心和进取心的有为之士，就要像扬蹄奔驰的骏马那样，以热忱的态度和饱满的热情投入到学习之中。

1. 终身学习，终生受益

古语说："学海无涯，学无止境。"我们应该把学习当作终生事业来追求，尤其是在这个知识大爆炸、科学技术日新月异的时代，停止学习就等于停止进步，只有"活到老学到老"我们才能紧跟时代步伐，成为

社会所需要的人才。早在两千多年前，思想家和教育家荀子就提出了终身学习的理念。他在《劝学》篇的首句就说：“君子曰：学不可以已。”此句是人们历来传诵的名言警句，常用来勉励学习。

荀子是儒家学派的代表，从思想传承上来看，他继承了儒家重视学习的传统，比如《论语》第一句便是：“曰：学而时习之，不亦说乎！”荀子作为儒家思想的继承和发扬者，也把学习放在了首位，所以在著述中首句便提到了学习的重要性，劝导世人：“学不可以已。”然而荀子的学习观念和孔子并不完全相同，比如孔子认为“生而知之者上也，学而知之者次也”，而荀子却认为知识和道德观念都是后天学习的产物，故后天学习比先天的领悟更加重要，这就把学习的必要性提升到了一个更高的层次。

荀子倡导的是一种“生命不息，学习不止”的精神，在他看来学习不仅可以充实头脑，还可以纠正人类天性上的缺陷，使自身知礼仪、明事理，成为德才兼备的优秀人才。荀子借君子之口强调学习不可废止，言辞恳切，语气郑重，对现代人仍具有非常重要的启示意义。毫无疑问，学习可以让我们受益终生，少年时学习可以启迪智慧，中年时学习可以丰富我们的头脑和心灵，老年时学习则是一种悠然的意境，学习不仅可以让我们获得知识、掌握技能，还能让我们成为更加优秀的人。

荀子和其他诸子一样生逢乱世，也曾周游过列国，之后著书立说，把精力全部花在了教书育人方面，培养出了无数人才。荀子是儒家学说的继承者，也是诸子百家学说的集大成者，他博闻广识，又非常有见识，在总结前人思想精华的基础上，形成了自己系统的学术思想，最终成为了继孔子之后又一位伟大的思想家和教育家，他能取得如此巨大的成就，与其倡导的终生学习的精神是分不开的。

荀子天资聪颖，从小就酷爱学习，10 岁时就有了神童的美誉。15

岁那年，荀子游学于齐国，在稷下学宫研习诸子百家学说。稷下学宫文风鼎盛，它是齐国最知名的学术交流场所，在这里各种学说理念交融碰撞，学术氛围极为浓厚。荀子在稷下学宫学习了很长一段时间，通过饱读各家学派的经典学说，他开拓了视野，积累了知识，增长了智慧，为其日后成为百家学说的集大成者奠定了坚实的基础。

在诸子百家之中，荀子最为推崇的是孔子，他孜孜不倦地研读儒家经典学说，并批判地吸收了百家学说的部分观点，把旧学说经过新的整合，发展出了一套全新的理论和学说，由于学习勤勉、悟性良好，荀子渐渐成为了颇有威望的学者。齐襄王统治时期，荀子成为了学宫的老师，并先后三次担任学宫祭酒，其职务就相当于现在的大学校长。

荀子个性务实质朴，把做学问当成了人生的毕生追求，他养成了良好的学习习惯，毕生都在研习学术，一直到晚年也没有放弃学习。由于一生都没有中断学习，荀子的学问不但广博而且精深，他提出了很多切合实际的理念，内容涵盖学习、修身、治国等各个方面，其所撰写的文章思维缜密、逻辑严整，论证具有极强的说服力，素以严谨著称。他在吸纳百家学说的基础上，继承和发展了儒家思想，对后世产生了极为深远的影响。

荀子能成为学富五车、博古通今的大学者，离不开后天不断的努力和学习。比起先天因素，荀子更注重后天的努力，他认为，只要学习不止，就有不断进步的空间，学习并不是一个过程，而是一个良好的习惯，人们不该把学习当成一时的工具，而应该将其视为一辈子的良师益友，所谓“开卷有益”，只有终身学习才能终生受益。

当今时代，我们有幸可以享受人类更多的文明成果，人类积累的知识已然成为了一个巨大的宝库，哪怕毕生都在如饥似渴地读书学习，我们都不可能穷尽所有的知识，畅游书海时我们所能撷取的不过是一束束浪花罢了，可这有限的所得就足以让我们受益匪浅。学习是一生的事情，它不局限于学校，步入社会后我们仍然应该保持持之以恒的学习习惯，只有这样，我们才能更好地适应社会和完善自身，在自己擅长的领域取得更大的成就。

2. 人才代代无穷已，青出于蓝胜于蓝

学习不能固步自封，要有所发展才能有所建树。如果我们只是原地踏步、画地为牢，就不会有任何进步。所以在学习的过程中，我们要勇攀高峰，“百尺竿头更进一步”，只有这样才能在某一领域有所造诣。大教育家荀子素来以发展的眼光看待学习，他说“青，取之于蓝，而青于蓝；冰，水为之，而寒于水”，以靛青和寒冰来比喻学问上的长进。青是一种蓝草中提取的染料，它的颜色比蓝草还深，色彩比蓝草更为浓烈饱满；冰是由水形成的，凝结之后比水更寒冷。这两个生动形象的比喻旨在说明只要不断深入地学习，就会超过以往的所得，后世的理解是后起之秀超越前人，长江后浪推前浪，并衍化出了“青出于蓝而胜于蓝”的名句。

荀子认为人在间断的学习中可以提高自身的素质，当然他也鼓励后辈超越自己的师长。在师生关系上，荀子提倡尊师重道，即希望学有所成，青出于蓝的莘莘学子不要忘了师长对自己的培育之恩，他说：“天地者，生之本也；先祖者，类之本也；君师者，治之本也。”把君和师相提并论，足见其对老师的肯定和尊重。在荀子看来，老师对于学子是否成才起着决定性的作用，他曾这样阐述自己的理论“得贤师而事之，则所闻者尧、舜、禹、汤之道也”，即遇到良师，闻尧舜之道，才能成为德才双馨的精英人才。荀子虽然主张尊师，但又不赞同局限于平时所

学，因为只跟随老师学习是远远不够的，老师的学问再大，也不可能无所不知，故做学问应该积极发挥自己的主观能动性和创作性，潜心学习，不断地超越自我，甚至超越自己的老师。

“扬州八怪”之一黄慎自幼喜欢绘画，他天赋甚高，又颇有灵性，但对于一位画家来说只有天赋和灵感显然是不够的，为了掌握必要的绘画技巧，他拜当地一名非常出名的画家上官周为师，每天跟着老师专心学习，没过多久，他就把老师的所有绘画技巧都学会了。

黄慎很是得意，经常把自己的画作展示给慕名而来的画师看，有一天，几位画师一起来看画，谁知刚刚展开画卷，他们便齐声说道：“这是上官周先生的作品，我们想看的是黄慎的画作。”上官周作为黄慎的老师，在当时的画坛颇有名气，人们对他的笔法和画风也都颇为熟悉。黄慎的家人解释说：“这不是上官周先生的画，是黄慎的作品。”来者却不相信这些画出自黄慎之手，黄慎见众人不信，就又拿出了几幅画作，对大家说：“这些才是上官周先生的作品，你们仔细看看。”

画师们比较了很久，觉得两人的作品极为相似，不仅构图类似，而且风骨神似，不是行家根本辨不出哪些是上官周的作品、哪些是黄慎的作品，众人议论了一番后，有位画师说：“看来黄慎真是把上官周所有的绘画技巧都学会了，模仿得惟妙惟肖，真是不可思议啊。可是这算不上有造诣，别人的东西终归是别人的，模仿得再像也不能演变成自己的东西，把自家的画让别人过目，人们都以为是上官周画的，谁又知道是黄慎画的呢？”

黄慎听了这一席话之后，觉得那位画师说得很对，自己确实学到了老师的绘画本领，可是画作里却没有一点自己的东西，这样下去至多是一个模仿者罢了，怎么可能成为一代杰出的画家呢？他必须青出于蓝胜于蓝，创造出自己的独特风格，一连好几日他都在苦思冥想，一边钻研老师的画，一边在纸上打草稿，几乎到了废寝忘食的地步。

一天，黄慎外出，边走边琢磨绘画的事情，忽然感到心头洞明来了灵感，于是赶忙走进一家店铺，借来笔墨纸砚便不管不顾地作起画来。人们纷纷来围观。黄慎旁若无人般只顾执笔作画，只见他挥毫泼墨，转瞬就画好了一幅画。画成之后，人们纷纷伸长脖子看那画纸，那画似字又不像字，似画又不像画，寥寥数笔，既朦胧又抽象，没有人能看懂究竟画的是什么。

黄慎对自己的画作很满意，在众人诧异的目光中，高兴地把自己的大作贴在了店铺的墙壁上。这画方才看起来还不成形，贴在墙上以后立即呈现出全新的面貌来，只见画中有个身材瘦削的纤夫斜着身子拉着纤绳艰难地行进，那形貌和神韵活灵活现，整个人物有一种呼之欲出之感，众人不禁啧啧称奇，都说："这画近看莫名其妙，远看却别有韵味，真是又怪又好。"

上官周见弟子黄慎绘画水平有了突飞猛进的提高，而且创造了自己的风格，高兴地说："古人说'青出于蓝而胜于蓝'，这话果然有道理，我的学生黄慎绘画水平现在已经超过我了。"

我们在向师长学习时，不能拘泥于现有的知识，而要在所学的基础上挖掘到更有深度的东西，唯有如此，才能真正做到"青出于蓝而胜于蓝"。荀子在学习时，遵循的就是这个道理，他之所以能成为上承孔孟、下启汉儒的一代大家，形成自己独立的思想体系，就是因为做到了"出于蓝而胜于蓝，出于水而寒于水"，他门下最有名的两个弟子韩非子、李斯也正是因为遵循这样的为学之道，才成了中国历史上颇有影响力的重要人物。韩非子成了法家的代表人物，李斯辅佐秦始皇统一了中国。

纵观人类文明史，后辈胜过先辈的例子比比皆是，正是因为"青出于蓝而胜于蓝"的缘故，一代强于一代，人类社会才能不断进步。学习的意义不仅在于不断提升自己，而且还在于改变社会、改变世界。

作为现代人，我们应该有自信超越自我，甚至超越老师超越前辈，而不应该妄自菲薄、束手束脚，或是满足于从老师那继承的有限知识，在取得成就的同时，不要忘记老师的栽培和引导，尊师是一种美德，而超越前人则是我们应该具有的气度和目标。我们在尊师重道的同时，要努力提升自己的素养，让自己成为更优秀更有造就的人，同时造福于社会和人类。

3. 最是书香能铸魂

早在遥远的古代，人们就已经对学业十分重视，学子们寒窗苦读十载，方能学有所成，然而这些满腹经纶的读书人大多都是为了博取功名而读书，所以并不容易成为德才兼备、全面发展的人才。荀子认为学习的意义不在于功利，而在于弃恶扬善，德育的价值比智育更重要。

众所周知，荀子是“性恶论”的倡导者，他指出：“人之性，恶；其善者，伪也。”伪就是人为的意思，在荀子看来，人在天性上有趋恶的倾向，只有经过后天不断努力地学习，不断受到书香的熏陶，才能发展出美好的品质。他在《礼论》中这样写道：“性者，本始材朴也；伪者，文理隆盛也。无性则伪之无所加，无伪则性不能自美。”即人的天性属于自然的材质，若无人为的加工，不接受教化，天性不可能自行完美。

孟子和庄子都相信人之初性本善，荀子的观点却截然相反，他认为人在天性上就存在恶劣的一面，须通过读书和教化才能不断矫正自己的行为，使自身日臻完美。生活在礼崩乐坏、天下大乱的时代，荀子对人性产生了深深的质疑，故发展出了一套人性恶的理念。客观来说，人性既有光辉的一面，也有阴暗的一面，学习确实可以在某种程度上弥补人性的缺憾。荀子把学习视作矫正不良天性的一种重要手段，对当代而言仍然具有一定的进步意义。

荀子认为读书能培养美好的品德，书香可以塑造人类的灵魂、改正不良的品行，他在《劝学》篇中，采用两个生动的比喻阐述了自己的观点："木直中绳，𫐓以为轮，其曲中规。虽有槁暴，不复挺者，𫐓使之然也。故木受绳则直，金就砺则利。"意思是说，人的才质非先天决定，而是后天塑造出来的，这就好比木材经过墨线衡量就能取直，通过"𫐓"（使弯曲）的工序变成了车轮，合乎圆规的尺度，成型之后无论怎么暴晒都不可能再挺直了，而金属做成的刀剑历经磨砺变得更加锋利，人的成长也要经历同样的过程，不经过后天的教化就不能成为一个正直的人。

我们在汲取知识的过程中，必须弄清学习的意义，唯有认清自己究竟是为什么而读书，我们才能把自己培养成合乎理想的人。在科举制盛行的古代，不少人把读书视作步入仕途的敲门砖，而今亦有很多人把读书当成牟利的工具，而书籍最大的价值其实是净化灵魂，我们只有认清这一点，才能把知识转化成智慧的养料，让自己成为品德高尚、心灵美好的人。

中国古代的儒生，历来就有立家训教育子女的传统。明代的王洪洲在《家训》中教导子女说："子孙才分有限，无如之何；然不可不使读书。贫则训蒙以给衣食，但书种不绝可矣。"在他看来，读书比华衣美食更重要，任何情况下都不能放弃读书。

历史上重视教导子女读书的著名人物，还有曾国藩，他文韬武略，见闻广博，被列为"晚清四大名臣"之一，由于教育得法，他的子孙百年来没出一个纨绔子弟，大多成了不可多得的人才。长子曾纪泽学贯中西，不但精通诗文书画，还凭借一口流利的英语成为了一名外交官，经过与沙俄的一番谈判，使中国成功收回了伊犁。次子曾纪鸿醉心科学，在数学上取得了很高的造诣，孙子曾广钧成了一名才华横溢的诗人，曾孙曾昭抡和曾约农成为了优秀的学者和教育家。

曾国藩的子孙大都学有所成，那么他又是怎么培养他们成才的呢？曾国藩一直注重对后代的培养，要求他们多读书，但反复告诫他们读书是为了明事理，不是为了谋官发财。在古代，大多数人读书不是为了做官，就是为了光耀门楣，曾国藩却告诉儿孙他并不希望曾家出将领或者大官，只是希望子女能成为知书达理、品行端正的谦谦君子。他要求儿孙从诗书中学习做人的道理，要勤劳节俭、吃苦耐劳，自觉约束自己的行为，立志成为德才兼备的人。

曾家继曾国藩兄弟之后，确实再没有出现过叱咤风云、军功赫赫的将领，但他们在文化界、科学界、艺术界、教育界都取得了不俗的成就。因为曾国藩立下了不为逐利而读书的家训，曾家子孙不以高官厚禄作为最高追求，而是把品德的培养放在了首位，所以他们在各自的领域做出了成绩。

学习不仅可以使人增长智慧和才干，还能培育良好的品德，古语云“万般皆下品，唯有读书高”，我们不能把读书和物质利益直接画等号，读书无用论是对读书意义的扭曲。曾国藩教训子孙读书不求功名，只为做人，结果子孙大都成大器，而那些只为功名求学的读书人要么庸庸碌碌地度过了一生，要么变成了满口仁义道德、德行败坏的伪君子，给自身和社会都造成了无穷的危害。

荀子一生十分好学，涉猎也非常广泛，但其做学问的目的并非是为了追名逐利，而是为了不断丰富和完善自己，并将平生所学对弟子倾囊相授，旨在为社会培养更多有道德有学问的人才。今天，我们无论是在学校里学习科学文化知识，还是在社会上学习各项技能和理论知识，都不能忽略德育的培养，知识能否转化成正能量取决于我们对德育的认识，当我们感到困惑的时候，不妨从荀子那里吸取更多的智慧。

4. 学习是正己修身之本

荀子在《劝学》篇中说，“君子博学而日参省乎己，则知明而行无过矣”，强调自我反省的重要性，君子要广泛地学习，多多摄取知识，但只有学识是不够的，还要具有自省的精神，每天反省自身的行为，自觉检查行为的过错，这样才能将内在的思悟转化为正确的行动。荀子的这一思想强调的是自我教育，与曾子的“三省吾身”、孔子的“见贤思齐”、孟子的“反求诸己”具有异曲同工之妙，是儒家教育理念的丰富和发展。

在荀子看来，学习和修身是相辅相成的，他在《修身》篇中这样写道：“见善，修然必以自存也；见不善，愀然必以自省也；善在身，介然必以自好也；不善在身，菑然必以自恶也。”也就是说，见到美好的品行，要认真审视自己是否具备同样的品行，若有就继续保持优良的品行；见到恶劣的品行，要检查自己是否也具有这样的品行，答案若是肯定的，就要果断改掉恶行。其理念与孔子提倡的“择其善者而从之，其不善者而改之”十分相符。

荀子强调人在学习时要经常检查自己的言行，通过内省和自我教育的方式来达到“无过”的目标。正所谓“人非圣贤孰能无过”，每个人都有可能因为思想意识的偏差、认知的局限犯下这样或那样的错误，想要减少错误，既需要博学又需要有自省精神，还要具有甄辨是非的能力，学习别人身上美好的一面，杜绝恶劣的行为。

荀子列举了无过的三个条件，即博学、内省和知明。博学是内省和知明的基础，它为我们提供价值观念的参照系，只有多读书、读好书，我们才能学以致用，用所学的理念检查自己的言行，指导自己的行为。有的人做错事并非是明知故犯，而是因为胸无点墨，文化程度较低，不知道什么是对、什么是错，解决这一问题的最佳方法就是不断地丰富自己的知识，树立正确的价值观念。然而有了学识具有甄辨对错的能力，并不等于不会犯错，由于人在天性上是不完美的，必须时时反思日日内省，才能将错误降到最低，直至“无过”。

荀子一生都在追求学问，人生的大部分精力都放在了修己、治学和育人上。他奉行儒学，以儒家思想作为自己的价值体系，广泛阅读儒家著作，将孔子倡导的仁、义、礼、智、信作为最高行为准则，每天依照圣人训诫检查自己的行为，致力于把自己塑造成一个品行高尚的贤德之人，最后终于成为了备受尊敬的贤士。

荀子从少年时代起，就埋头苦读儒家文化典籍，潜心研究《诗经》、《尚书》、《仪礼》、《乐经》、《易经》，儒家经书无所不通，他在积累文化知识的同时，还非常注重运用所学审视自身行为，使知识服务于修身律己的目标，要求自己每日必“三省吾身”，直到实在找不出自己的过错了，心里才会感到坦然。无论是做人还是做学问，他对自己都要严格的要求，多年来他一直以书为伴，致力于从经典书籍中探求真理。

在稷下学宫学习和讲学期间，他对儒家学说有了更深刻的认识，对其思想精髓也理解得非常通透，除了深入学习儒家经典之外，他还广泛涉猎各家学说，对当时历史时期流行的各派学说都有很独到的见解。虽然博闻强识，荀子却一点也不好高骛远，也从不向别人夸耀自己的学问，而是几十年如一日地潜心钻研学问，并以近乎苛刻的要求修己正身，力图使自己的一言一行符合道德规范，直至达到“无过”，他才感到心安理得、问心无愧。

修己是荀子一生追求的重要目标，他认为为学和修己密不可分，两者相辅相成，所以长期不懈地坚持自我教育和自我修养，在世风不古的乱世，做到这点实属难能可贵，故有人将其比作圣贤尧舜。正是凭借着良好的道德修养，荀子在当时的思想文化界获得了很高的威望，他不仅身体力行地践行圣贤箴言，还花了大量的时间劝人为学，致力于把更多的人培养成贤德之人。他之所以耗费那么多心血研究和传授儒家学说，是因为他认为儒家传统文化有导人向善的积极作用，于是便把传播儒家经典当作自己的治学目标，并劝诫人们要三省己身，加强自己的道德修养，力求做到无过。

自我教育、自我检查、自我反省是学习的有机组成部分，如果没有自省精神，知识就不能在改变自身的精神面貌方面发挥应有的积极作用。荀子认为学习的目的就在于以知识为框架，以自省为途径，重塑自己的人格和灵魂，以此来保证自己的行为没有过失。

在现实生活中，我们免不了要犯下这样或那样的错误，绝对的无过几乎是不可能的，但最大限度地减少过错却是可以做到的。荀子告诉我们，多多学习，多多反省，知理而后行，反复检查自己的行为，就能把自己塑造成一个正直善良的人。

5. 成才之路，后天教育比天资更重要

人人都想成为精英，可不是每个人都能成才，那么决定成才的最关键的因素是什么呢？有人说在于禀赋、机遇、自身素质以及坚持不懈的奋斗等，也就是说，成才是先天因素和后天因素综合作用的结果。那么先天和后天哪个因素更重要呢？有人强调天赋的重要性，毕竟科学家有

着超常发达的大脑，艺术家有着不同于常人的感受力，但更多的人坚信成功来自百分之一的天赋加百分之九十九的努力。

荀子认为一个人是否能成才，关键在于后天的学习，在他看来，人的学识、品德和才能并不是与生俱来的，而是通过学习获得的。圣贤君子在初降人世时，和普通人并没有什么两样，他们之所以能超越常人，是因为善于利用所学的知识来弥补自身天性的不足。荀子在《劝学》篇中说，“干，越，夷，貉之子，生而同声，长而异俗，教使之然也”，意思是说，不同地域、不同民族、不同个性的人，刚刚出生时啼哭的声音是完全一样的，长大成人以后风俗习惯迥异，这是后天教育的结果。在荀子的观念中，人在呱呱坠地时并没有什么不同，人和人之所以存在天壤之别，关键在于后天的教育。

荀子强调“学而后知”的观点，他否定了素质先天论的理念，指出人的素质、才能、品德取决于后天环境和教育。荀子治学育人的目的是把人培养成才德兼优的贤能之士，换言之，他劝学的目的在于把普通人转化为社会精英，使之更好地服务于国家和社会，这非常符合儒家“学而优则仕”的思想。

荀子虽然继承了孔子“学而优则仕”的观念，但他认为学习的目的并不是为了出仕，出仕也不是唯一造福社会的途径，所以他说“学者非必为仕，而仕者必如学”，即治学未必一定要为官，但为官者必须先治学。治学的目的在于成为国家的栋梁之材，学业有成之后有多种选择，做官只是其中的一种，所以学者未必为仕，而为官者必须通过不断学习，才能让自己成为贤德之人，进而造福一方，不学无术肯定是不行的。

有的人或许感到疑惑，荀子完全否定了人与人在先天上的差异，但事实上遗传因素对人的个性、喜好、天赋、领悟能力都具有一定影响，有些人之所以成为业界出类拔萃的佼佼者，或多或少地与其自身的天赋有关。诚然，这是一种事实，但除少数人确实天赋异禀以外，绝大多数人在天资上差别是非常小的，世上少有不可雕的朽木，只有不适宜成长的环境和错误的教育方式，大量事实表明，后天的学习确实能弥补自身的不足，一个人能否成才关键取决于是否善于学习以及是否懂得学以致用。

童第周是我国著名的生物学家和教育学家，他因成功破解了生物繁衍的遗传密码，为人类培育新物种提供了依据，被誉为世界百位最优秀的科学家之一。然而这位科学巨匠在年少时并没有展露出什么过人的天赋，他不但学习成绩不突出，还一度沦为班级的倒数第一名，可以说他在科学界的造诣完全取决于后天的努力。

童第周出身于书香门第，家境贫寒，因为交不起正规学堂的学费，只好在乡里念私塾。待家里的经济状况略有好转，他便提出要报考宁波效实中学，效实中学是省内名气最高的学校，门槛非常高，被录取的学生都是优中选优的，童第周只是一名私塾生，想要进入这样的名校读书，是非常不容易的，然而志向远大的他不愿放弃接受优质教育的机会，经哥哥同意后，他毅然决然地积极应考，开学前两天终于收到了学校的来信。

效实中学表示不再招收新生，只收插班生，就这样童第周成为了三年级的插班生，成绩排在全班最末。因为之前没有接受过正规的教育，童第周的数学成绩差得一塌糊涂，面对糟糕的成绩单，童第周流下了伤心的眼泪。为了赶上同班同学，童第周决心奋起直追，他每天天不亮就开始温习功课，晚上又在路灯下坚持读书，功夫不负有心人，经过一番坚持不懈的努力，童第周不但甩掉了差生的帽子，还以全班第一名的优异成绩引起了全校的轰动。

童第周回顾自己少年时代的经历时，不无感慨地说："在效实中学的两个'第一'，对我的一生产生了很大的影响，它使我明白自己并不比别人差，别人可以做到的事情，我经过勤奋努力也能做到。世上没有所谓的天才，天才都是后天努力的产物。”

童第周的故事充分说明后天的学习是一个人成才的必要条件，而先天因素对人的影响其实是微乎其微的。荀子反复强调后天学习的重要性，就是因为学习是使人成才的关键因素。如果我们想成为不可多得、不可替代的人才，就不能忽略文化知识的重要性，只有不断地汲取知识的营养，我们才能有所成就。

6. 君子为学在于行

荀子说：“知通统类，如是则可谓大儒矣。”大儒就是古代社会的高端人才。成为大儒就意味着思维方式得到了全面改善，可以游刃有余地应对各种情况，即既有学问又品德高尚的高级知识分子，故大儒是荀子最为推崇的对象。俗话说得好，实践是检验真理的唯一标准，学习的目标是否达成关键在于是否能经得起实践的考验。针对这种情况，荀子提出了“知行合一”的理念，知指的是知识和认识，行指的是行为和行动。知与行互为表里，两者密不可分。

在荀子眼中，行才是学习的最高层次，知是为行服务的，知是否已经融入到了人的生命中，唯有通过行才能得到验证。他说：“君子之学也，入乎耳，著乎心，布乎四体，形乎动静。”即做学问时，要把所学的内容听入耳中，铭记于心，表现在一言一行的具体行动上。他严厉批判了知行不一的人，在《劝学》篇中这样写道：“小人之学也，入乎耳，出乎口，口耳之间则四寸耳，曷足以美七尺之躯哉？”即小人求学人云亦云，耳听口出，完全没有把所学的牢记在心上，能言不能行，表里不一，这样的人不可能用知识来完美自己。

知行不一意味着口是心非、表里不一，这样学习根本不会有任何收获，学到的不是真善美，而是虚伪和矫揉造作。在古代出现了很多假仁假义的伪君子，在当代社会也存在不少徒有其表、品行恶劣的人，这些人不仅毁坏了自身美好的品行，还败坏了社会风气，给国家和社会带来了极其恶劣的影响。

荀子主张“知之不若行之”，他强调读书人必须把知识付诸实践，真正做到知行合一，以此体现学习的实用价值。《儒效》篇中有云：“闻之而不见，虽博必谬；见之而不知，虽识必妄；知之而不行，虽敦必困。”阐述了心动不如行动的道理。

曾子是孔子的得意弟子，颇得孔子真传，毕生致力于推行和传播儒家经典学说，被儒家尊为“宗圣”。然而在民间流传最广的却不是曾子传经的故事，而是颇具寓言色彩的曾子杀猪的故事。

相传，有一次曾子的妻子准备到集市买东西，儿子吵着要随行。曾妻不想带着儿子赶集，儿子不依，竟哭闹起来，无奈之下，曾妻只好哄骗儿子说：“别哭了，你乖乖地待在家里，妈妈回来后杀猪给你吃。”儿子平时吃不到猪肉，一听有肉可吃，立即喜笑颜开，便不央求要跟母亲一块儿赶集了。

曾妻从集市上回来，刚进家门就看到丈夫正拿着绳子捆猪，不远处还摆放着一把明晃晃的大刀，曾妻知道丈夫确实准备杀猪，赶忙说：“我方才是为了让孩子不再哭闹才这么说的，并不是真想杀猪给他吃，你怎么还当真了，这猪可杀不得啊。”曾子对妻子说：“我们做父母的是不能欺骗小孩子的，孩子年幼无知，只能从父母言行中得到教诲，如果父母言而无信的话，孩子将来长大了也会变成无信之人，现在我们说一套做一套，以后就再难教育好孩子了。”

妻子觉得丈夫所言句句在理，也就不反对他杀猪了，于是夫妻俩一起动手把猪杀了，为儿子做了一顿香喷喷的猪肉。儿子津津有味地吃着猪肉，高高兴兴地享用了一顿丰盛的晚餐，从此对父母更加信任了。

儒家非常推崇诚信精神，孔子曾经说过：“人而无信，不知其可也。大车无輗辊，小车无軏，其何以行之哉？”如果深得儒家学说真传的曾子言而无信，那么就违背了知性合一的精神。他深谙“人无信不立”的道理，倘若不能身体力行地践行，就不能算是真正掌握了儒家传统文化的精髓。曾子聆听孔子训诫，把诚信理念应用到具体的生活中，毫不犹豫地兑现承诺，就是知行合一的表现。像曾子这样的人，就已经具备了荀子提倡的：“君子之学也，入乎耳，著乎心，布乎四体，形乎动静”的学习精神。

不能落实到实践行动中的知识是空泛的，知识应该不止于精神层面，它与我们的生活是息息相关的，只有把它和实践修养紧密结合起来，它才能真正发挥自己的实用价值，否则只能沦为空谈。我们学习的目的不是为了成为高深莫测的理论家，而是为了成为学以致用的实干家，知行合一就是把理论和实践完美结合的有效途径，我们只有做到知必行、行必果才算达到了学习的目的。

7. 知识改变命运，智慧点亮人生

知识可以改变命运，大多数人求知都是为了借助知识的力量改写自己的人生，那么知识真的具有这样神奇的力量吗？或许有人对此持怀疑的态度，因为当今社会无数头顶名校光环的莘莘学子在事业上并没有太大的作为，相反，学历不高、头脑灵活的创业者却在不同的领域闯出了一番天地。那么对于如此现实的问题，荀子是怎么看的呢？

荀子说：“君子无爵而贵，无禄而富，不言而信，不怒而威，穷处而荣，独居而乐！岂不至尊、至富、至重、至严之情举积此哉！”即学习可以让人成为名士和君子，这样的人没有爵位却很高贵，没有俸禄却很富有，无须开口便让人信赖，而且不怒自威，即使穷困也很荣耀，独处也能感到快乐。显然荀子所说的至尊、至富、至重、至严都是精神层面的概念，也就是我们现在所说的心灵富有，换言之，读书可以让我们精神富有，自成威仪，受人尊敬。

古语云：“最是书香能致远。”读书能陶冶我们的情操，健全我们的人格，与书为友，就仿佛在与智者倾心交谈，一句句金玉良言有如醍醐灌顶，将给我们的人生带来崭新的改变。从这种角度来看，知识确实可以改变命运，因为有了知识，一切都会改变。

荀子认为读书可以使人在精神领域全面革新，但他觉得知识的作用远不止于此。比如他在《儒效》篇中这样写道：“我欲贱而贵，愚而智，贫而富，可乎？曰：其唯学乎！”意思是说，唯有学习可以使卑微、愚钝、贫穷的人变成高贵、智慧、富有的人。荀子相信知识确实可以改变人的命运。比如他曾经在《王制》一文中写道，“无德不贵，无能不官，无功不赏”，也就是说，一个人的德行和能力应该和他所处的社会地位是相匹配的，而在荀子看来，有德行有能力的人无一不是善于学习和善于运用所学的人。从这个角度来看，知识改变命运绝不是不切实际的空谈。

知识能否改变命运，不在于学历的高低、分数的多寡，而在于是否善学善用，抱怨知识无用的人多半不懂得如何应用知识。大量事实表明，如果学识广博的人懂得学以致用，完全可以改变自身命运，彻底改写自己的人生。

汉代有个叫匡衡的少年，非常喜爱读书，但是因为家里太穷，他必须白天做工维持生计，只能在晚上看书。暮色不深时，他尚且可以借着暗淡的光线阅读，可天色一黑，他就什么也看不到了。因为没有钱买蜡烛，他只得早早歇息，内心无比煎熬。他实在不愿意浪费宝贵的时间，每天都在苦苦思索照明问题。

匡衡因为没有蜡烛，晚上读不成书，但他的邻居却有很多蜡烛，每当夜色来临，好几间屋子都是灯火通明。匡衡实在抵不住读书的诱惑，于是有一天终于鼓起勇气向那位富有的邻居开口了："我家里没有蜡烛，可否借你们家的一寸之地照明看书呢?"邻居非常看不起像他这样的穷人，于是就没好气地说："穷得连支蜡烛都买不起，还读书干什么?"

匡衡没有得到帮助，还受到了挖苦和讽刺，虽然心里很生气，但转念一想，生气并不能改变什么，只有把书读好才能改变自己的命运。回到家里以后，他灵机一动，忽然想出了一个好主意，他想两家只有一墙之隔，既然邻居家里有光，何不在墙上凿个洞，让光线透过来呢?于是就悄悄地在墙壁上凿了一个小圆洞，烛光果然透过来了，尽管光线十分微弱，但也足以看清书上的字迹了。从此，匡衡每天晚上都借着从邻居家透来的光亮读书，慢慢地把家里的藏书都看完了。

家中藏书不丰，远远不能满足匡衡的求知欲，他迫切地需要找到更多的书籍来阅读。当地有个大户人家，家境殷实，屋里摆满了各种各样的藏书。匡衡为了读到更多的好书，亲自登门拜访了这户人家，诚恳地请求屋主收留自己做工，他对主人说："我愿意不计报酬地到您家里干活，只要您允许我阅读这屋子里的全部藏书就可以了。"屋主人被他刻苦求学的精神打动了，答应了他的请求。正是凭借着孜孜不倦的求学精神，匡衡阅读了大量的经典书籍，后来成了汉代有名的丞相和西汉时期颇负盛名的学者。

匡衡是地地道道的寒门之士，正是凭借着寒窗苦读他才改变了自身命运。或许有人会说在古代，读书就是一条通往仕途的康庄大道，而今天时代不同了，读书的价值也大大缩水了。其实事实并非如此，汉代并无考试制度，朝廷选拔人才全靠郡国守相举荐，如果匡衡没有真才实学，是没有机会大展宏图的。自隋唐始中国实行科举制度，但即便高中状元，也不过是得到了一张为官的通行证而已，通常情况下状元都是从九品芝麻官做起，能否受到重用全赖自己是否能凭借才学获得统治者的赏识和青睐。现代，在校读书只是打基础阶段，只有将学到的知识活学活用，我们才能改变自己的命运。

8. 腹有诗书气自华，知书方可达礼

我国是礼仪之邦，自古以来就对礼非常重视。荀子就曾经说过“不学礼无以立，人无礼则不生，事无礼则不成，国无礼则不宁”，尚礼是中华民族的传统美德，礼仪对个人、社会乃至国家民族都具有重要意义。我们常用知书达礼来形容一个人有学识有涵养，可见学习和文明礼貌是分不开的。荀子也认为一个人要知礼、懂礼、守礼必须要经过后天的学习和修炼。

礼对于个人发展的重要性不言而喻，彬彬有礼的人不仅能给人留下良好的印象，获得更好的发展机遇，而且更容易取得成就。一个人若是缺乏教养，蛮横无礼，不但讨人嫌，而且很难在社会上立足。礼是文明社会发展的产物，人不是天生就知礼、懂礼的，斯文有礼的谦谦君子都是后天教育的结果。教育家荀子把礼视作学习中的重中之重，其鸿篇巨制《荀子》一书大部分篇幅都在讨论礼，内容涵盖礼义、礼仪、礼治等。

荀子在劝学的同时，致力于让人们通过阅读经典书籍知礼，在他看来，礼就是做人的规范，它可以正身立德，从言行举止上反映一个人的精神面貌，并以人格魅力感染别人，成就一番事业。他在《修身》篇中

说："礼者，所以正身也。"又说："凡用血气、志意、知虑、由礼则治通，不由礼则悖乱提僈；食饮、衣服、居处、动静，由礼则和节、不由礼则触陷生疾；容貌、态度、进退、趋行，由礼则雅，不由礼则夷固僻违，庸众而野。故人无礼则不生。""体恭敬而心忠信，术礼义而情爱人，横行天下，虽困四夷，人莫不贵。"即以礼义爱人可以走遍天下，即使流落蛮荒之境，仍受人爱戴。《致士》一文有云："礼及身而行修，义及国而政明，能以礼挟而贵名白，天下愿，令行禁止，王者之事毕矣。"意指以礼行事可成就王道大业。

古人学习礼仪除了耳濡目染，大多从礼的文化典籍入手，比如《仪礼》和《周礼》等，荀子对礼的研究基本源于这类古书典籍。古时的礼仪和现代文明社会的礼仪在内涵和外延上都有着很大的区别，但尚礼、学礼之风还是应该沿承下去的，在当代社会，文明礼仪是我们生活中不可分割的一部分，学习文明守则，多读一些能提升自身文化素养和道德修养的经典书籍仍是非常必要的，所谓"腹有诗书气自华"，读书可以让我们更加有气质有涵养，也会使我们更加文明有礼，所以说书籍是我们的良师益友，有了它的陪伴，我们才能变成有道德有礼貌的文明人。

南北朝时期，有个叫陆晓慧的读书人，他才华过人，学识渊博，曾经受到多位君王的提拔，官拜长史，虽然社会地位很高，但他从来就不骄纵蛮横，对所有的人全都以礼相待，完全没有半点架子。对于前来拜访他的官员，无论官阶大小，他都表现得亲切有礼，每当客人离开，他都会亲自把对方送到门外。对待普通百姓他也是一视同仁，对谁都谦谦有礼，因此获得了很好的名声。

有位同僚很不理解他的做法，便忍不住说："陆长史身居高位，对比自己地位低微的官员以礼相待实在和自己的身份不符，对百姓也彬彬有礼，更是有失身份，这样做一点好处都没有，长史何必如此呢？"陆晓慧听完，微笑着回答道："难道你没听说过'欲取之，必先与之'，我想得到别人的尊重，那么就要先尊重别人啊。”陆晓慧一生对所有人都谦逊有礼，因此不但受到大小官吏支持，还广受百姓爱戴，由于备受人们尊敬和拥护，他的政绩也远远超过了其他官员。

陆晓慧以礼成就自己，其礼仪观念的形成离不开他所阅读的诗书，一个人的文明素养和文化素养在很大程度上是呈正相关的关系。有的人粗鲁无礼并非本性恶劣，而是因为文化修养不够，对文明礼仪没有清晰的概念。比如某医疗器械厂的葛厂长，年纪很小时就辍学了，十几岁就开始在工厂里做学徒，凭借着吃苦耐劳的精神，学到了一身过硬的本领，从一个小小的学徒晋升到了车间统计，后来又升到车间主任，最后荣升为该厂的厂长。

随着工厂规模的扩大，葛厂长积极地寻求和更大的企业合作，为了促成大项目的合作，他热情地邀请合作方的高管到自己的工厂进行实地考察，高管进入工厂后，发现车间井然有序，对工厂的印象非常好，谁知就在这时葛厂长忽然急急忙忙地朝车间的一角跑去，高管不明白发生了什么事情，就尾随在后面，只见葛厂长朝墙角吐了一口浓痰，然后用衣袖擦了擦嘴角。见到这一幕，高管感到非常不适，于是赶忙起身告辞，葛厂长也没有挽留，只说合作的事可改日再谈。高管刚刚走出门口，就听到葛厂长大声斥责工人的声音，态度非常粗鲁，几乎是脏话连篇，而且越骂越难听，高管实在忍受不了那些不堪入耳的脏话，于是快步离开了。

最终双方的合作泡汤了，高管给出的理由很简单，一个厂长的文明素质就是一个工厂风貌的缩影，葛厂长的表现让他十分失望，所以他只好寻找其他合作方了。

文明礼貌可以直接反映出一个人的个人修养，温文尔雅的人能给人以如沐春风之感，而粗俗鲁莽的人则会给人留下十分恶劣的印象。在现代社会，个人形象可谓是价值百万的无形资产，因此文明礼仪就显得尤为重要。想要知礼、懂礼，使自己的行为不至于太过冒失和粗鲁，就要不断地提升自身的文化素养和道德修养，用书香熏陶自己的儒雅之气，用箴言哲理培养自己的优雅气度，致力于把自己打造成一个文明有礼的社会人。

9. 读书的厚度决定做人的高度

读书最为重要的目的之一就是学会做人。阅读一本好书，就如同聆听良师的谆谆教诲，一句句意蕴深刻的至理名言对我们起的是春风化雨的作用，有时候一本好书足以改变我们对待人生的态度，甚至改变我们的整个人生。善读书和会做人虽然不能直接画等号，但书籍确实可以给我们以许多有益的启发，帮助我们树立正确的人生观和价值观，培养美好的品德，远离无知和堕落。从某种意义上说，读书的厚度可以决定做人的高度。

荀子在《劝学》篇中说，“物类之起，必有所始。荣辱之来，必象其德”，意思是说，任何事情的发生必有因果联系，荣辱的降临与德行有关。接着他又用生蛆的腐肉和生虫的朽木，比喻德行败坏的可悲下场，意指人若失德不但会堕落变质，还会自取其辱，遭致灾祸。荀子认为读书是养德的基础，唯有一心向学，才能树立正确的为人处世之道，培养出善良的品性和良好的道德观念，使人远离恶行和噩运。在荀子的观念里，书籍是最好的老师，拒绝读书就好比关上了真理的大门。

荀子强调书籍具有教人向善的作用，而与人为善是安身立命、远离祸端的重要条件，他这样写道：“强自取柱，柔自取束。邪秽在身，怨之所构。”即刚强者自取其折，柔弱者自取束缚，与人为善者不会招致怨恨。荀子用刚与柔的对比来阐述为人处世的态度，指出上善若水，以善心柔肠对待他人是建立和谐关系的基础。接着荀子又连用了四个比喻来说明言行不当带来的可怕后果，“是故质的张，而弓矢至焉；林木茂，而斧斤至焉；树成荫，而众鸟息焉。醯酸，而蜹聚焉。故言有召祸也，行有召辱也，君子慎其所立乎！”靶张招箭，树茂招伐，荫盛招鸟栖，醋酸招蚊虫，错误的言行会招来灾祸和羞辱。其本意是“夫人比自侮，然而人侮之”，自己做了有辱自身人格的事情，才会招来别人的侮辱，意思是德行恶劣的，必然招来耻辱，想要获得尊敬和荣誉，就必须培养善行善德，最有效的手段就是多阅读荡涤心灵的书籍。

古语云“祸从口出”、“多行不义必自毙”，积怨蓄祸的例子古往今来比比皆是，积怨的危害可谓是尽人皆知。读书能使人明智，蓄养一身浩然正气，成为一个光明磊落、胸怀坦荡的翩翩君子。这样的人普遍受人尊重，一般不会自取其辱、与人交恶。从这一层面来说，读书既可以养德，又可以免祸，可谓意义深远。

王琪和顾芳是初中同学，两个人个性迥异，所选择的人生道路也完全不同。王琪比较注重物质享受，从小就比较厌学，还非常相信读书无用论，刚升入初三时，她就有了辍学的念头，因为她坚持认为读书并不能换来高品质的生活，要想成为人上人就必须早奋斗，抱着这样的想法，她早早离开了学校走上了社会。顾芳是个品学兼优的尖子生，她学习成绩优异，平时最大的爱好就是看书，可她并不是那种头脑刻板的书呆子，而是非常懂得从书籍中吸取有价值的营养，书籍不仅培养了她的人文精神，还教给了她很多做人做事的道理，这些都使她受益匪浅。

若干年后，顾芳大学毕业成了一家大公司的白领，王琪下海经商也有了一笔积蓄，后来她又迷上了炒股，其实她并没有多少金融知识，买卖股票全凭直觉和运气，不过因为运气好，她还是大赚了一笔。变得阔气了以后，王琪越发像个财大气粗的暴发户了，她自以为高高在上，对谁都看不起，还常常出言不逊羞辱客户，有人劝她收敛一些，她却洋洋自得地说：“这点损失我还是承受得起的。”

有一次她和一名客户大吵了起来，那名客户气冲冲地说："和你这种没文化没素质的人讲话简直就是对牛弹琴。""你说谁是牛？你怎么可以这样侮辱人？"王琪平时最讨厌别人拿文化素质之类的词说事，听到这样的话气得火冒三丈。"羞辱你的不是我，而是你自己。"客户说完这句话后就头也不回地扬长而去。王琪没有想到这场争吵会给自己的事业带来灭顶之灾，接下来发生的事情简直让她措手不及，那名客户和很多大公司都有商贸往来，由于他的一番言论，许多大公司纷纷断绝了和王琪的来往，王琪公司的业绩急转直下，这时股市又出现了动荡，她的财富一夜之间就蒸发殆尽了。

顾芳后来也创办了属于自己的公司，由于待人谦和有礼，处处与人为善，无论是顾客还是合作方都对她评价甚高，这位气质如兰、美丽善良的女企业家很快就成为了业界的传奇人物。许多公司都以与她合作为荣，顾客也非常放心购买其公司的产品，顾芳的事业蒸蒸日上，还经常拿出大笔钱做慈善，最终成为了有口皆碑的商界人物。

社会是一本复杂深奥、丰富但却驳杂的大书，它能教给人生存和发展的道理，但是也有可能使人变得浮躁、急功近利、冷酷和不讲原则，一个人要想拥有健全的人格，掌握正确的为人处世之道，既要阅读社会这本无形之书，又要阅读能够熏陶我们心灵的有形之书。只有这样，我们才能在和谐的氛围中闯出一片灿烂的天地。

第六章

学习有道：方法得当，事半功倍

不少人耗费了大量的时间和精力学习，但却学无所成，而有的人却在轻松愉快的状态中，掌握了丰富的知识，这是为什么呢？是人智力上的差距引起的吗？显然不是这样。世上没有不可雕琢的朽木，久学不成并非是因为资质愚钝，而是因为学习方法不当。错误的学习方法会让人事倍功半，而科学的学习方法则能起到事半功倍的作用。倡导终生学习的荀子尤为重视学习方法，他在治学和教书育人过程中总结的经验和方法，在今天看来，仍然是十分实用和有效的，如果你正因为学习不得法而苦恼，不妨聆听一下荀子的教诲，相信你一定会受益匪浅。

1. 终日而思，不如须臾之学

在学习的过程中，学与思是相辅相成的，大教育家孔子说“学而不思则罔，思而不学则殆”，一语揭示了学与思的辩证关系，即学习和思考皆不可偏废，两者结合起来才能达到良好的学习效果。可荀子却说“吾尝终日而思矣，不如须臾之所学也”，这是来源于他的亲身体验，意指思考一整天也不及片刻学习的收获多，这是否就是说学习比思考更重要呢？既然须臾所学就能超过终日而思，我们又何必浪费那么多时间思考呢？

其实，荀子并不反对在学习过程中多多思考，他只是不赞成漫无目的的胡思乱想，因为学习和思考是密不可分的，脱离了学习本身，任自己的思绪在脑海里天马行空般地纵横驰骋，那么这样的思考只能算作空想，对学习是毫无帮助的。荀子是一个很务实的人，他治学严谨，又非常勤勉好学，不大可能浪费时间去空想，不过书中的某些道理确实有可能引发他的深思，有时他冥思苦想，耗费整整一天时间也没有完全弄懂，收回思绪再翻开书籍，片刻之后就有所顿悟，于是发出了终日思不如须臾学的感慨。

有时我们苦苦思索的答案就在书里，不过由于各种各样的原因，我们的思绪常常会游离于书外，思考越多，思维越混乱，千头万绪剪不断理还乱，搞得自己头昏脑涨也弄不出所以然来，这样的思考显然是没有意义的。荀子并没有否定思考的价值，他只是在告诫人们思必须在学的框架下进行，且不要为了思而耽误学，终日而思更是不值得提倡的，过量的思考徒劳无益。

荀子不赞成过度思考，他提倡的是科学思考的学习方法。那么何为科学思考呢？他在《劝学》篇中这样写道，“故诵数以贯之，思索以通之，为其人以处之”，即通过诵读群书将知识融会贯通，通过思考和探究来理解其含义，效仿良师益友来践行它。

这里的“思”，并不单纯指一种头脑中的活动，而是与观察外界密切联系在一起的，首先要读书学习，第二个步骤才是思考，然而只有学而思是远远不够的，因为死读书读死书并不能让自己真正获益，所以还要通过社会实践的观察来进一步加深思考，比如良师益友的行为就是一个很好的范本，身体力行地效法良师益友的行为，潜移默化地受其熏陶和影响，再结合书本的知识进一步思考，对知识的理解也就更加深入了。

许华和张艳是同桌，两个人是很要好的朋友，在校时一起学习，放学后还常常一块儿做练习题，虽然她们花在学习上的时间差不多，但学习成效却完全不同，许华的成绩在班级一直名列前茅，张艳的成绩却一直是中等偏下。对此张艳感到十分苦恼，她总是唉声叹气地说："真是太不公平了，我每天像你一样用功学习，结果你总是考满分，而我却总是勉强及格，你真幸运，有一个聪明的大脑，而我就没那么走运了，看来笨人无论怎么苦学都没有用啊。"

许华赶忙安慰说："不要那么灰心丧气，其实人和人的智商都差不多，你并不比别人笨，也许是学习方法不对。"为了让好朋友振作起来，许华答应帮助张艳找学习不见成效的原因。一天，两个人又聚在一起做习题，许华发现张艳做题的效率非常低，她常常托腮凝思，很长时间才能解出一道题。"你为什么要想那么久?"许华问。"我有时候思考一个小时也没有思路，大脑越想越乱，真是愁死了。""你没有发现这道题的题型很熟悉吗?"许华翻开课本，把题型相似的例题指给张艳看："瞧，这道题只是在例题的基础上稍微变化了一下。你应该先理解例题，然后再思考这种类型的题。而且你不能死学，也不要漫无目标地思考，可以尝试着和现实生活中的例子联系起来，比如我做这道应用题的时候就会联想生活中的常识，有时还会摆出实物来加深印象。"

张艳很佩服地说："怪不得你成绩那么好，原来你有这么好的学习方法。"许华谦虚地说："其实这种方法我也是和我姐姐学的，她给我提供了一个很好的范本。"接着两人又讨论了思考和学习时间上的分配问题，许华把学与思紧密结合的方法教给了张艳，张艳的学习效率果然提高了很多。

荀子提出的终日思不如须臾学的学习之道，其实颇符合"思而不学则殆"的理念，思考的价值是不容置疑的，没有思考，只是按部就班地接收知识，就不能把知识转化成智慧，但不科学地思考又是徒然浪费时间，正确的思考过程应该是边学习边思考边观察，是学习—思考—实践的往复循环，如此才能达到预期的学习效果。

2. 善学胜于苦学

学习是一门苦差事，正所谓“学海无涯苦作舟”，自古以来我国就有“凿壁偷光”、“囊萤映雪”“头悬梁锥刺股”等刻苦学习的佳话，但只有埋头苦学的精神显然是不够的，没有正确的学习方法就如在黑暗中盲目远征，苦苦摸索之后还是一无所获。

荀子说“吾尝跂而望矣，不如登高之博见也”，讲的就是学习方法的重要性，踮脚远望当然比不上登临高处所见多。热衷学习是值得鼓励的，但善于学习也非常重要，学习不能只凭一腔热血，还要方法得当，否则就可能没有成效。荀子用了生活中常见的一个现象来比喻善学和不善学的区别。不善学就好比踮起脚跟瞪目远望，这个过程不可谓不吃力，可即便是脚跟酸痛、望眼欲穿，也看不到太过广阔的风景，所见所得是非常有限的。善学就完全不同了，有了正确的学习方法，就好比登高远望，可以游目骋怀，轻轻松松地尽揽无限风光，所以说掌握正确的学习方法非常重要，因为它起到的是事半功倍的作用。

正所谓“工欲善其事，必先利其器”，正确的学习方法就是最精锐利器，可以帮助我们更高效地达成学习目标。荀子一生酷爱读书，他博采众长，不但熟习儒家经典，对各学派的学说也都有着深入的研究，他之所以能够掌握那么多的知识和学问，最重要的原因就是找到了科学的学习方法。他在长期学习和实践的过程中，摸索出了规律，不断地积累经验、总结方法，并将这些方法运用到实际的学习之中，最后取得了可喜的成果。荀子不仅自己善学，还在教书育人的过程中，致力于推广卓有成效的学习方法，使得门下弟子大为受益。如今我们拜读他的大作《劝学》篇，仍然觉得深受启发，时隔两千多年，他所倡导的很多学习方法在今天看来依旧没有过时，这着实令人钦佩。

蒋寒面临着巨大的学业压力，他经常熬到深夜，可学习成绩却一直不见提升，有好几门功课还亮起了红灯。高考临近了，他每天都在心里倒计时，心情一天比一天紧张，花费在学业上的时间也越来越多。每天天刚蒙蒙亮，他就早早地来到教室上早自习了，晚上又挑灯夜战刻苦学习，如此起早贪黑、废寝忘食地温习功课，却一点效果都没有，他感到非常失望，对前途更是感到一片茫然。

蒋寒本以为自己没有机会上大学了，没想到最后还是收到了大学录取通知书，由于成绩不理想，他也只能进入门槛较低的大学读书了。大学的环境虽然比高中宽松了不少，蒋寒的压力却更大了，而今全国大学都在扩招，名校毕业生尚且不能保证找到理想的工作，他一个普通大学毕业的学生恐怕连找一份工作都困难。想到这里，蒋寒决定毕业后继续深造，于是刚读大一时就为自己制订了考研的计划，他像高中阶段那样默默地上着早自习和晚自习，忽然发现像他这样为考研备战的大学生不在少数，于是更加坚定了考研的决心。

数学和英语是蒋寒的弱项，为了弥补自己的短板，蒋寒可没少下功夫，苦学了那么久这两门功课仍然没有一点起色。最终蒋寒考研失败，可他依旧不甘心，准备再接再厉再尝试一次。好友见他总是为学习苦恼，就对他说："你是我见到的学习最刻苦的学生，可成绩却和你的刻苦程度不成正比，我觉得是你的学习方法有问题。""数学和英语两门功课我总是学不明白，也许是逻辑思维能力和语感太差的缘故，没有什么好方法弥补我在这方面的缺陷。"蒋寒叹口气说。

朋友说："我觉得你不应该采用题海战术，学好数学不在于你做了多少题，而在于你是否学会了触类旁通，你总是低头做题，从来也不总结经验，这样下去自然不会有什么收获。学英语也一样要讲究方法，语感是可以培养出来的，我看你总是在背诵单词和英语语法，这样是不行的，你应该多读英文文章，多练习听力，这样才能逐渐找到语感。”

听了朋友一席话，蒋寒茅塞顿开，他高兴地说：“你分析得很对。我确实应该改变自己的学习方法了，不然不知道要报考多少次才能考上研究生，我可不想像古代人考科举那样一直考到老。”改变学习方法以后，蒋寒学习数学和英语这两门功课时，再也不像以前那么吃力了，做题的速度也越来越快，他不断地总结学习经验，渐渐掌握了学习的规律，最后成功考取了研究生，如愿以偿地拿到了硕士文凭。

在当今社会，学习不只是学生的事情，我们走出象牙塔迈向社会以后，依旧有很多知识要学，现在新知识新技术新陈代谢的速度远远超出了我们的想象，如果我们不能及时学习、充电，就无法适应当代社会的节奏，最终就有可能被淘汰。在学校里我们学到的知识是有可能被遗忘的，但学习方法却可以伴随我们一生，只要学习得法，无论学习什么东西我们都能很好地消化吸收，如此一来，就能做到与时俱进，足以应对现实工作中遇到的种种严峻的挑战了。

3. 学会借力于物

社会学家说，人和动物的本质区别在于人类会制造和使用精巧实用的工具，也就是说人类能统治地球最主要的原因是善于借物。论速度，人类比不上豹；论力量，比不上熊；论视力，比不上鹰；可是人类却能凭借着发明的各种工具上天入海、自由遨游，做到动物永远都无法做到的事，归根结底是先进的工具给了人类不可思议的力量。学习也是一样，善于借物和不善借物其结果大不相同。

荀子在《劝学》篇中说："登高而招，臂非加长也，而见者远；顺风而呼，声非加疾也，而闻者彰。"登上高处挥手，手臂不曾加长，但别人却能远远地看到；顺着风向呼叫，声音也没有加强，可别人却能清清楚楚地听到。荀子列举凭借地势和风力的例子来说明借物的作用之大。接着他又列举了生活中比较常见的例子"假舆马者，非利足也，而致千里；假舟楫者，非能水也，而绝江河"，指出不善远行，只要懂得"假舆马"，同样可以"致千里"；不善游泳，只要能"假舟楫"，就可"绝江河"。这就是说善于借物就能弥补自身的缺陷，化不利为有利。最后推出"君子生非异也，善假于物也"的结论，可谓是水到渠成。有才德的君子和常人并没有什么不同，只是更加善于利用外物学习罢了。

借物求知是荀子学习之道的重要内容之一，如果善于利用各种外界条件辅助学习，能驾轻就熟地运用各类学习工具，就能最大限度地拓展我们的感知和思维能力，取得更佳的学习效果。鲁班能成为木工的鼻祖，不只在于他出神入化的技艺，还有赖于圆规、曲尺、绳墨等辅助工具，著名乐师师旷能校五音也须借助六律，为学的道理同样如此。再聪慧的人如果不借助外物，也未必能充分发挥自己的聪明才智，只有善于借物的人才能找到一个合适的支点，达到四两拨千斤的效果。

在古代学习工具是非常有限的，但善借物者依然可以取得超乎常人的成绩，比如荀子就充分利用了稷下学宫的资源来研习儒家以及诸子百家的学说，他之所以能成为了不起的伟大学者，善于借物可以说是必不可少的因素。在当代我们拥有更加丰富的学习资源和更加多样化的学习工具，学习条件也更加优越，如果我们懂得如何充分利用这些外界条件，就能在求知的过程中站得更高、看得更远，学到更多的本领。

何菲是一名大四的学生，她整日都在为撰写论文苦恼，每每刚刚写了几行字就进行不下去了，论文对她来说简直就是一场噩梦。转眼半个月时间过去了，何菲的论文还没有成型，她反反复复地修改着里面的字句，改来改去都不甚满意，最令人头痛的是大纲至今还没有确定下来，她整天苦苦思索也没有理出头绪。

写论文为什么这么难呢？何菲总是丈二和尚摸不着头脑，她不止一次地在心里暗暗叫苦，对以后的学习生活完全失去了信心。以前她还曾经立志读到博士，现在想想都觉得自己的目标不切实际，一个连本科论文都写不好的人，将来怎么可能写好硕士论文和博士论文呢？连续熬了好几个晚上，何菲终于完成了初稿，谁知交到导师手里竟被批得一无是处。导师的话像一盆冷水泼下来，浇灭了她写论文的激情。一气之下，她甚至产生了放弃写论文的想法。

有一次，何菲向同学大倒苦水，甚至夸张地说自己和论文势同水火，再也不想听到“论文”两个字。同学忍不住笑起来：“可是你刚才大发牢骚时，几乎每句话都在说论文呀。”何菲愁眉苦脸地说：“我快被论文逼疯了。”“那么你觉得最大的困难在哪里呢？”“我觉得论文题目太深奥了，好多知识我都搞不懂，我不知从哪里入手，也不清楚自己写了些什么。”何菲说。“想要完成论文，我们确实有很多东西要学，那么你平时是怎么补习这些知识的呢？”同学又问。“我一直从课本里寻找答案，也到学校的图书馆查阅了不少资料，不过还是觉得很难用学到的有限知识阐述明白那些复杂的理论。”何菲说。

“你为什么不尝试着借助其他的资源呢？”同学说。“除了学校图书馆，哪里还有资源呢？”何菲问。“还有市图书馆、网络资源、各种相关的期刊杂志啊。”同学一语惊醒梦中人，何菲拍着脑门说：“是呀，我怎么就没想到呢？”在同学的提示下，何菲学会了利用外部资源自学知识，她通过市图书馆查阅到了很多与论文相关的知识，又从网络上搜索到很多有用的资料，后来她又发现期刊杂志上刊登了很多优秀的论文，经过一番阅读之后，她积累了不少知识，思路慢慢打开了，最后终于顺利地完成了毕业论文。

荀子把外物看成学习的工具，他认为充分利用外界条件可以获取更多的知识，拓宽自己的认知和思维。一个人能否在学业上取得更大的成就，关键在于是否善于借物，能否利用已有的条件突破自身的局限。荀子倡导的学习方法时至今日依然非常值得我们借鉴，学会借物，我们的学习生活会更加轻松和丰富多彩。

4. 只专注于一个目标

古语说“不一于汝，而二于物”，人的精力有限，不可能同时高质量地做好两件事，学习也一样，无论学什么都不可一心二用，学习又专又精比广而不精更有成效，荀子说“蚓无爪牙之利，筋骨之强，上食埃土，下饮黄泉，用心一也”，说的就是用心专一的重要性。

荀子认为，学习最忌用心不专，他在《劝学》篇中这样写道：“行衢道者不至，事两君者不容。目不能两视而明，耳不能两听而聪，螣蛇无足而飞，鼫鼠五技而穷。”即在歧路上徘徊永远到达不了目的地，同时侍奉两位君主不会被任何一方所容，一双眼睛不能同时把两个目标看得清清楚楚，耳朵也不能同时听清两种声音。螣蛇无脚却有腾飞的本领，鼫鼠掌握了五种本领却陷于困境，这就是专一和不专一的区别啊。接着他又引用了《诗经》上的言论：“淑人君子，其仪一兮。其仪一兮，心如结兮！”得出了“君子结于一”的结论。

身体柔软的蚯蚓因为只朝一个方向努力，所以能上食埃土、下饮甘泉，做到常人想象不到的事情，无脚的螣蛇只掌握了一项技能就能悠然飞行，鼫鼠空有五项技能，样样不专，百无一用，连最基本的生存问题都解决不了。荀子借助一系列极具说服力的比喻，旨在劝诫人们学习不能贪多，做学问目标要集中，否则精力就会分散，最终导致学无所成。

荀子说目不能两视，耳不能两听，因为人的感官都有局限性，心力分散以后，视力和听力的灵敏度都会下降。同时阅读两本书籍或者同时听两位老师宣讲是办不到的，知识的广度远不及深度重要，即使博览群书，对各门学问均有涉猎，但每门学问都不精通，也谈不上是学有所成。反之，只要真正掌握了其中的一门学问，就会受益无穷。

在现实生活中，很多人在摄取知识时，只在乎广度，不在乎深度，学什么都是浅尝辄止，表面上看好像上知天文下知地理，无所不通无所不晓，事实上却一无所长，如此学习什么也学不到，完全是白白浪费时间。这就好比射箭，只有凝聚力量，朝一个目标努力，才能正中靶心，向不同的目标射击，根本不可能达成目的。

袁昊是某名校的研究生，他在学校素以知识广博著称，甚至得了一个“百事通”的绰号，有人开玩笑说他就是一本能活动的百科全书，有什么问题根本不用到百度上搜索，直接问袁昊在第一时间就能得到正确答案。袁昊兴趣广泛，非常喜欢阅读课外书，名著、哲学、天文、地理、自然科学等各类书籍几乎无所不读，他的记忆力尤其好，读过的东西几乎过目不忘，所以才被同学视作名副其实的百科全书。

袁昊虽然涉猎广泛，但专业课却学得不好，主要原因是他把过多的精力花费在了阅读课外书籍上。学校的老师跟他交谈过多次，希望他能对专业课予以重视，精力不要过于分散。袁昊对老师的话却不以为然，他说：“现在是知识经济时代，在学校里能学到的东西实在太有限了，我如果不及时开拓视野，恐怕毕业后就落伍了。”老师说：“你懂得的知识确实不少，可大多也都只是停留在浅表，哪一门知识是你真正精通的呢？哪些知识又是你将来能真正用上的呢？你与其漫无目的地阅读，还不如一门心思钻研一门学问，就算只把一门学问学精，将来也可能大有用处啊。”

袁昊不赞同老师的看法：“诸葛亮读书只观其大略，不是照样能运筹帷幄，决胜千里。他广泛涉猎知识，才能真正做到高瞻远瞩，培养出战略思维，只钻研一门学问哪里够用呢？陶渊明读书也是不求甚解，他同样没有只钻一门学问呀，我为什么要局限自己的眼光呢？”老师无奈地说：“你不是诸葛亮也不是陶渊明，你们之间根本就没有可比性。”袁昊又说：“可他们的读书经验我仍然可以借鉴呀。”

最终老师没能说服袁昊。很快就到了毕业季，袁昊的同学有不少已经找到了合适的工作，袁昊求职却非常不顺利。每次面试时，面试官都要求他说说自己的特长和优点。他每次都回答说自己懂得很多知识，天文地理无所不通。面试官又问他最精通的是什么，他回答说什么都懂一些，但还谈不上太专业。面试官只好摇摇头说公司需要的是专才而不是什么都略懂的全才，而且连专业课都学不好的学生更不在公司的考虑之列。

袁昊一连面试了好几家公司，得到的都是同样的答复，他接连碰壁，对自己越来越没有信心。猛然想起老师对自己说过的话，更是追悔莫及。同学见他接连受挫，就鼓励他说：“现在亡羊补牢还不算晚，我觉得你比较擅长文科，而且比较懂国学，你可以再深入研究一下，或许将来可以应聘中文专业的老师。”袁昊也比较赞同同学的看法，于是一门心思钻研国学，若干年后他撰写了大量有关国学研究的著作，成了高校有名望的教授。

正所谓术业有专攻，一个人的时间和精力是有限的，想要样样精通几乎是不可能的，荀子告诉我们，专注于一件事，才更容易取得成功。与其蜻蜓点水似的掌握多门学问，还不如只发展一项专长，把一门学问学精学透就足以让人受益终生。

5. 学习在于点滴积累

知识的汲取在于点滴积累，学习不是一蹴而就的，厚积是薄发的前提条件。积累是一个由量变到质变的过程，它是循序渐进式，是一个积沙成塔、集腋成裘的过程，需要足够的耐心和持续不断的努力。荀子说的“不积跬步，无以至千里；不积小流，无以成江海”就是这个道理。没有每一小步的积累就达不成行走千里的目标，没有涓涓细流的汇聚就成不了江河湖海，千里之行始于足下，每一次小小的跨越都意味着朝目的地更近了一步，滴水也可以成海，量的积累达到一定的程度就能产生质的飞跃。

在荀子看来，无论学什么都离不开长期的积累，他曾在《儒效》篇中说，“人积耨耕而为农夫，积斲削而为工匠，积反货而为商贾，积礼义而为君子”，工、农、商各个行业，靠“积”才能业有所成，君子的美德也是“积”出来的。荀子在《修身》篇中又说，“跬步而不休，跛鳖千里；累土而不辍，丘山崇成”，进一步说明了一步一个脚印地踏踏实实努力，即使从最低处做起也能取得了不起的成就。俗话说有志者事竟成，在荀子的观念里，知识的获取和道德的培养都必须靠积累完成，善于积累可以弥补天分上的不足，以跬步行走，蹩脚的鳖也能步行到千里，以“精卫填海”、“愚公移山”的精神一点一点地垒土，终能堆砌成巍峨的高山。

“积”是一个漫长的过程，同时又是一个积小成大、积少成多的过程，需要长期投入时间和精力，荀子在《强国》篇中说：“积微，月不胜日，时不胜月，岁不胜时。凡人好敖慢小事，大事至，然后兴之务之，如是，则常不胜夫敦比于小事者矣。何也？小事之至也数，其悬日也博，其为积也大。大事之至也希，其悬日也浅，其为积也小。”意思是说，日复一日地积累，不以事小而不为，才能成就大事。荀子非常注重积微的作用，认为一个月积累的大事比不上一日积累的小事，一个季度积累的大事比不上一个月积累的小事，一年积累的大事比不上一个季度积累的小事，故学习需要日积月累，而且应从点滴做起，不能急功近利。积累得越多，收获也就越多，忽视微小的积累是不可能达成高远目标的。

汉代著名思想家王充出身贫穷，他是在非常艰苦的条件下坚持求知的，没有钱买书他就到洛阳的各大书店读书，边读边背诵，一本一本地阅读，一本一本地记诵，几乎跑遍了洛阳城所有的书店，天长日久，他积累了丰富的知识，六艺、诸子、诗赋、兵书、术数、方技无所不通，当时有影响力的书籍他几乎全部阅读过。

正是凭借着一点一滴的积累，王充成为了一代学者，34 岁那年他开始动笔写《论衡》，创作期间他一直深居简出，刀笔和竹木简放在触手可及的地方，但凡有好的想法他就马上刻在竹简上，直到去世前夕他还保持着这一习惯。正是因为平时注意素材和想法的积累，他才完成了《论衡》这部鸿篇巨著，无论是在求知还是在创作阶段，注意积累是他达成宏大目标的不二法宝，积累使他学有所获、业有所成，也彻底改变了他的整个人生。

无独有偶，唐代大诗人白居易也非常注重积累，为了写出惊世骇俗的好诗，他花费了大量的时间积累素材。他准备了很多陶罐，每个陶罐都按照素材的种类贴上了标签，每当搜集到了资料，他就把它们按类别装进相应的陶罐中，等到素材积累到一定量时，他就把它们应用到诗歌创作中，然后清空陶罐，把新搜集的资料再次分门别类地装入陶罐中，为下一个阶段的写作搜集素材。

我国著名的教育家、语言学家黎锦熙在学习和工作中也非常注意积累，以写日记为例，他从少年时代就养成了记日记的良好习惯，这种习惯一直保持了整整八十年，日记里详细记载了他的学习和工作情况，内容涵盖我国数十年政治、经济、文化等各方面的发展变化，具有巨大的史料价值。他还坚持录写卡片，曾经积累了 200 多万张卡片编纂大辞典。正是凭借着点滴积累的好习惯，他成了著作等身的大学者，出版的论述超过 400 种，内容涉及历史、文学、哲学、教育等多方面。

古语云："合抱之木，生于毫末；九层之台，起于累土。"没有积累的过程，是不可能学到任何东西的。长期积累和学问的大成就是源与流的关系，没有知识的汇聚就没有水到渠成的结果，天才的顿悟并不是刹那间发生的，而是建立在长期积累的基础上的，是量变发展成质变的结果。荀子认为学习是一个"积"和"渐"的过程，积跬步可至千里，积细流可成江海，不要小看微小的积累，有时候日复一日、年复一年的小步积累比大步跨越更有意义。正所谓星星之火可以燎原，无论是在学习还是在工作中，我们都不能忽视"积微"的重要作用，俗话说万丈高楼平地起，只有平时懂得积累，我们才能在学业和事业上打好基础，以期筑起牢不可摧的巍峨大厦。

6. 懂得向良师取经，就好比立于巨人之肩

俗话说名师出高徒，教师对于学生学问和技艺的掌握以及人格的养成起着非常关键的作用。荀子说"学莫便乎近其人"，意思是说，学习最有效的方法就是接近良师益友，通过良师的指引，走上正确的为学为人之道。荀子认为老师的教诲对于学生的成才以及人格的再造起着决定性的作用，所以他又说："人有师有法而知，则速通；勇，则速威；云能，则速成；察，则速尽；辩，则速论。故有师法者，人之大宝也；无

师法者，人之大殃也。”意思是说，一个人有师长的引领和法度的规范，才能迅速增长智慧，穷尽事例，故师法是人生最大的财富。荀子将师与法相提并论，足见对教师的重视。

老师传授给我们的知识，大多是前人总结的经验，它是先辈智慧的结晶，一个人无论多么聪慧，所获取的知识都是非常有限的，直接继承前人遗留下来的精神财富，就好比站在巨人的肩膀上，有助于我们看到更广阔的天地。老师是传道授业解惑的，他能教给我们的除了前人的经验，还有其本人的平生所学，向老师学习就等于直接汲取别人丰硕的知识成果，同时老师的言传身教，对我们品格的形成也有着较大的影响。

在学习之道中，荀子把近良师放在了首位，他说亲近良师是学习最便捷的途径，并强调“学之经莫速乎好其人”，主张崇尚良师，以良师为榜样，善于从良师身上汲取智慧，并仿效他们的一言一行，立志把自己培养成像他们一样有学识有品德的贤人和君子。古往今来，虽然不乏自学成才的励志故事，但更多的之所以能成就非凡的人，都离不开良师的悉心栽培，比如大教育家孔子一生桃李满天下，3000 名弟子中就涌现出了 72 位贤人，荀子也培养了不少学有所成的弟子，除了韩非子和李斯之外，西汉著名的文学家、政治家贾谊也出自荀子门下。由此可见，良师的作用是不可小觑的，和什么样的人学习和对话，就决定着你将来会成为什么样的人。以师为友，远比我们埋头自学更有成效。

孔子教学奉行的是有教无类的宗旨，使得很多寒门子弟也有机会接受优质的教育，许多人的一生因此为之改变，其中就包括孔子非常喜爱的门生颜回。颜回出身社会底层，过着箪食瓢饮的清苦日子，拜在孔子门下后，他用心听取孔子讲经授业，学到了不少有用的知识，还从孔子的言传身教中，培养出了良好的品行，成为孔子众多弟子中非常出众的一个。

有一次，颜回途经一家布店时，只见布店前围满了看热闹的人，近前一看，才知道是买卖双方发生了争执，买布的气冲冲地叫嚷道："三八应该是二十三，你怎么收我二十四文钱呢?"颜回一听，就知道错在买方，于是客气地施完一礼后，便朗声纠正道："三八就是二十四，是你计算错了，请不要再吵了。"

买布的不相信，很不客气地对颜回说："你是什么人，我为什么要信你？要评理就找孔夫子，只有他能弄清谁对谁错，走，咱们找孔夫子评理去。"颜回说："如果孔夫子说你错了怎么办?"买布的激动地说："我以我的项上人头作保，如果我错了就把头输给你。要是错的是你怎么办?"颜回回答说："那就把我头上的冠输给你。"

等两个人走到孔子面前，说明了事情的原委，孔子笑着说："三八是二十三，颜回你错了，快把头上的冠取下来送给人家吧。"颜回没说什么，默默地取下帽子，送给了买布的。买布的拿着帽子，高高兴兴地离开了。颜回虽然不愿忤逆老师，但心里却很不服气，他觉得老师已经糊涂了，于是不想再跟随他学习了。

孔子看出了颜回的心思，于是循循善诱地教导道："你也许认为我现在已经糊涂了，跟我也学不到什么真才实学了。你仔细想想，我为什么要说买布的是对的。我说三八是二十三，你至多输个冠，我若说三八是二十四，他输掉的可是一条人命啊。人命和冠孰轻孰重呢?"

颜回听完老师的一席话才恍然大悟，他激动万分地跪在老师面前说："夫子深明大义，而我只看到了小是小非，还误以为夫子年事已高，头脑糊涂了呢，今日听夫子这番言语，真是倍感惭愧啊。"从此以后，颜回虚心向孔子学习，最终学有所成。

老师对我们的学习和成长起着不可替代的作用，在学习过程中，如果我们善于从老师身上汲取正能量，就能收获意想不到的成果。荀子认为向良师取经是学习的捷径，可以避免走弯路，快速地进入正轨。今天，我们虽然拥有了更多的学习渠道，但依然不能忽视老师的作用，与其自己在黑暗中艰难地摸索，不如追随良师的脚步，更快地找到开启智慧之门的钥匙。无论如何，老师在学识和经验方面要优于我们，向老师学习可以让我们收获更多，遵循老师的教诲将使我们受益良多。荀子告诉我们，想要汲取更多的智慧，必须注重教师资源，接近良师、效法良师就是最好的学习之道。

7. 生活是最好的课堂

学习的途径有两种，一种是来自直接经验，一种是来自间接经验。间接经验是从他人身上获取的，比如从书籍中或者从师长口中，这种经验构成我们学习中的大部分内容，但这并不意味着直接经验就无关紧要。事实上，直接经验在学习过程中是不可或缺的，因为它来自于自己的亲身体验，因此容易给人留下更直观更深刻的印象，荀子在强调间接经验的重要性时，也曾经强调过直接经验在学习中所起到的举足轻重的作用。

荀子说过："故不登高山，不知天之高也；不临深溪，不知地之厚也。"一个人想要知道天之高远、地之雄厚，必须亲自观察体验，这种直接体验对于学习非常重要。只有懂得从实践中观察客观事物，才能形成鲜明的第一印象，这个过程在学习中是必不可少的，甚至可以毫不夸张地说它是为学的第一步。荀子认为闻和见是学习的起点，人的学习是从耳、目、鼻等感官对外部刺激的感觉开始的，故提出了"不闻不若闻之，闻之不若见之"的主张。

荀子的学习理念在今天看来依然是十分实用的，从书本中得到的间接经验毕竟是理性的、抽象的，它需要人们通过想象加工和意会才能消化吸收。直接经验则不然，它是一种具体的、感性的东西，是不必经过思维转换就能瞬间理解的，因此在学习过程中，我们决不能抛开直接经验的积累。比如在认识自然界时，通过触觉我们很容易知道棉花和石头的物理属性，很显然前者触感柔软，后者触感坚硬；通过肉眼观察，我们很容易知道海水远看是蔚蓝的，近观却是无色透明的。如果单纯从书本上了解这些常识，远远不及亲身体验效果好。

俗话说生活是最好的老师，古人强调读万卷书行万里路，就是为了鼓励人们从生活实践中汲取更多的营养。正所谓认识来源于实践，我们现在所学习的知识也都是前人经过实践验证形成的，无论在学习上还是在工作中，我们必须亲力亲为，把理论和直观体验结合起来，才能更好地应用知识。

有一对兄弟同时毕业于同一所大学的市场营销专业，毕业之后又供职于同一家公司。哥哥是个爱观察爱思考的人，平时经常用生活中的实例和所学知识相互印证，所以在读书阶段知识记得非常牢靠，工作以后也非常懂得如何运用专业知识。弟弟是个典型的书呆子，平时总是喜欢死记硬背，虽然掌握了很多空洞的理论知识，却对里面的内容似懂非懂，工作以后他发现理论和实践完全脱节，因为实现不了两者的对接，他工作起来分外吃力。

一年之后，哥哥晋升为公司的营销主管，弟弟却依旧是一个普通的业务员，为此他感到愤愤不平，他觉得自己虽然不如哥哥脑筋灵活，但在校时成绩远远好过哥哥，而且自从进入公司他一直尽职尽责，也为公司的发展出了不少力，为什么老板只重视哥哥，却对他不屑一顾呢？弟弟越想心里越委屈，工作热情大受打击。

老板看出了弟弟的心思，于是把弟弟叫到了办公室，交给了他一项特别的任务，让他亲自到市场调查白菜的行情，调查完毕后要如实报告。弟弟虽不明白老板的用意，但接到命令后，还是很快地来到了公司附近的菜市场，偌大的菜市场里只有两个卖鸡蛋的摊位，根本见不到卖白菜的小贩，于是返回公司对老板说："市场没有卖白菜的商贩，我只看到了卖鸡蛋的摊位，没有办法了解白菜的行情。”

老板早就知道是这样的结果，于是让弟弟先坐下，又把哥哥叫到办公室，分配了同样的任务。哥哥没有亲自赶去市场调研，就直接说：“昨天我刚刚去过菜市场，卖白菜的菜贩已经离开了，不过以前我也经常光顾他的摊位，所以知道白菜近期的售价是三毛钱一斤，销路比较看好，如果公司想要大批采购白菜，可以再等两天，因为我向卖鸡蛋的摊主求证过，再过两天卖白菜的摊主就会回来了。”

“那么你知道现在鸡蛋的行情吗？”老板把问题抛给了弟弟。弟弟回答说：“老板，您让我打听的是白菜的行情，所以我没理会卖鸡蛋的就回来了，没有办法知道鸡蛋现在的市场价格。”老板又用同样的问题问哥哥。哥哥回答说：“鸡蛋现在是两块五一斤，据摊主讲他家的货源非常充足，如果有人大量采购，价格还可以便宜一些，老板如果你真有意采购鸡蛋，我可以把卖鸡蛋的找来。”

“我们公司现在有好几百名员工，以后还要招聘一大批员工，因此公司在员工食宿方面开销比较大，我一个人平时要忙的事比较多，所以需要你们排忧解难……”老板说着把目光投向了哥哥，“把事情交给你我总是很放心，你不但销售业绩突出，而且有管理才能，更重要的是无论大事小事都能处理得当。”接着他又把目光投向了弟弟，“你不是能力上比不上你哥哥，只是太缺乏生活经验，一件简单的事情都办不好，我怎么放心把更重要的工作交给你呢？”

“你们两个都是营销专业毕业的学生，都学过不少营销学知识，对于市场经营也都有一定的认识，可是你们从书本上学到的东西得联系实际才能应用上。记住，生活是最好的课堂，不懂得从生活中汲取知识就不算真正毕业。”老板最后总结道，弟弟终于明白自己和哥哥的差距究竟在哪里了。

我们在社会上谋求发展时，只掌握书本上的知识显然是远远不够的，我们必须学会把从学校获取的知识和自己得来的实际经验加以整合，才能转化成全新的东西，使之服务于日后的工作。生活经验给予我们的是一种感性的认识，它更生动更鲜活，也更易于在我们的脑海中形成深刻的印象，懂得从生活中学习，我们才能更好地把知识转化成真正的生产力，使其对我们的人生产生积极的影响。

8. 从经典著作中汲取营养

读书是一门学问，那么阅读应该从哪类书入手呢？荀子告诉我们，最好从经典书籍入手。他说："学恶乎始？恶乎终？曰：其数则始乎诵经，终乎读礼；其义则始乎为士，终乎为圣人，真积力久则入，学至乎没而后止也。""故书者，政事之纪也；诗者，中声之所止也；礼者，法之大分，类之纲纪也。""礼之敬文也，乐之中和也，诗书之博也，春秋之微也，在天地之间者毕矣。"即主张学习儒家经典，从《尚书》、《礼记》、《诗经》、《春秋》等著作入手。

荀子崇尚儒学，故建议广大学子把儒家经典当成入门课，他不但自己广泛阅读儒家典籍，还致力于儒家文化的传播，中国后世的汉代经学很多都与荀子及其弟子的传经活动有关。据清代学者汪中说"荀卿之学出于孔氏，而尤有功于诸经""盖七十子之徒既没，汉诸儒未兴，中更战国暴秦之乱，六艺之传赖不以绝者，荀卿也"，说明荀子在中国传统文化传播上起了至关重要的作用，他不但有功于诸经，而且当之无愧地成为了战国时代最后一位有影响力的儒家人物代表。

荀子为什么这样推崇儒家经典呢，甚至在《劝学》篇里一再强调学习要从儒家经典著作入手？部分原因是因为对儒家文化的认同，部分原因是因为对经典的尊崇。经典之所以能成为经典，自有其不凡之处。经典是经过时代考验和验证的，它们是经过大浪淘沙后遗存下来的珠玉，具有永恒的生命力和经久不衰的影响力。一部著作可以影响一个时代，但时过境迁以后，就有可能被后世遗忘和抛弃，而经典却可以跨越时空的阻隔，恒久相传，这足以说明经典本身就是不朽的。

而今我们阅读的载体已不局限于经典书籍，互联网的兴起和商品浪潮的推动，使得我们拥有了各种各样的阅读形式，新鲜的体验方式和海量的信息影响着我们学习生活的各个方面，现在已经少有人能静下心来阅读经典了，这确实是一种遗憾。在荀子看来，经典是先贤智慧的结晶，它可以给人以有益的启发，有助于弘扬传统美德，阅读经典是为学最不可缺少的一项内容。当今时代经典的魅力依旧没有衰减，只是我们的心太过浮躁了，所以感受不到经典的价值，其实只要我们用心体会，每部经典都是一个宝藏，带给我们的教益是无可估量的。

郝静和许宁都是重点高中的学生，两个人虽然就读于同一所学校，但文化素养却有着天壤之别。郝静喜欢阅读经典名著，而许宁却偏好网络诗歌，两人喜好不同，直接导致了文笔的差异。郝静的文章行文优美，警句频出，文字功底深厚，经常在校内组织的征文比赛中获奖。许宁写东西比较浅白平直，通篇都是口语，被老师批为小学生的水平。听到这样的评价，许宁很不服气，还说老师不懂欣赏，跟不上时代步伐，新时期新气象新文风，自己的文章正反映了新时代的气息，根本不是那些思想古板的人能明了的。

许宁尤其欣赏梨花体的新诗，认为这种体裁的诗非常灵活自由，只是通过简单的断句，就能把几句索然无味的废话变得饶有趣味，当真是化腐朽为神奇。有人戏称这种诗是“口水诗”，许宁却不以为然，对梨花诗推崇备至。她还非常关注火遍网络的乌青体诗歌，反复阅读其代表作《对白云的赞美》，几乎百读不厌。

“许宁，我不反对你欣赏新诗，但你最好阅读一些经典的东西，读些经典名著对你是大有好处的。”郝静诚恳地说。“在我看来，经典和古董根本就是同种性质的东西，早该进历史博物馆了，我们都是活在21世纪的人，为什么不勇于向前看，却总要向古人学习呢？那些人距离我们也太遥远了吧。”“你刚才说经典和古董是同性质的东西，但古董是价值连城的呀，而现代工艺制造的东西根本就没有那么大的价值。经典能历经千百年而传诵不衰，就是因为人们喜爱它，并认可它的价值，现在风行一时的文学形式就像流行歌曲一样，过不了多久就会被其他形式替代，两者孰优孰劣，你还搞不清楚吗？”郝静很认真地说。

“也许你说得有几分道理，我以后会抽出一些时间阅读经典名著的。”许宁说。此后她依旧非常关注新兴的各种诗歌，但对经典也不再那么排斥了，通过阅读经典她汲取了丰富的文学营养，写作水平得到了极大的提升，成为了同年级进步最快的学生。

很多年轻人偏好一些直抒胸臆、倾吐心声的文章，热衷的读物无非是一些流行刊物和网络杂志之类的东西。含金量较高的经典著作受到冷落，是我们的损失，它们是经过岁月洗礼之后沉淀下来的珍宝，如果我们懂得珍视它们，每一次阅读都能成为一次全新的体验，走进经典，就如同踏上了一程神奇曼妙的精神文化之旅。这种精神旅行带给我们的将是一种前所未有的体悟，重温经典，感觉就像初次阅读一般，有太多的东西值得发现、值得探求，荀子研读经典的建议在今天看来依旧具有借鉴意义。

9. 融会贯通，活学活用

我们知道知识并不是割裂的，不同的知识是相互联系的，它们就像树木的枝干，表面看来似乎自成一体，而事实上却是一个密切相关的统一整体。在学习的过程中，我们必须学会融会贯通，理清知识的脉络，掌握知识的全貌，如此才能学有所获。

荀子说“君子知夫不全不粹之不足以为美也，故诵数以贯之”，意思是说，学习知识必须全面，然而全面学习还算不得完美，只有精通各门知识，并能由此及彼，触类旁通，将所有知识融会贯通，才算真正掌握了学问的精髓。从荀子的学习生涯来看，他所学的东西不可谓不全，百家争鸣的文化繁荣和活跃的学术风气，使得他对各家的学说都产生了一定的兴趣，他不仅成为了儒家学说的集大成者，而且对诸子百家的思想文化融会贯通，因此才能通过比较和批判，不断完善自己的思想，成为战国时代举足轻重的大学者。荀子在文学、教育学、经济学、政治学、人性论、宇宙论等多方面都颇有造诣，他掌握了每门学科的系统知识，又懂得如何将所有的知识融会贯通，所以学术专著阐述得极为深刻，对后世产生了巨大而深远的影响。

学习必须要融会贯通，才能做到活学活用，如此才不至于生搬硬套，一旦遇到突发情况，也能从容应对。有些人读书过于死板，究其原因是头脑中的知识太过散乱，不能形成系统的知识体系，所以即使知识储备量已经达到了一定规模，遇到实际情况仍不知从何入手。

从前有个卖糖的商人，每天都会外出购糖，然后暂时把货存放在家里，之后将糖果贩卖到外地。在包装糖果时，总有几块糖掉落在地上，因为这点算不了什么，所以他一直满不在乎，他的妻子却舍不得，总是忍不住将糖块从地上捡起，并把收集的糖果存放在仓库的一个不起眼的角落里。

经商第二年，由于制糖业不景气，这位商人货源紧缺，他只好被迫停止了贩糖生意。生意停顿以后，他家陷入了困境，还背负了一笔不小的债务。他整天唉声叹气，不停地向妻子抱怨道：“真是倒霉透了，现在整个制糖业的发展都出现了问题，如果我有存货，糖果一定能大卖，可惜偏偏没有货源，还欠了那么多债，这笔债务不知道何年何月才能还清。”

见妻子没有接话，商人又接着抱怨说：“现在整个制糖业的行情这么糟糕，让我到哪里购糖呢？”妻子听完这句话以后，忽然想到了仓库角落里存放的糖果，她立即跑到仓库里查看，发现自己贮存的糖果已经超过了40袋，这些糖果足以缓解现在的燃眉之急了。回到房间里，她欣喜地把这个好消息告诉了丈夫，商人感到非常不可思议，他随妻子走进了仓库，果然发现了40袋糖果。他高兴地说：“太好了，有了这些糖果，我们就能渡过难关了。”

这位商人就是靠妻子储存下来的40袋糖挽回了亏损的局面，不仅还清了全部债务，还有了可观的进账，生意也渐渐走上了正轨。这个消息很快就传遍了整个小镇。有个卖书报和文具的店主把这个消息告诉了妻子，店主的妻子觉得这没有什么了不起，不就是每天储存一点货物吗，这又有什么难的？此后她每天都会偷偷地将一些杂志、报刊和年历储存到收藏室里，很快一年过去了，她的收藏已经小有规模。一天，她迫不及待地请丈夫参观自己的收藏品，她的丈夫面对着一大堆过期的书报杂志，惊呼道：“你为什么要和钱过不去啊？这些过期的东西现在不可能卖出去了，真搞不懂你究竟是怎么想的……”

我们在学习过程中是否也像文具店的女店主那样只知道机械地模仿，不懂得灵活应用呢？学习不是刻板地死记硬背，太过教条就等于作茧自缚，是不可能学到有价值的东西的。那么怎样才能掌握庞杂的理论知识呢？首先要全面透彻地理解消化所学的知识，然后把各方面的知识融会组合，变成自己的东西，使自己真正做到举一反三、触类旁通。

荀子说的“以近知远，以一知万，以微知明”就是对融会贯通最好的解读，即从最近的事情可以推知遥远的事情，由一件事可推知千万件事，由隐微之处可体察明显的东西。毫无疑问，事物是相联系的，只要找到了它们的相关性，也就窥见了它们的本质。知识也一样，再庞杂的知识体系都有其内在的规律，掌握了它们之间的相关性，凭借一点蛛丝马迹，按图索骥就能达成自己的学习目标。

10. 为学切忌断章取义、以偏概全

人的思维存在着各种误区，在学习和生活中我们很容易犯以偏概全的错误，只是看到了冰山一角便轻易下结论。针对这种情况，荀子提出了解蔽救偏、兼陈中衡的学习方法。“蔽”即遮蔽、蒙蔽的意思，指的是人们对于错综复杂的客观事物缺乏全局概念，以致一叶障目不见泰山。解蔽就是解除眼前的帐幕，使人看清事物的庐山真面目；救偏就是纠正人们所犯认识片面的错误，使其全面透彻地重新解析事物本身。

荀子认为最好的解蔽救偏方法就是兼陈中衡，他在《儒效》中这样写道：“圣人知心术之患，见蔽塞之祸，故无欲、无恶，无始、无终，无近、无远，无博、无浅，无古、无今，兼陈万物而中县衡焉”，意思是说，圣贤清楚人的思维方法存在弊端，知道被片面现象蒙蔽的危害，所以从不根据自己的好恶妄下论断，看待问题力求客观，不受时间地域限制，不偏重开始也不偏重结局，不偏近也不偏远，既不过分博大，也不过分浅陋，且不拘泥于古今。把各种事物全部呈现出来，进行全面地比较和分析，认真加以权衡，如此才能做到不偏不倚、客观全面。

荀子旨在劝导人们学习不能碎片化，学习必须全面、精粹、彻底，杜绝断章取义的错误，否则无异于闭目塞听，根本得不出正确的结论。我们都非常熟悉盲人摸象的故事，盲人根据自己摸到的部位来揣测象的形象，摸到象鼻的人说象像一条长绳，摸到象身的人说像一堵墙，摸到象腿的人说象像粗实的柱子。我们或许认为这些盲人非常滑稽可笑，其实在学习过程中，我们何尝没有犯过同样的错误呢？如果把学问比作一

头大象的话，我们可能连一条象腿都没有摸到时就轻易对这个庞然大物下了结论。

荀子说想要改变这种局面，就要摒除个人的主观好恶，还要破除时间地域上的篱障，不断拓宽自己的思维，无论远近、博浅、始终、古今全部囊括心中，使客观之物在自己的脑海里能以真实的面貌呈现，如此我们才能纠正认知上的偏差，解决心绪蔽塞给学习带来的障碍。

某知名企业在投产香皂时，发现生产线出现了重大问题，很多包装盒里根本就没有装入香皂，把空盒子卖给顾客的后果可想而知。为了保障企业的信誉不受损失，公司高层可谓煞费苦心，最后聘请了一个博士后来解决这个棘手的问题，博士后带领科研小组，耗费数十万巨资研发出了新的检测技术，生产线上的探测器可以灵敏地检测到空盒，并能自动驱动机械手把空盒带走。

某乡镇企业在生产香皂时也遇到了同样的问题，老板为此头痛不已，因为企业缺乏高端技术人才，他只好与工人们商量对策。很快一名工人就想出了一个巧妙的解决办法，他购买了一台大功率的电风扇，把电扇安放在生产线旁边，空香皂盒受不住风力，纷纷被吹走了。

这个案例经媒体报道以后，在社会上引起了巨大的反响，人们纷纷慨叹知识并不一定能转化成生产力，博士后耗费巨资做到的事情，一个普通工人仅花几十块钱买了一台电风扇就把问题圆满解决了，如此说来博士后的智慧还比不上一个文化程度不高的工人。可事实并没有那么简单。

两家企业的情况完全不同，前者是知名的大企业，对于这样的品牌企业而言，信誉是至关重要的，几十万元的方案能保证百分百的检测率，也就是说可以完全杜绝把空香皂盒卖给顾客的风险，同时这种做法又非常高效，不影响正常的生产流程，这些都是一台几十块钱的电风扇做不到的。

靠电风扇吹走空香皂盒的办法不适合前者，除了检测率的问题外，空盒子在被风扇吹掉的过程中可能出现翻滚和碰撞的情况，会对后续的工作造成严重的干扰，乱飞乱撞的空盒很有可能造成生产线的停顿，如果发生这样的状况，每秒钟都可能给其造成成千上万的损失。大功率的电风扇也有可能把部分装了香皂的盒子吹走，被吹掉的空盒子跌落在地极有可能出现破损，由于该公司对产品质量要求高，生产成本也高于一般的企业，无论是香皂还是香皂盒成本都很高，采用电风扇解决问题，又要蒙受一笔不小的损失。再者用风扇吹香皂，不能保障产品的卫生标准，这也是该公司无法接受的。

乡镇企业规模比较小，即使生产线出现停顿也不会损失太大，而且就算保证不了每个香皂盒里都装上了香皂，至多受到几次投诉，即使信誉度略有降低也不会给企业带来太过恶劣的影响。乡镇企业生产的香皂质量和品质都赶不上知名企业，所以无论香皂还是包装盒成本都相对低廉，即使产品被漏检或者出现包装破损，损失也十分有限，而且这样的企业对产品卫生标准要求也没有那么高，故用一台电风扇解决问题还是可行的。

在通常情况下，人们没有仔细分析，就片面地下了结论，这个案例刊登在书刊上以后，很多人还没有把整个故事读完，就开始断章取义地发表了自己的看法，对博士后的方案嗤之以鼻，对小企业的工人佩服有加，这就是以偏概全的做法。在学习的过程中，我们常常被这种只见树木不见森林的思维所蒙蔽，以致管中窥豹，误把区区一斑当成了事物的全部面貌，所以荀子提出的解蔽救偏、兼陈中衡之法时至今日对于我们仍具有重要的指导意义。

第七章

赢在心态：治学求知，态度比能力更重要

众所周知，在一般情况下，一个人的学习能力与学习效果是呈正相关的关系，也就是说一个人学习能力越强，学习就越有成效。而事实上，学习态度比学习能力更重要，潜心向学的人，即使资质一般、能力平平，也能通过以勤补拙，取得令人刮目相看的成就。反之，一个人纵使天资聪明、能力出众，如果无心学习，要么懒惰成性，要么急功近利，要么半途而废，终会一事无成。

荀子指出学习是一个循序渐进的积累过程，只有脚踏实地、锲而不舍地坚持下去才能学有所成，也就是说，学习的过程犹如一场马拉松，我们不能以短跑冲刺的心态对待学习。此外，我们还必须明确学习的目的，以充实和完善自己为根本目标，不能把学习当成面子工程，华而不实。树立正确的学习观，端正学习态度，我们才能学到真知。

1. 天道酬勤，努力耕耘必有硕果

古语云："一分耕耘一分收获。""业精于勤，荒于嬉"，"书山有路勤为径，学海无涯苦作舟。"勤奋刻苦一直被奉为学习的基本精神。荀子在强调学习方法的重要性时，也大力提倡勤奋学习、刻苦钻研的精

神。他在《劝学》篇中这样写道："是故无冥冥之志者，无昭昭之明；无惛惛之事者，无赫赫之功。"意思是说，没有刻苦钻研的精神，就不会有洞察一切的聪慧头脑；没有默默耕耘的付出，就不会有令人称颂的赫赫功绩。

荀子劝勉世人要勤奋学习，他认为学习离不开孜孜不倦的努力，正所谓"宝剑锋从磨砺出，梅花香自苦寒来"，没有付出就没有回报，一个人就算天资再聪颖，也不可能不劳而获。荀子强调学习的主观能动性，反对人们好逸恶劳，对未来抱有不切实际的幻想。相传，有一次荀子看到一群人戴着柳枝编的帽子跪在地上祈雨，他走过去劝说道："假如过几天天要下雨，不求也能得雨，因为雨不是求来的，天若不下雨，任你们怎么祈求都没有用，只有引河开渠才能缓解旱灾。放弃自身的努力指望天赐是违背自然常理的。"由此可见，荀子不相信世上有无故得来的东西，奢望天赐违反万物之理，唯有依靠人为的努力才能劳有所获。在学习的态度上，荀子素来主张以勤为径，因为勤奋是实现理想的基石，没有埋头苦学的精神，就不可能在学业上取得巨大的成就。

我国自古以来就有不少有关勤勉学习的古训，如："三更灯火五更鸡，正是男儿读书时。黑发不知勤学早，白首方悔读书迟。""少壮不努力，老大徒伤悲"、"一勤天下无难事，一懒世间万事休。"正所谓"天道酬勤"，学业精深的造诣离不开勤奋，勤奋能使资质平庸的人变得不凡，而懒惰将使天才沦为凡人。当有人夸鲁迅是天才的时候，鲁迅说："我哪里是什么天才，不过是把别人喝咖啡的时间都用在工作上罢了。"鲁迅著作等身的成就源自勤奋，荀子也一样，他一生好学不倦，在多个研究领域都取得了卓越的成就，然而他从来就不相信天分，在他看来后天的勤奋才是一个人成功的法宝，所以他一生都在刻苦研究各家经典学说，终于成为了战国末期最有成就的学者之一。

孔子毕生都在勤奋学习，到了垂暮之年，他依旧手不释卷，对于一

些难懂的学问仍保持着强烈的好奇心和浓厚的兴趣。他尤其喜欢研读《易经》,《易经》非常晦涩，这种书大多数人学起来都很吃力，研究这本书对孔子来说也不轻松。然而孔子不肯轻易认输，反反复复诵读，直到把问题弄懂才肯罢休。

当时我国还没有出现纸，人们把文字刻写在竹简和木简上，然后用皮绳穿编成册，就变成了一册书，这样的书十分笨重，阅读起来也很不方便。孔子每天捧着厚重的书简阅读，由于阅读的次数太多了，穿书的皮绳都被翻断了，皮绳陆陆续续地断了三次，这就是历史上有名的“韦编三绝”的故事，后世常用这个成语来形容刻苦学习的精神。

我国杰出的军事家诸葛亮虽然没有“韦编三绝”的经历，但其勤奋好学的态度和孔子几乎如出一辙。相传，诸葛亮少年时代师从于司马徽，他学习非常认真勤奋，深得老师司马徽的欣赏，连司马徽的妻子也非常赏识这个好学不倦的翩翩少年。当时课时是用日晷计算的，到了雨天日晷就无法发挥作用了，为了掌握时间，司马徽训练了一只报时的公鸡，每天都定时给公鸡喂食，这样公鸡形成条件反射，就能按时啼叫了。

诸葛亮想要老师延长课时，这样自己就能学到更多的东西了，于是就在公鸡身上动起了脑筋，他想老师是用食物来控制公鸡报时的，如果让公鸡迟点啼叫，自己不就能多学到知识了吗？于是他便偷偷地在口袋里装了一些粮食，等到鸡快啼叫的时候，就用粮食喂它，鸡吃得饱饱的，当然也就不叫了。

过了一段时间，司马徽察觉出了异样，他估算着已经到了公鸡报时的时候了，而公鸡却一点动静都没有，这让他分外纳闷。后来经过几天观察，他终于知道了诸葛亮私下里偷偷给公鸡喂食的秘密，起初他很生气，不过转念一想，诸葛亮这么做只是为了多学点有益的东西，学生如此勤勉，他本该高兴才对呀。于是转怒为喜，对诸葛亮更加器重了。日后司马徽几乎对诸葛亮倾囊相授，诸葛亮学习也更加勤奋了，长大以后他终于成为了一个学问渊博的饱学之士。

勤奋是一种宝贵的学习品质，勤于学习、勤于探究，才能攀上知识的高峰，收获甘美的累累硕果。人们常说天才源于勤奋，汗水是浇灌理想之花的甘露，只有不断地用知识来充实自己空虚的大脑，发扬刻苦求知、勤勉进取的精神，我们才能学有所成、学有所用，成为社会需要的人才。

2. 坚持不懈才能成为最后的胜者

荀子在《劝学》篇中说：“骐骥一跃，不能十步；驽马十驾，功在不舍。锲而舍之，朽木不折；锲而不舍，金石可镂。”说明学习只要有毅力有恒心，坚持不懈地努力下去就能取得可喜的成就。在荀子看来，一个人是否能在学业上有所建树，不取决于先天条件，而在于学习态度，才智超群、天分优越的人没有坚持到底的精神，便成不了大器，而资质驽钝、锲而不舍一心向学的人，通过持续不断的努力一样可以成就卓越人生。

荀子连用了三个比喻句来阐述学习贵在持之以恒的道理，骏马跨越一大步，至多不过是十步远而已，劣马不间断地奔走十天，也能走出很远的距离；用刀雕刻东西，刻一会儿就停下来，连朽木都刻不断，锲而不舍地坚持下去，即使是坚固的石头和刚硬的金属也能雕刻出花纹来。这就是锲而舍之和锲而不舍的区别。学习也是一样，最忌一曝十寒、半途而废，三分钟热乎劲和一时的激情并不能让我们成就大业，无论我们有多高的天分，没有顽强的毅力和坚持到底的精神，终会功败垂成。荀子说驽马不舍，便可远行，锲而不舍，金石可镂，凭借着永不懈怠、一如既往的韧劲，始终坚定不移地朝既定目标奋斗下去，就能把一切的不可能转变成可能。

俗话说只要功夫深铁杵磨成针，滴水具有穿石的力量，人们都知道恒心是一个人实现目标必不可少的条件。那么为什么大多数的人会选择中途放弃呢？部分原因是定力不够，部分原因是在中途遇到了巨大的阻力，以致偃旗息鼓、功亏一篑。荀子说：“居不隐者思不远，身不佚者志不广。”即没有经历过生活困顿的人难有深远的思想，没有被抛弃过的人，难有远大的志向。困难和挫败是对人的一种考验，只要坚持不退缩，在任何时候都不言放弃，矢志不移地朝目标奋进，就能成就不一样的人生。锲而舍之，之前所有的付出都会付诸东流；锲而不舍，才能美梦成真、得偿所愿，到达成功的彼岸。

孟子小时候非常贪玩，读书很不认真，有一天竟然逃学跑回了家里。母亲见他不肯用功读书，还沾染了逃学的恶习，心里非常伤心。她默默地停下了织布的活，抄起一把剪刀就把刚织好一半的布匹剪断了，这半匹布是她一丝一线、辛辛苦苦织成的，凝聚了她多日的心血，这随手一剪，之前所有的辛劳都白费了。

孟子见状赶忙给母亲跪下，惊问母亲为什么要把布匹剪断。母亲语重心长地说：“这布是我一丝一线慢慢织成的，如果坚持下去，就能变成一匹有用的布料。现在我织到一半就把它剪断了，就等于前功尽弃了。求学也是一样，坚持下去才能有所成就，而今你学业未成，就开始偷懒逃学，就和这断布一样，怎么还会有所成就？”

孟子听完母亲的一席话，羞愧地低下了头。从此他再也不贪玩了，开始发奋读书，经过长年坚持不懈的努力，终于成为了一位杰出的思想家和政治家，并与儒家创始人孔子并称为“孔孟”，被后世尊为“亚圣”。

孟子年幼时险些因贪玩耽误了学业，唐代浪漫主义诗人李白也一样，小时候不学无术，经常逃学到外面玩。有一天，李白来到小河边玩耍，只见一个满头银发的老妪在河畔，正拿着一根粗大的铁棒在磨石上磨。在好奇心的驱使下，李白快步凑上前来，忍不住问："老婆婆，您在干什么呀？"老妪边磨铁棒边回答说："你没看见吗？我在磨针呀。"李白觉得匪夷所思："这么粗的铁棒怎么可能磨成细针呢？这要等到何年何月才能成功呢？"

老妪看了看李白，循循善诱地说："这铁棒虽然又粗又大，想要把它磨成细针并不容易，可是我天天这样磨，年长日久，难道就不能把它磨成针吗？"李白听完了老妪的话，陷入了沉思，他想再粗的铁棒都能磨成细针，这说明做任何事情只要有恒心有毅力，日复一日地坚持下去，就能达成目标，读书的道理不也是一样吗？李白想明白之后，就跑回了学堂，从此再也不逃学了，他坚持每天用功读书，最终成为了唐朝历史上最负盛名的伟大诗人之一。

唐朝一代名臣魏徵曾经说过"善始者实繁，克终者盖寡"，说明能够善始善终地做好一件事并不容易，有的人虎头蛇尾，有的人狗尾续貂，能始终如一地坚持到最后的人不多，所以庸者众而智者少。真正有造诣的人并非天分比别人出众，而是比别人多了一些耐心和恒心，因而他们才能超脱平庸，变得卓尔不凡，成为最后的优胜者。

荀子说："真积力久则入，学至乎没而后止也。故学数有终，若其义则不可须臾舍也。"意即坚持长期积累才能探求到知识的奥秘，直到生命终止方停止学习，学习的科目虽然是有尽头的，但就学习本身来说，是不可以有须臾懈怠的。也就是说，学习一定要坚持到底，甚至要坚持到生命的终点，决不能半途而废。当今社会，竞争无比激烈，在别人坚持学习充电的时候，如果我们停下了脚步，就会被远远地甩在后面。只有坚持不懈地努力学习，才能使自己立于不败之地，为未来擎起一片明朗的晴空。

3. 欲速则不达，为学需要脚踏实地

浮躁是现代社会的弊病，在讲求高效和利益的时代，许多人变得越来越急功近利，不能静下心来踏踏实实学习、踏踏实实工作。荀子说：“蟹六跪而二螯，非蛇蟺之穴无可寄托者，用心躁也。”意即蟹虽有六只脚两只螯，如果没有蛇、蟮的洞穴就没有栖身之所了，这是因为心态浮躁的缘故。荀子提醒我们，心浮气躁就会一事无成，到头来可能就像那只空有六跪二螯的螃蟹那样，连属于自己的安身之所都找不到。只有沉下心来，远离浮躁，才能学到过硬的本领，成就一番伟业。

常言道：欲速则不达，迫切地想要一步到位，结果往往事与愿违，学习是一件长期的事情，没有人可以轻而易举地学会所有的东西，追求速成无异于揠苗助长，不仅不能让自己大踏步前进，还会起到相反的效果。一旦浮躁的情绪占据了你的心田和脑海，你就会失去清醒的判断力，最终往往是竹篮打水一场空。在荀子的为学观念中，浮躁是学习的大忌，故浮躁的螃蟹还比不上没有爪牙之利、身体柔软的蚯蚓。这就是说用心不专、急于求成的人，根本学不到有价值的东西，唯有心态沉稳、踏实向学的人才能获得真知和智慧。

战国时期著名的纵横家苏秦出身寒微，从小就饱尝艰辛，长期过着饥寒交迫的生活，为了谋生，他早早就步入社会帮别人打短工，有时还要被迫出卖自己的头发，然而生活依然没有什么改善。苏秦渐渐意识到只靠卖力气为生，永远都不可能有出头之日，于是远走他乡踏上了艰难的求学之路。

最后苏秦来到了齐国，拜鬼谷子为师，没过多久，他就认为自己已经将老师的本领全都学会了，便急于告别师友，到外面建功立业。鬼谷

子面对着这个学生，并没有说什么，准许他出山了。苏秦在外面游历了一年，什么事情也没有做成，随身携带的盘缠也用光了，他实在撑不下去了，只好穿着粗衣陋鞋狼狈不堪地回到了家中。

返回家乡时，苏秦的衣衫已经破烂不堪，人也变得瘦骨嶙峋，乍一看和乞丐没什么两样。妻子见他这副模样，很是失望，边织布边叹息。父母、哥嫂、妹妹见了他，态度也都十分冷淡，纷纷说："你不去从事正业，却要学习卖弄口舌，现在落得这般田地，简直就是咎由自取。"

家人的一番话让苏秦羞愧难当，他不能衣锦还乡本来就已经够难过了，如今又被自家人看不起，更是无地自容了。在很长一段时间里，他坚持闭门不出，把自己关在房间里反思。他想：家人恼我都是因为我不争气啊，我之所以学业未成都是因为心态浮躁、急于求成造成的，日后我必须静下心来专心读书，非要学出个名堂来不可。

经过一番反思之后，苏秦俨然变了一个人，他拿出家里所有的藏书，安安静静地埋头苦读起来。在读书的过程中，他全然克服了浮躁的毛病，开始踏踏实实地钻研书里的学问，再也不奢望一夜速成了。他每日通宵达旦地读书，有时实在太累了，不知不觉就趴在书案上睡着了，一觉醒来常常感到懊悔难当。为了防止打瞌睡，每次犯困的时候，他都会用一把锥子刺自己的大腿，靠痛感来维持清醒，常常把大腿扎得血渍斑斑。

家人见状非常不忍，劝他停止这种自虐的行为，苏秦却说："以前我心态浮躁，才落得今天这般田地，想要洗刷过去的耻辱，只能潜心苦读，若不如此，恐怕我这辈子都不能出人头地了。"潜心埋首书堆几年之后，苏秦终于学有所成，他完成了"揣"、"摩"两篇见解深刻的文章，然后胸有成竹地说："现在我有能力说服列国的国君了。"

后来苏秦得到了燕文公的赏识，奉命出使赵国，提出了六国纵向联合抵抗强秦的战略思想，最终得到了六国相印，使秦兵十五年不敢走出函谷关。苏秦终于实现了纵横捭阖、叱咤天下的梦想。

任何宏伟的计划都需要一步步达成，想要一步登天是不现实的，只有踏实、沉着、步步为营地按计划行事，才能攻克一个个小目标，最终完成伟大的计划。俗话说冰冻三尺非一日之寒，罗马也不是一天建成的，学习也是同样的道理，做学问一定要克服浮躁的心态，切忌好高骛远，要踏踏实实地从最基础的东西学起，循序渐进地提升自己的学业水平，不要期望能一步登天。荀子说螃蟹威风勇武却不得安身之所，是被浮躁所害，可见浮躁危害不浅，在学习过程中，我们一定要戒骄戒躁，既要耐得住寂寞，又要做到专心致志、心无旁骛，只有这样才能一步步走向我们所希冀的目标。

4. 学问就是多学多问

“学问”二字包含了学与问两个要素，要想学好一门知识就要在学中问、问中学，因为两者相辅相成、相得益彰，善学善问才能达到治学的目的。荀子在《大略》中说，“学问不厌，好士不倦，是天府也”，意思是说，勤学好问不知满足，乐于向贤士求教，就仿佛发现了天然的宝库，获得了取之不尽、用之不竭的资源，智慧便能与日增长。学习和求教是缺一不可的，它们是获取真知必不可少的重要条件，学无止境，人们除了要孜孜不倦地学习以外，还要殷勤地向老师求教，学问相长，才能更有收效。

关于对学问的态度，荀子在《非十二子》篇中也有所阐述，他说：“不知则问，不能则学，虽能必让，然后为德。”即不懂不知就要问，不会就要及时学，才学过人也要谦让，这样才是有德者该有的表现。荀子认为，教师要启发引导学生，学生求知时务必要保持谦逊诚实的态度，

“知之为知之，不知为不知”，不能不懂装懂，心中有什么疑惑就要及时向老师询问，最好不要把问题遗留到第二天，他把这种及时求教的态度称为“无宿问”，即强调问问题要及时，不能拖拖拉拉，不要等到积攒了一大堆问题才去询问，因为那样势必会耽误对知识的消化理解。

华佗是东汉时期著名的神医，他医术高超，不但为无数病患解除了痛苦，还为推动我国医学事业的发展做出了重要贡献。他之所以能具有如此精湛的医术，和他学医时期勤学好问的精神是分不开的。相传有一年流行病泛滥，华佗目睹很多病人被无情的病魔折磨得奄奄一息，为了救死扶伤、解除病患疾苦，他立志成为一名医生。

华佗萌生了学医的想法以后，便立即付诸行动，他千辛万苦地来到了西山，拜当地的名医为师。师傅见过华佗之后，吩咐道：“你先照顾病人吧。”华佗耐心地照顾病人，认真地观察他们的病情变化，悉心地研究师傅下药的方法，遇到不解之处便及时向师傅询问，通过边学边问的学习方式，他在三年时间里学到了不少医学知识，也掌握了基本病理和配药的方法。

师傅见他进步很快，就对他说：“你现在已经学到了很多医学的基本知识，今后就多研读些医书和药典吧。”师傅把华佗领进书库，里面摆满了医学典籍，华佗看得眼花缭乱，心里有说不出的高兴。他不知疲倦地阅读医书，常常忘记了时间，遇到不懂的地方就记在心里，然后及时向师傅求教。很快三年过去了，华佗已经掌握了丰富的医学知识，对于病源、病理都有了深入的研究。

有一天，华佗正在津津有味地阅读医书，忽然有人气喘吁吁地跑了进来，神色慌张地说：“不好了，师傅生了重病，你赶紧去看看吧。”华佗一听师傅病了，非常着急，急急忙忙地跑到了师傅面前。只见师傅紧紧地闭着眼睛，躯体十分僵硬。华佗试了一下师傅额头的温度，又摸了摸他的脉搏，语气轻松地说：“师傅身体没有大碍，不久就会好的。”在场的弟子都埋怨华佗医术不精乱说话，这时躺在病榻上的师傅忽然坐了起来，朗声笑道："我确实是在装病，是想用这种方法来试试你们的医术。"众人听了，这才对华佗刮目相看。

华佗学成之后，依依不舍地辞别了师傅，下山到民间给老百姓看病去了。在漫长的行医生涯里，他挽救了无数病人的生命，有效地解除了病人的痛苦，成为了汉代名满天下的再世神医。

勤学好问成就了一代医学大师华佗，也成就了伟大的民主革命先驱孙中山。孙中山年少时在私塾念书，当时学生只是跟着老师咿咿呀呀地诵读课文，对于文章的意思老师从来都没有讲解过，学生只会背课，全然不理解其中的含义。有一天，孙中山流利地背诵了前一天学过的课文，老师满意地点点头，又教他读下一篇课文，孙中山一句一句地跟着老师念，全部会念了，老师就让他回到自己的座位上背诵。

孙中山很快就把整篇课文背下来了，他想这么糊里糊涂地背诵究竟有什么意义呢？于是就站起来对老师说："先生，我不知道这段书是什么意思，您可以给我讲讲吗？"教室里顿时鸦雀无声，同学们全都紧张地盯着老师，只见老师拿着戒尺走了过来，严肃地问道："我刚才教给你的东西你全都背会了吗？"孙中山点了点头，一字不差地背完了整篇课文，老师恢复了和蔼的态度，收起了戒尺，对全体同学说："我原以为书里的意思，长大之后你们就会了解的。现在既然你们有兴趣听，那我就给你们讲一讲吧。"

老师认真地讲述，同学们听得非常仔细，背了那么久的书，总算清楚里面的意思了。事后，同学问孙中山："你向先生提请求，不担心先生不高兴，自己会挨打吗？"孙中山笑着说："学问就是既要学又要问，不懂就要问，只要能弄清书中的道理，就算真的挨打也是非常值得的。"

学习不能一知半解，遇到不懂的问题应该及时向老师请教，向良师求教是学习最便捷的途径。荀子特别鼓励学生发扬勤学好问的精神，甚至把它视为一种美德。有些人在学习过程中喜欢不求甚解，如此学习只能学到皮毛，根本掌握不了学问的精髓；有些人喜欢自己耗费大量时间去揣摩，这样做既没有效率，还有可能把自己的思维引向歧途。勤学好问是学习的一种最基本的态度，只有既重视学又重视问，我们才能做好学问。

5. 尽信书不如无书

人常道：尽信书不如无书。我们知道知识是无穷无尽的，再智慧的人也不可能掌握所有的知识，旧时的真理随着时代的变迁也会演变成谬误，如果没有一点怀疑和批判精神，一味地迷信权威，就不可能与时俱进，取得长足的进步。荀子生活在距今两千多年的战国时期，当时的议先贤在读书人的心目中具有至高无上的地位，荀子和其他饱读诗书的儒生一样，也非常崇拜先贤，但他却从不迷信任何人和任何书籍，而是具有敢非议先贤的批判精神，正因为如此他才在学术领域取得了非凡的成就。

荀子在《非十二子》篇中对诸子百家各个学派的代表人物都进行了犀利而深刻的批判，他批评它嚣、魏牟只重利益不知仁义；说陈仲、史鳝愤世嫉俗，违背社会正常的伦理规范；批评墨子、宋钘过分强调节俭，欲使举国上下同劳苦，破坏封建礼制；还说慎到、田骈只会空谈法治却不能确立法治制度；并指出惠施、邓析喜好诡辩，不切实际。荀子不仅对各流派的代表人物进行了毫不留情的批判，对自己推崇备至的儒家学派也展开了口诛笔伐，他说子张不注重仪表，言谈举止粗鲁，有背礼仪；而子夏虽然衣冠楚楚却表里不一；子思、孟轲不懂治世之道，没有能力纠正时弊。

荀子不仅非议了各流派的思想主张，还从学术角度揭示了百家思想偏颇之处，比如他说，“墨子蔽于用而不知文，宋子蔽于欲而不知得，慎子蔽于法而不知贤，申子蔽于势而不知知，惠子蔽于辞而不知实”，指出了百家思想的偏执之处。虽然荀子对各家的评判未必绝对公允恰当，但这种敢于质疑先贤的批判精神还是非常值得提倡的。批判先贤，敢于打破权威的束缚，不是为了标新立异或夺人眼目，而是为了实事求是地验证前人的理论，然后取其精华、去其糟粕，推动社会科学的发展。

孟子在阅读《尚书》时，对武王伐纣这一重大历史事件的描写很不理解，尤其是对“有敌于我师，前徒倒戈，攻于后以北，血流漂杵”的描述感到费解，他想武王率领的是正义之师，讨伐纣王时又得到了部分商朝军人的积极响应，理应一路所向披靡，顺顺利利地击败纣王大军才对，何以至于血流漂杵呢？倘若血流漂杵写的并不是两军交战的场面，那么只能是胜利方疯狂血洗了敌军，可是这样一想就觉得更加不对了，武王大军乃仁义之师，怎么可能做出这么残暴的事情呢？想来想去，孟子就是想不明白，于是便怀疑《尚书》的记述有误，不禁发出了“尽信书不如无书”的感慨。其实，当时武王的军队并没有和纣王大军发生正面冲突，而是纣王军队前阵倒戈，军队内部进行了一场残酷的厮杀，造成了血流成河的场面。《尚书》所载无误，但孟子这种敢于大胆怀疑的精神还是非常可嘉的。

孟子读书对里面的内容持保留态度，敢于提出自己的观点，所以没有被前人的言论束缚住，成为了战国时期颇有独到见解的思想家。有一位动物学家完全不具备孟子的批判精神，他把书籍当成了指导自己生活的权威宝典，对书里的记述向来不加怀疑，因为过于迷信书籍而付出了惨重的代价。

有一天，动物学家在大草原上散步，忽然遇到了一头正在摇头的健壮犀牛，动物学家一惊，但马上又镇定下来。旁边有个路人看到动物学家一动不动地站在犀牛面前，还以为他吓呆了，就好心提醒道："快逃吧，犀牛闻到可疑的异味是会发狂的，你最好在它还没有发动袭击时快速离开，不然后果不堪设想。"孰料动物学家根本就没有跑的意思，他扬了扬手中的书平静地说："别担心，这头犀牛是不会伤害我的。根据书里的描述，犀牛摇头有两方面的含义：一、摇头代表对对方没有敌意，所以它不会攻击我；二、摇头可能是它遇到了心仪的异性，因为心情激动而做出了这个动作。我显然不是它所迷恋的异性，所以它摇头只能属于前一种情况。"

路人见无法说服动物学家，就自己离开了。动物学家振振有词地分析了一通后，最初的紧张感也全都消失了，他走近犀牛，不动声色地和犀牛对视了起来，双方僵持了一分钟后，犀牛猛然扑了过来，把动物学家撞倒在地，动物学家躺在地上，忍着剧痛不解地说："我真不明白，事情怎么会这样，书上分明说犀牛在摇头的情况下是不会发动袭击的。"

事实上，这头犀牛摇头是因为有只苍蝇钻进了它的耳朵里，它是为了驱赶苍蝇才这么做的，但书里并没有写明这种情况，动物学家因为太相信书里面的理论，付出了重伤的代价，真是可悲可叹。

书中的知识是从何而来的呢？显而易见是前人探索得来的，他们的成就也是建立在对先人文明成果的吸收和批判上的，没有批判精神，人类的文明就会止步，事实上是质疑精神推动了人类的文明进程。明代学者陈宪章说："学贵质疑，小疑则小进，大疑则大进。疑者，觉悟之机也。"也就是说怀疑使人进步，小的疑问带来小的进步，大的疑问带来大的进步，善于怀疑才能真正领悟知识。如果把书上的内容全部当作金科玉律，不加批判地吸收，不但领悟不到什么真知灼见，反而有可能被引向泥潭。荀子善学也善疑，我们应该学习他这种大胆质疑的精神，只有这样我们才能获得新发现，提出新见解，从而过滤掉不实的信息，开启智慧的大门。

6. 打破知识束缚，增益新知

我们经常被告诫要善于总结经验和汲取教训，可谁又会想到有时经验也会变成妨碍我们学习的绊脚石。荀子在多年治学和教学的过程中，早就发现了这种情况，所以他提出了“虚壹而静”的理念，在他看来，已有的知识可能妨碍新知识的接收，只有做到虚心、专心和精心，才能有助于我们越过经验的障碍，源源不断地汲取新知识和新营养。

虚壹而静既是一种境界，也是一种为学的态度，虚指的不是排空脑海里所有的知识，迫使自己进入虚空状态，因为人只要学习东西，大脑就会产生记忆，想要把记忆全部抹除显然是不现实的，荀子说：“心未尝不臧也，然而有所谓虚。”即想要达到“虚”的境界不必清空自己，只要保证现在储存的知识不妨碍新知识的吸收就可以了。

壹是指通过学习认知不同的东西，不以一方面的认识妨碍另一方面的认识，专心探求新学问、新知识。荀子认为人有兼知多种事物、辨别多种事物的能力，这就叫作“两”，然而要精通一门新学问，必须排除以往认知的阻碍，一心一意地投入新的学习之中。他极力强调“心枝则无知，倾则不精，贰则疑惑。壹于道以赞稽之，万物可兼知也。身尽其故则美。美不可两也，故知者择一而壹焉。”择一而壹与虚壹而静的“壹”含义相同，所指的都是专心的意思。

静不是陷入死寂的沉静，在荀子看来，人的思维总是处于运动变化的状态，即使进入熟睡状态，大脑还在活动，所以会产生梦。即便是静立不动，思绪也会随风飘远。人的思想不会进入一种绝对静止的状态，所谓的静就是指排除杂念，不要让各种幻想干扰了自己的认识和判断。

如果我们能做到虚壹而静，就能跳出经验的束缚，排除各种干扰，使新的知识体系和旧的知识体系和谐共融，但又彼此独立，保证自己可以尽情尽兴地享受新的知识成果。然而在现实生活中，不少人都因为固守经验而遭致失败，失去了求知和创新的能力，甚至失去了新的发展机遇。人类会在经验面前跌跤，自然界的芸芸众生也是如此，看来在经验中迷失是所有生命体的共同特征。

有一组研究人员想要从动物身上来揭示行为的共性，于是他们用一条小鲨鱼作为实验对象。这条小鲨鱼曾经在海洋里享受各种鲜美的海味，自从被装进了硕大的鱼缸，它的生活为之改变。研究人员在鱼缸里放了一块透明的玻璃，玻璃的另一侧就是成群结队游弋的小鱼，小鲨鱼看到鲜活的食物，迫不及待地想要把它们吞入口中，不料竟狠狠地撞到了玻璃上。小鲨鱼不甘心，又再接再厉尝试了几次，每次都是同样的结果，它没有吃到一条小鱼，还撞痛了自己。

等研究人员取走透明玻璃时，小鲨鱼再也不敢冲上去吃小鱼了，它眼睁睁地看着一群群小鱼在自己身边快活地游动着，就是不敢再跨越雷池一步，这条被经验困住的小鲨鱼面对着近在眼前的美餐无动于衷，只能长时间饿肚子了。

研究人员还曾经用四只猴子做过类似的实验，他们把猴子关在一起，每天少量喂食，故意让猴子保持饥饿状态，几天之后在房间的一个小洞里放入一串美味的香蕉，一只贪吃的猴子跑了过来，刚刚拿到香蕉就有一股水流毫无预兆地向它喷来，把它的全身都打湿了，猴子受了惊吓，放下香蕉转身逃开了。另外两只猴子也都做出过同样的尝试，结果都被水流冲得东倒西歪，香蕉也没拿到手，此后它们看着地上的香蕉，再也没采取任何行动，只是一边流口水一边叹息。

后来研究人员又把一只新猴子关了进来，每当新猴子想要冲过去拿香蕉时，被水淋过的两只猴子马上会阻止它，连没被水淋过的猴子也不假思索地加入了同样的行动，结果五只猴子没有吃到香蕉。随后研究人员更换了其中一半的猴子，尽管喷水的装置已经被关闭了，也没有猴子被淋湿过，但始终没有一只猴子敢于上前拿取香蕉，面对唾手可得的香蕉，它们变得越来越冷漠，所以它们一直也没能吃到让自己垂涎欲滴的食物。

这两组实验说明有时旧经验会给我们的生活带来负面的影响，一旦被经验捆住了手脚，我们就会变得畏缩不前，很难让自己的人生进入崭新的阶段。学习也是如此，我们脑海里储存的知识既能变成财富，也能变成负累，如果拘泥于过去的认识，就不能充分吸取和领悟新知识，所以在学习过程中，我们应该保持虚壹而静的状态，力求将各种干扰降至最低，以保证学习的效果和质量。

7. 像匠人那样精益求精

荀子曾经说过“人之于文学也，犹玉之于琢磨也”，意思是说，人追求文化知识，应该像雕琢美玉那样精益求精。他还在《大略》中列举了和氏璧的例子，说它本是一块毫无光彩的石头，是经过一番精雕细琢才成为享誉天下的至宝的。子贡、季路都是粗鄙之人，是因为认真学习礼仪才成为天下名士的。荀子借这两个例子阐述人和为学的关系，指出学习必须像琢玉一般细致用心，万万不可草率。

古语云：“如切如磋，如琢如磨。”是说学习必须经过反复推敲和琢磨，才能获得真知。人之为学，有如琢玉，既要下一番苦功夫，还要付出足够的耐心，最重要的是要足够细心，马虎大意是绝对不可以的。琢玉必须注重细节，就像学问必须要经过细致入微的研究一样，唯有追求精细，严格要求自己，方能在治学上取得巨大的成果。所谓“天下大事，必作于细”，精工细作的产品才能经得起考验，讲求细节，追求精益求精，方能获得真才实学，在某一领域取得杰出的成就。

荀子希望人们像琢玉那样研究学问，就是建议人们要以高标准要求自己，连细枝末节都不能忽略。此外，不能轻易满足，一定要努力做到最好。他在《劝学》篇中说：“百发失一，不足谓善射；千里蹞步不至，不足谓善御。”即射出一百支箭，只要有一支没有射中目标，就不能称作善射；驱车千里，即使只差半步就达到目的地了，也算不得善驾。意思是说，做事做学问必须做到百分之百，哪怕出现了一点点偏差都是不完美的。这和琢玉的原理有诸多类似之处，如果功夫不到家致使美玉有了瑕疵，那么美玉的品质和价值都会因为这点小小的瑕疵大打折扣。人之为学也是如此，正所谓“差之毫厘谬以千里”，有时差不多就会导致差很多，我们决不能抱着差不多的心态学习，而要付出百分之百的努力，力求做到完美无缺。

从前有两个学画的孩子，第一个孩子得到的学习用具是一叠纸和一捆画笔，妈妈指着家里的墙壁说：“以后你画的每一张画，无论好坏都要贴在墙上展出，让大家看看你的学习成果。”第二个孩子也得到了一叠纸和一捆画笔，除此之外妈妈还为他准备了一只纸篓。妈妈对他说：“如果你对自己画的东西感到不满意，就把它扔进纸篓里。”

两个孩子都在用心学画，他们也完成了不少作品，第一个孩子每天都很轻松，寥寥几笔就画完了一幅画，他几乎很少动手改画，因为妈妈告诉他无论画得好不好，都可以贴在墙壁上展览。因为对自己没有太高要求，他的绘画水平一直也没有太大提升。第二个孩子整天皱着眉头画画，有时一连画了好几幅都不满意，随手就把刚完成的画作丢进了纸篓里。他对细节和画作的整体质量有着很高的要求，经常把作品涂改得不成样子，有时因为纠结一个细节，竟反反复复地接连画了好几幅一模一样的画。他以苛刻的眼光审视着作品里的每一根线条，以及每一处用色，想方设法改进画作带给人的感觉，期望着有一幅非同凡响的作品问世。

若干年后，第一个孩子顺利举办了画展，他的作品数量多得惊人，展厅的墙壁上贴满了画，乍一看去满目鲜亮，令参观者目不暇接。第二个孩子没能举办画展，他除了废画什么都没留下，他甚至没能好好完成一幅画，很多作品刚完成一半就被塞进了纸篓。转眼三十年过去了，人们已经不记得第一个孩子曾经画过什么，他的作品太多了，可是却没有一幅作品能给人留下深刻的印象，因为每幅作品都非常平庸，丝毫找不到任何闪光之处。第二个孩子虽然作品数量不多，但每幅都是精品，每当有一幅新作问世都会惊动整个画坛，后来他成为了一名非常优秀的绘画大师。

第一个孩子因为画作乏人问津，他不得不免费赠送一些作品，希望以此引起人们的兴趣，进而卖出其他的作品。人们得到他的赠画以后，大多都把它们扔进了废纸篓。第二个孩子画作的价格高得惊人，就连他没有完成的丢弃品也引起了人们的关注，不少人守着其楼下的垃圾箱，竞相捡拾他扔掉的画作。

是什么使人平庸，又是什么造就了卓越呢？与其说与智商和天资有关，不如说是对待学习的不同态度使然。严格要求自己的人，无论是学习科学文化知识，还是学习各项技术，都力求精益求精，本着“没有最好，只有更好”的态度提升自己，所以才能超越平庸，成就不凡。而对自己没有要求的人，学什么都漫不经心，完全无视自己的不足，也不在乎细节，这样学习和工作，根本就做不出任何成绩。

有人也许认为荀子要求做到百分百完美实在是太过苛刻了，诚然，我们做不到百分百完美，但应拥有一颗追求完美的心，即便做不到十全十美，也要尽力做到最好。只有以精益求精的态度对待学习和工作，处处以高标准要求自己，才能把自己塑造成精英，所谓的卓越就是这么锻造出来的。

8. 学贵有志，不能只做表面功夫

俗话说态度决定一切，有什么样的态度，就会有什么样的行为，进而产生相应的结果。为学也是同样的道理，学习态度是否端正直接影响学习成果。荀子说："古之学者为己，今之学者为人。君子之学也，以美其身；小人之学也，以为禽犊。故不问而告，谓之傲，问一而告二，谓之囋。傲非也，囋非也；君子如向矣。"意即古人学习是为了加强自身的修养，而现在为学的人不过是为了增加炫耀的资本罢了；君子为学是为了完美自己，小人为学就是为了哗众取宠。有的人好为人师，没人请教就教导别人，还常问一答二，口若悬河地讲个不停，君子从不这样，他们回答问题向来鞭辟入里、恰到好处，就像空谷回音一般令人愉悦。

荀子阐述了两种截然不同的学习态度，君子学习虚怀若谷，以完善自己为根本目标，小人学习只是为了卖弄和炫耀，动辄滔滔不绝地教训别人，惹人厌烦。前者真心向学，又非常谦虚，自然能学到真正的本领。后者就是绣花枕头，总是夸夸其谈，或许能给人造成舌绽莲花的假象，但实际上肚子里没有一点学问。

君子为学实事求是，态度端正认真，而小人为学则华而不实，只是把学问当成了博取眼球的噱头，两种表现反映出的其实是不同的读书境界。荀子说学习的最高境界是："及至其致好之也，目好之五色，耳好之五声，口好之五味，心利之有天下。是故权利不能倾也，群众不能移也，天下不能荡。"意即一个人如果完全醉心于学习，那么求知时就如同喜好五色、五声、五味那样如饥似渴、欲罢不能，他像渴望拥有天下那样渴求真知，就不会对权利私欲动心了，任何人、任何力量都不能动摇这种信念。君子正是因为达到了这种境界，所以才一门心思求知，放下了所有的私心杂念，达到了理想的学习境地，故而能学有所成。小人则完全不同了，其本身对知识毫无兴趣，从来就没有严肃认真地对待过学习，只掌握了一点皮毛就开始到处吹嘘，也没有进一步提升自己的决心，或许在短时间内能成功粉饰自己，可终有一天会现出原形，暴露自己的浅薄和无知。

春秋时期，晋国有个叫阳处父的人，平时喜欢放言高论，又长得一表人才，所以非常引人注目。宁赢见他举止不俗，又能言善辩，不禁暗暗佩服，于是就在私下里对妻子说："我一直都想投奔一个有才学有品德的人，这么多年都没有找到一个合意的。我觉得阳处父这个人与众不同，所以想投在他的门下。"

宁赢向阳处父表达了自己的意愿，阳处父爽快地把他收在了门下，宁赢告别了妻子，跟随新拜的师傅远游去了。一路上，阳处父都在和店主高谈阔论，谈论的东西几乎全都不着边际，宁赢边走边听，听得一头雾水。几天之后，宁赢觉得阳处父太不靠谱，于是就改变主意，弃他而去。

妻子见丈夫回到了家里，便疑惑地问："你好不容易才遇到这样有才能的人，怎么不跟随他去呢？你不是下了很大的决心外出学习吗？是因为挂念家里吗？不用担心，家里的事全交给我好了。"宁赢说："我见他仪表堂堂，又十分善辩，误以为他有真才实学、和他相处几日才发现他只是喜欢夸夸其谈，其实没有一点才华。听了他那些故弄玄虚的言论，我感到非常讨厌，就不打算跟他学习了。我觉得如果真拜在他的门下，不但学不到东西，还可能遭受灾祸，所以就改变了主意。"宁赢料想得没错，一年之后缺乏真才实学、专爱搬弄口舌的阳处父便惨遭杀害了。宁赢非常庆幸自己当年的选择，心想如果当初真的追随阳处父，恐怕也会落得同样的下场。

阳处父因为为学态度不端差点误人子弟，自己的下场也十分悲惨。战国时期的赵括也是如此，学习兵书时一心就想着荣耀加身，没有悟到兵法精髓就胡乱指挥，最终落得个兵败身死的下场。赵括的父亲是赵国赫赫有名的武将，然而作为将家子的赵括却没有一点乃父遗风，虽然阅读了不少兵书，却没有参透用兵之道，掌握了一点军事理论知识就开始到处炫耀。有些人被他的表面现象所蒙蔽，忍不住夸赞赵家虎父无犬子，而赵括的父亲却从未赞扬过喜欢纸上谈兵的儿子，还常常为他的未来担忧。

几年之后，赵括的父亲去世了。同年，秦国攻打赵国，赵国因为缺少良将，只好派老将廉颇奋力抵抗。由于两国军事实力悬殊，赵军连连败退。廉颇采取了以逸待劳的策略，固守城池闭门不出，远征的秦军粮草供应出现了问题，于是就故意散播谣言说秦军谁都不怕，就怕出身名门的赵家子弟赵括。

赵王果真中计，便撤换了廉颇，派赵括应战。赵括一到战场就撤换了大量军官，想以此证明自己的用人才能，搞得军心涣散。秦国大将得知后，认定赵括不懂用兵之道，就让全体士兵佯装败退，诱敌深入，然后断其粮草，将赵军围困起来，结果赵国 40 万大军全军覆没，赵括也惨死箭下。

学贵有志，学习不能做表面功夫，面子工程做得再好，也掩盖不了自己腹中空空的事实。我们常看到有些人用精装的书来装饰自己的房间，书架上摆满了各国的名著，然而这些书却一直崭新如初，根本不曾被翻阅过，如此读书又能学到什么呢？如果无心向学，喜好卖弄，虽然不至于像阳处父和赵括那样悲惨，但是终有一天也会为自己的不学无术付出代价。荀子劝导我们说，学习不是为了彰显自己，而是为了完善自我，只有端正学习态度才能学有所成，时至今日，这样的箴言依旧那么发人深省，希望我们能牢记古训，用认真、严肃的态度来对待学习。

第八章

修身立世：以德为行，以学为上

荀子劝学，旨在劝诫世人通过学习修身养德，他认为人本身不具备任何美德，美好的品德都是后天培养出来的，如果人不学习，就同蒙昧、无知、野蛮的动物无异，所以学习要以德为先。今天看来，荀子的观点依然是符合社会发展的。如果我们把人品加以分类，大致有这样四种类型：有德无才、有才无德、无才无德、德才兼备。

有德无才是庸才，难成大器；无才无德是害才，为害一方；有才无德是危险分子，对社会的危害性最大；德才兼备才是社会所需要的真正人才。由此可见，一个人的品德比智慧和能力更重要，人若无才也许会平凡一生，可是人若无德则会危害社会。所以在学习的过程中，我们一定要把养德修身放在首位，致力于把自己塑造成有知识、有文化、有品德的人才。

1. 勿以善小而不为

古人向学既是为了学习文化知识，也是为了培养善德。在荀子眼里，智育和德育是分不开的，读书能使人明智，而明智则能消除愚昧、贫乏和恶念，故智育是为德育服务的，君子为学的终极目的就是成为名士和贤人。荀子认为人的天性就像是原始、粗粝的素材，本质上是蒙昧和恶劣的，唯有经过后天的教化才能产生善念和善德。他说，“涂之人可以为禹”“ 涂之人皆有可以知之质，可以能之具”，意思是说，人通过自身的努力，主动接受教育，都能成为君子或圣人，然而这种转变不是刹那间发生的，而是一个长期的过程。

荀子在《劝学》篇中说：“积土成山，风雨兴焉；积水成渊，蛟龙生焉；积善成德，而神明自得，圣心备焉。”意即积土成山，风雨便从那里兴起；积水成渊，蛟龙便在那里诞生；积累善行培养出高尚的品德，就能得到智慧，达到圣人的精神境界。也就是说，美德是点滴积累而成的，积小善才能成就大善，进而养成美好的品德。

古语说：“勿以恶小而为之，勿以善小而不为。”小善不为何来大善之德？在中国的传统文化中，善是最被推崇的品质，正所谓“上善若水”，“君子莫大乎与人为善”，圣贤教导我们向善，可是我们是否把它落实到了具体的行动上了呢？有人认为行善就是投身于轰轰烈烈的慈善事业或者挽救无数人的生命，而不足挂齿的小事算不得善，故行善只和大人物有关，而自己作为一名普通人不具备行善的能力，这是完全错误的。荀子强调善的积累，就是因为每一个小小的善行都是有价值的，一句暖人肺腑的善言、一句友好真诚的问候、为不便之人提供一点小小的帮助，都是有价值、有意义的善举，坚持与人为善，赠人玫瑰，手留余香，就能收获人世间最珍贵的东西，小善的价值同样是无可估量的。

古时候，有个叫顾荣的人，有一次应邀赴宴。席间，宾客们津津有味地品尝着新鲜的烤肉，个个吃得红光满面。烤肉的仆人闻着肉香，也露出了垂涎的神色，显然他也很想品尝。顾荣看了看大口啖肉的宾客，又看了看吞咽口水的仆人，就毫不犹豫地把自己的那份烤肉送给了仆人。同席的人很不理解，认为他这么做有失身份。顾荣说：“怎么能让一个每天都忙着烤肉的人连肉味都尝不到呢？”

后来发生了战乱，大量的北方人开始南逃，顾荣也和其他人一样，饱尝颠沛流离之苦，可是每当他遇到危难总有人不离不弃地保护他，为此他十分感激，问起缘由，才知这人就是当年那个烤肉的仆人。

对于顾荣来说，把一份烤肉送给仆人只是一个小小的善举，可对于长年不知肉味的仆人来说，这小小的善举却是极大的恩惠，所以才愿意在战乱之际鞍前马后地保护他，这说明小善的能量是不可小觑的。古往今来，这样的例子不胜枚举。有这样一个故事：一个单身的女子刚刚来到一个陌生的城市，有一天她居住的小区忽然停电了，由于连日奔波找工作，女子太累了，不想下楼买蜡烛，只好静静地待在黑暗里等待来电。谁知一个小时过去了，还是没有来电。女子心烦气躁地打开手机照亮，孰料手机的电量也快耗尽了，不知为什么她竟为这小小的挫折流下了眼泪，或许是感到在外漂泊的日子太过艰辛了吧。

女子正在哭泣，忽然听到了敲门声，门外传来一个童稚的声音："阿姨，你家里有蜡烛吗?"女子简短地回答道："没有。"以为这样就可以把小孩子打发了。这个孩子却没有离开，她用清脆的童音高兴地说："我就知道你家里一定没有蜡烛，妈妈担心你一个人住又没有蜡烛，晚上会害怕，就让我带两根蜡烛给你。"女子推开门，看见一个小女孩手里拿着两支蜡烛站在门口，她接过蜡烛，连声说谢谢，感动得热泪盈眶。

两支小小的蜡烛能照亮幽暗的心，说明小善也能给人带来光明。还有这样一个故事：有一对夫妇在节假日乘坐火车回老家探亲，因为买票及时两人很幸运地买到了坐票，当时车厢里挤满了无座的乘客。夫妇二人一上火车就拿着火车票寻找座位，找了一会儿却发现有位女士堂而皇之地霸占了他们的一个座位。丈夫让妻子坐在座位上，自己不声不响地站在一旁，没有要求那位女士起身。妻子刚要开口，忽然发现那位女士的右脚有点残疾，忽然明白了丈夫为何不请女士让出座位了。

就这样，这位男士一直站到了终点站，两个人下车之后，妻子忍不住说："她脚有残疾，你把座位让给她确实是善行，可路程那么远，你完全可以和她轮流换坐一下，也不能从头站到尾啊。"这位男士却说："人家不方便一辈子，我只是不方便几个小时而已，又何必计较那么多呢?"

善不在于施与多少，而在于存乎内心，日行一善，日积月累，便能集成大善。善良的品质胜过一切，一个看似微不足道的善举也能折射出人性的光辉，这就好比一滴水能映射太阳的光芒一样，所以不能小看小善。荀子告诉我们学习圣人之道贵在积善，友善地对待别人，我们将获得更多。

2. 桃李不言，下自成蹊

孔子曾经说过："吾未见有好德如好色者也。"这是一个遗憾的事实，人们都知道应该追求一些高尚的东西，但对德行的追求却远不如对欲望的追逐那么迫切。显然德行的吸引力对大多数人来说是非常有限的。荀子认为人天生就有趋恶的倾向，由恶变善唯一的途径就是学习，然而美德之类的东西并不能引起人们广泛的兴趣，那么他凭什么相信人人都能变成像大禹那样的圣人呢?

好德虽然未必能给人带来直接的利益，却能给人带来受用不尽的益处。有人也许认为自己做了好事也未必会被知晓，即使被知晓了也可能得不到回应，书上总是强调施比受更幸福，鼓励人们默默无闻地付出，可有时付出了也未必能换来别人的感激。对此荀子在《劝学》篇中说："昔者瓠巴鼓瑟，而沈鱼出听；伯牙鼓琴，而六马仰秣。故声无小而不闻，行无隐而不形。玉在山而草木润，渊生珠而崖不枯。为善不积邪?安有不闻者乎?"意思是说，昔时瓠巴鼓瑟，鱼儿也会浮出水面倾听；伯牙鼓琴，马儿也会仰头静听。不要以为声音微弱就不会被听到，行为隐秘就不会被发现。深山藏有宝玉，草木便非常滋润；珍珠坠入深渊，崖岸的芳草就不会枯萎。哪有行善积德不被广泛颂扬的呢？

在荀子看来，品德高尚的人能成就美名，不会因为自己不事张扬而不被认可，美好的品德有如美妙的音乐一样，具有不可抗拒的魅力，即便行为低调也能被发现被感知。品行高洁的人就如同幽谷中的美玉一般，是不可能被埋没的。也就是说，好德既能造就自己，又能成就自己。即使以“润物细无声”的形式做好事，也会被发现被高举，这就是桃李不言，下自成蹊的道理。

李广是汉代赫赫有名的飞将军，他屡立奇功，为大汉王朝的稳定和长治久安立下了汗马功劳。虽然功绩卓著、身份显赫，他却从来不盛气凌人，对部下和百姓都非常和善，还常常和麾下的士兵同甘共苦。得到朝廷的赏赐他从不将其据为己有，而是把所有的赏赐都分给了麾下的官兵。遇到补给不足的情况，他甘愿和士兵一起忍受饥饿，未曾利用特权独享过食物。两军交战时，他每次都身先士卒，作战非常勇敢，作为统领千军万马的大将，他经常冲锋陷阵，和普通士兵一样经历过无数出生入死的考验。在他的带领下，士兵们士气大增，全都奋勇杀敌，一次又一次地力挫敌军。

李广戎马一生，是位杰出的军事家，他深受士兵的敬仰和爱戴，连敌军对他都怀有三分敬畏。可是这位叱咤疆场的大将军非常不善言谈，他默默地驻守边防，任劳任怨地奉献了一生。后来李广去世了，将士们听到这个消息全都伤心地痛哭起来，很多不熟悉他的老百姓也都为他伤心难过，虽然很多人和李广没有太多接触，但在人们心目中，李广就是当之无愧的英雄，著名的史学家司马迁在为李广立传时，用“桃李不言，下自成蹊”八个字高度评价了李广的一生，颂扬其高尚的美德。

善良是全世界通用的最美语言，君子好德虽不为名利和荣誉，但君子的美名将永远流传。荀子认为君子之德不彰自显，不慕虚荣却能获得更大的荣耀。普通人如果长期受到熏陶，努力学习君子的德行，也能成圣成贤。

3. 近朱者赤近墨者黑，交友须慎重

俗话说："近朱者赤近墨者黑。"和什么样的人交往就有可能变成什么样的人。在现实生活中，我们常会不自觉地受到周围人潜移默化的影响，甚至会不知不觉地学习和效法别人的言行举止。若所交之人正直高尚，我们也会成为品行美好的人，反之，如果我们和粗俗卑劣的人做了朋友，则很有可能被带入歧途，变成道德败坏的人。

荀子说："蓬生麻中，不扶而直；白沙在涅，与之俱黑。兰槐之根是为芷，其渐之滫，君子不近，庶人不服。其质非不美也，所渐者然也。"意即麻地中生长的蓬草，不扶也能挺直；混入黑土中的白沙，会被染得像黑土一样黑。兰槐之根芬芳宜人，泡在臭水里也会变臭。根据这种情况，荀子提出了"游必就士"的主张，劝诫人们要近君子远小人，和道德高尚的人交往。

学习和交友是人生中的两件大事，其实两者是相互渗透相互影响的，我们所交的朋友往往会成为我们学习的对象，他们的言谈、人品、价值观念都会对我们自身产生影响，与良友同行，我们将成为更加美好的人；与小人为伍，我们将走向堕落。故荀子说："夫人虽有性质美而心辩知，必将求贤师而事之，择良友而友之。得贤师而事之，则所闻者尧舜禹汤之道也；得良友而友之，则所见者忠信敬让之行也。"意思是说，远离恶行就要求贤师、择良友，与君子交往，向君子学习，唯有如此才能成就美德，完善自身。其实很多人走上歧途，甚至一失足成千古恨，都是因为交友不慎，交错了朋友有时有可能毁掉一生。

宋威本来是一个品学兼优的好学生，为人忠厚老实，待人非常真诚，经常受到老师表扬，同学也都愿意和他交往，可自从交上了一些不

三不四的朋友，他的行为就发生了很大的转变，不但经常逃学，还染上了烟瘾和网瘾，一步步陷入了无法自拔的深渊。

宋威人生的转折点，开始于一次网络闲聊。有一天，他在网上认识了一个叫郭海的网友，这位网友比他年长几岁，他声称自己十几岁就开始闯荡社会，之后白手起家赢得了人生第一桶金，慢慢建立起了自己的商业帝国，现如今已经成了腰缠万贯的大老板。网友传奇的人生经历深深吸引了不谙世事的宋威，他想这位成功人士仅仅比自己大几岁就已经有了一番事业，而自己却还是一个未出茅庐的青涩学生，两个人的差距真是太大了。宋威立志要成为像郭海那样的人，于是殷勤地向对方索要联系方式，没想到对方竟爽快地把电话号码告诉他了，还表示愿意和他这样有志向的青年长期交往。

两人在网上闲聊的半个月里，陆陆续续地通过几次电话，最后约好在一家装修豪华的餐厅见面。见过面之后，宋威对郭海更加崇拜了，只见郭海西装革履，一派成功商务人士的打扮，嘴里说着各种自己听不懂的名词，不过在结账的时候，他就没有那么绅士了。他声称自己刚吃过的一盘菜里发现了苍蝇，强烈要求餐厅工作人员作出解释，还威胁说要报警。他把苍蝇展示给餐厅主管看，在餐厅里就餐的客人纷纷把目光转向了他的餐桌。主管怕影响生意，只好认倒霉，任由他吃了一顿霸王餐。

宋威怀疑苍蝇是郭海放进去的，但他想这不关自己的事，他只想和郭海学习经商之道而已，至于郭海有没有故意吃霸王餐他完全没有兴趣过问。就这样，宋威和郭海熟络起来，郭海还把他介绍给了自己的合伙人，几个人经常聚在一起谈论营销之道，因为这些人经常给宋威递烟，宋威渐渐染上了烟瘾。宋威经常逃课和郭海及其朋友见面。郭海取得了宋威的信任以后，就把他带进了一个传销的窝点，对他进行洗脑教育。起初宋威有些抵触，但是实在抵不住诱惑，加入传销组织。

后来在一次传销诈骗活动中，宋威和郭海及其同伙一起被公安机关抓捕了。双手戴上了手铐，宋威悔不当初，心想如果自己没有那么贪心，没有结交郭海那样的朋友，就不会走上违法犯罪的道路，而今想要回头都来不及了，只能等到刑满释放以后，洗心革面重新做人。

年轻人涉世不深，甄辨是非的能力较差，很容易受到诱惑，结交不良的朋友，染上各种恶习，甚至学会各种恶行。古语说“从善如登，从恶如崩”，成为至善之人任重而道远，所以荀子才认为人必须终生学习，不断反思不断纠错，才能达到这种境界。而从恶可能仅仅是一念之间发生的，这就是所谓的一念成魔，善恶只在拈花一笑间。荀子说“白沙在涅，与之俱黑”，讲的就是这个道理。所以我们应该多和正直、诚实、富有人格魅力的人交往，受其精神的感召，慢慢地培养自己的美好品质，同时应该提高警惕，杜绝用心不良的人闯入自己的生活，坚决摒弃丑恶的东西，让真善美常驻心间，努力把自己塑造成一个有思想有道德的人。

4. 良禽择木而栖，良才择邻而居

古人云：“与善人居，如入芝兰之室，久而不闻其香，即与之化矣。与不善人居，如入鲍鱼之肆，久而不闻其臭，亦与之化矣。”这说明环境对一个人的人生有着至关重要的影响，良好的环境和氛围可以促人奋进，使人在耳濡目染的过程中形成良好的品德和习惯，消极和堕落的环境则会腐蚀人的心灵，使人陷入万劫不复的深渊。所以，环境对于一个人的成长和学习是非常重要的。

荀子在《劝学》篇中说：“南方有鸟焉，名曰蒙鸠，以羽为巢，而编之以发，系之苇苕，风至苕折，卵破子死。巢非不完也，所系者然也。西方有木焉，名曰射干，茎长四寸，生于高山之上，而临百仞之渊，木茎非能长也，所立者然也。”他从蒙鸠鸟的不幸遭遇和射干草的处境引申出有关择居的道理，蒙鸠用羽毛编制精美的鸟巢，系在柔嫩的芦苇上，风一吹芦苇折断，尚未孵化的鸟蛋摔碎了，刚出生不久的雏鸟也摔死了，造成这种结局不是因为鸟巢不够完美，而是选错了筑巢的地方。射干草茎长不过四寸，临渊而立能俯瞰百尺，这是因为它生长在高山之上。从这两个例子中，荀子得出了这样一个结论："故君子居必择乡。"即要在一个风气良好的地点定居，为自己选择一个适宜的学习环境。

在现实生活中，居住和学习环境对于我们的人生发展有着不可忽视的影响，它甚至可以改变我们的成长轨迹，改写我们的人生。居所不仅是我们的栖身之地和生活场所，它决定着我们要和什么样的邻居相处及打交道，也决定着我们未来要在哪里学习和工作，它所辐射的范围几乎囊括了我们日常活动的所有地点，故选择居住地点时一定要格外慎重。在人文环境浓郁的地区定居，多与芳邻和贤师交往，有助于成长和学习。

孟子 3 岁丧父，自幼和母亲相依为命。孟母勤劳朴实，十分贤良，自丈夫过世以后，她便以一己之力撑起了整个家庭，每天辛苦地织布或者替人浆洗衣物，日子过得虽然艰难，但她从不抱怨，一心想着把孩子培养成才，对孟子的教育丝毫没有放松。

孟子小时候不喜欢读书，是个好动贪玩的孩子，因为当时他居住的地方离墓地很近，他便经常和小伙伴在墓地里玩耍，好奇地观看人们如何下葬。没过多久他就对丧葬的流程了若指掌，于是和小伙伴玩起了抬棺材、挖坑埋东西的游戏，还有模有样地模仿大人跪拜、哭号，孟母看到了，觉得这里的环境不适合小孩子成长，于是就带着孟子搬到了城里。

新家位于热闹的集市旁，大街上人来人往，行人络绎不绝，店铺里陈列着琳琅满目的商品，做买卖的商人殷勤地招呼着客人，孟子觉得十分有趣，就和邻居家的孩子一起模仿大人做生意的样子。邻居家的孩子假扮客人，孟子假扮商人，他一会儿鞠躬，一会儿和客人打招呼，一会儿又吵吵嚷嚷地和客人讨价还价。孟母见到这种情形，觉得这里也不适合小孩子居住，只好再次搬家。

孟母带着孟子在学宫附近住了下来，学宫就是古时学堂的校舍，里面出入的都是些斯文有礼的读书人，有时学宫里还举办祭祀活动来纪念先贤，孟子耳濡目染受到熏陶。渐渐地，孟子改变了顽劣的天性，对读书也产生了兴趣，而且变得非常文明守礼，长大以后成为了继孔子之后的又一位圣贤。

孟母三迁的故事说明居住环境对一个人的成长起着关键性的作用，但小时候的成长环境是由父母决定的，并非是任由我们选择的。成年以后，我们可能被童年的成长环境塑造成不同类型的人，可这并不意味着成年后的生活环境对我们的人生不再具有意义，相反，它的意义和作用不亚于幼时的环境。

居住环境就好比一个小宇宙，它所散发的能量直接影响着我们的思想和性情。这就是钟灵毓秀之地总是人才辈出，而治安混乱的地区总是犯罪率高居不下的原因。成年以后，我们依旧会受到环境的影响，在融入环境、适应环境的过程中会不自觉地被同化，选择好的居住环境，就意味着能有更多的机会跟品德高尚的人接触和学习，自己也会变得积极进取、彬彬有礼，而选择恶劣的居住环境则意味着将自己置于不良的氛围中，其后果是可想而知的。所以作为一个成年人，我们仍然可以效仿孟母三迁的行为，为自己选择最适宜的居住、学习和工作场所。

5. 不要和无礼之人争辩

古代圣贤喜好辩论，学者和君王之间经常展开各种辩论，学者和学者之间也出现过唇枪舌剑的辩论，雄辩者妙语连珠、言辞犀利，总是能把对方驳斥得体无完肤。辩论也是学者进一步证明自己观点以及提升自身文化素养的一种方式。荀子却认为辩论要看对象，对于无礼之人根本就没有必要理会。他在《劝学》篇中这样写道："问楛者，勿告也；告楛者，勿问也；说楛者，勿听也。有争气者，勿与辩也。故必由其道至，然后接之；非其道则避之。故礼恭，而后可与言道之方；辞顺，而后可与言道之理；色从，而后可与言道之致。故未可与言而言，谓之傲；可与言而不言，谓之隐；不观气色而言，谓之瞽。故君子不傲、不隐、不瞽，谨顺其身。"

荀子说当别人询问、传播、评论不合礼法之事都可以置若罔闻、不予理会，只和恭顺敦厚的人交谈，这是为什么呢？其实是为了避开无礼之人，避免自己受到客观环境的影响。和不明事理的人讲道理，就如同鸡同鸭讲、对牛弹琴，不但白费唇舌，还会给自己造成负面影响。与通情达理、睿智博学的人辩论可以互相学习共同进步，与浅薄粗鄙的人辩论是没有意义的，不仅不能从中学到任何有益的东西，也无助于此类人悔过，还会引发一系列纷争和争吵，给自己带来无数麻烦。

荀子告诉我们与人交谈要看对象，没有必要同故意挑衅、冥顽不化的人争辩，因为这样做并不能改变什么，只会耗损我们的时间和精力，影响我们正常的学习和工作。试图劝导别人的用心虽然是好的，但美好的意图有时会演变成一场不可理喻的争吵，进而升级为剧烈冲突，这是非常不值得的。荀子主张要和贤人雅士交谈，避开无礼之人，就是为了更好地学习君子的优点，同时防止受到品行不端之人的影响。

春秋时期，鲁国有个叫公明仪的乐师，他对音乐有着独到的理解，又非常擅长弹奏乐器，其琴声有如高山流水般美妙动人，使人听后即如醉如痴、无法自拔。一年春天，他带着一把琴来到了郊外的原野上，想要在这风景如画的优美环境中弹奏一曲，正好看见不远处有一头正在吃草的公牛。

公明仪见四下无人，便想把这公牛变成自己忠实的听众，于是对着公牛拨动了琴弦，熟练地弹奏了一曲格调高雅、技巧极高的《清角之操》。虽然曲子非常优美动听，但并没有感染这头公牛，公牛不为乐曲所动，依旧低头啃着青草，仿佛什么都没有听到一样。公明仪大失所望，他下定决心一定要让这头公牛对自己的音乐有所反应，于是就对着公牛乱弹一气，和谐的音符变成了嘈杂难听的噪音，人若听了，一定觉得不堪入耳，公牛听了却似乎很受用，只见它抬起头竖起耳朵倾听起来，竟把噪音当成美妙的音乐来欣赏。看到这样的情形，公明仪真是哭笑不得。

后世用对牛弹琴来比喻说话不看对象，对浅薄的人宣讲深刻的道理，徒然浪费时间，又让他人看了笑话。虽然这只是一个寓言故事，但在现实生活中，这样的事例却比比皆是。相传有一位哲学家，不但非常博学，还十分雄辩，经常和形形色色的人辩论讲道理，不把对方说得心服口服决不罢休。有一天，他遇到了一个野蛮的悍妇，平生第一次见到自己说服不了的人，感到非常震惊。

这位悍妇狭隘自私，性格异常顽固，满口歪理邪说，时常喋喋不休，逢人就破口大骂，有时还会向别人吐口水，挑衅似的看对方的反应，如果有人同她讲道理，她会变本加厉地羞辱和谩骂对方，直到对方自感没趣地离开。个性儒雅的哲学家遇到这样的女子也是无计可施，同样被骂得狗血淋头。为了让悍妇充分认清自己的错误，哲学家做了一个大胆的决定，那便是娶她为妻。哲学家甚至放言说："这个女人就像是一匹难以驯服的烈马，如果我能成功驾驭她的话，那么全天下再没有什么人是说服不了的了。"

就这样，哲学家和悍妇结为了夫妇，尽管喜欢宣讲大道理的哲学家在别人面前可以引经据典、谈论不休，使听者心悦诚服，但在悍妻面前却全然变了样，任他说得口干舌燥也说服不了妻子，她还是喜欢乱发脾气，照旧向人吐口水，有一次她甚至将一碗开水泼向他，好在他躲避及时才没有被烫伤。后来哲学家抑郁而死，临终前他非常后悔地说："我原以为真理越辩越明，没想到还有例外的时候，对于对真理不感兴趣的人来说，无论说什么都是无济于事的。以前信奉的东西，现在连我自己都不相信了，我真是太失败了，我想我已经被这个强悍残暴的女人拖进了深渊。"说完，他就带着遗憾离开了人世。

孟子曾经说过："教亦多术矣，予不屑之教诲也者，是亦教诲之而已矣。"意即对某些人来说不屑于教诲也是一种教诲。这种观点和荀子的择人相谈的观念几乎不谋而合。我们乐于和不近情理的人辩论，无非是想扮演老师的角色，使其变得明白事理，可事实上这类人通常有着根深蒂固的劣习，并非是通过口舌之辩就能改变的。要想成就美好的品德，就必须慎重选择交谈的对象，常与君子倾心交谈，我们才能舌绽莲花，变得睿智深沉、风趣幽默，与出口成脏、满口胡话的人交谈，很有可能我们并没有改变这类人，反而被同化了，另外一种可能是他们和我们没有共同的语言，也达不成共识，除了争吵和怨恨外，我们不会有其他收获。荀子说不与无礼之人交谈争辩，在今天看来仍然是有一定道理的，非常值得我们深思和借鉴。

6. 坚守信念，成就完美品格

我们崇拜和爱戴名士，不仅是因为他们在某一领域取得了卓越的成就，更因为这些人身上有着值得我们崇敬和学习的品质，其中最打动我们的是，他们所持有的坚定不移的信念。一个拥有强大信念的人，在任何情况下都不会丢弃自己的德行和操守，所以荀子说："德操然后能定，能定然后能应。能定能应，夫是之谓成人。天见其明，地见其光，君子贵其全也。"拥有不可动摇的信念才能自如应对，成就完美人生。

无论是在为学还是修身养德方面，信念都是不可或缺的要素，人生就像一场马拉松，没有信念的支撑，我们很难圆满跑完全程。信念有如暗夜中的火把、沙漠中的水源，将给我们带来希望和力量，让我们远离黑暗和阴霾，走向光明的坦途。信念是我们不断前进的动力，在它的指引下，我们会竭尽全力做到最好，不给自己的人生留下遗憾和悔恨。

有了信念，无论处境多么恶劣，我们都会一心向学；有了信念，无论承受过多少挫折打击，经历过多少痛苦，我们都会爱惜自己的羽毛、珍视自己的品德，不至于走上歧途。荀子说心存信念、德行完美无缺的人，上苍会向其显示光明，大地会向其显示辽阔，这样的人必定是胸怀宽广、内心澄明的。因为拥有不懈的追求和坚定不移的信念，他们才能克服万难，一步步走向黎明的曙光。因为拥有钢铁般的意志和美好的品德，他们才能奋发向上，把自己塑造成更坚强更善良的人。

荀子认为君子一生都要坚守追求美好德操的信念，“生乎由是，死乎由是”，生时如此，死亦不变。君子既要有扎实的学识、良好的道德操守，又要有仁爱之心，把塑造完美人格当成自己最大的追求，排除干扰潜心修炼，不为声色、厚味所惑，受到任何压力也不屈服，在任何时候都稳若磐石岿然不动，直到走向生命的终点。

宋振中在潮湿阴暗的女牢中长大，他刚刚降临人世八个月，就失去了自由，成为了监狱里年龄最小的囚犯。他的父亲是杨虎城将军的秘书，母亲是社会上的进步人士，因为受到反动派的迫害，夫妻俩双双入狱，他也因此被关进了监狱。由于吃着牢房的霉饭长大，宋振中长期营养不良，长得面黄肌瘦，身材非常矮小，脑袋因而就显得特别大，于是狱友们就给他起了个形象的外号——小萝卜头。

小萝卜头的成长环境非常特殊，他小小年纪就开始了漫长的铁窗生涯，各方面的条件都无法和正常的儿童相比。可就是在这样艰苦的环境下，他仍然没有放弃学习，没有纸笔等学习工具，他就用石头在地上写写画画，无论严寒酷暑从不间断，不但认识了不少汉字，还学会了算数。9岁生日那天，他得到了一支笔和几张纸，那是他收到的最珍贵的礼物，他一直珍藏着舍不得用。

小萝卜头不仅酷爱学习，还非常懂事善良，妈妈心疼他，靠做苦工给他换大豆吃，可每次吃饭时，他都是先让妈妈吃。为了让妈妈有柔软舒适的鞋子穿，他收集了不少破布条、破袜子做面料。小萝卜头很有孝心，对待狱友也十分友好，大家都很疼爱这个爱学习、懂礼貌的好孩子，最难能可贵的是他对弱小的生命也十分怜惜。

有一天，他发现了一些翅膀翠绿的漂亮飞虫，这些虫子头顶上有一层近乎透明的薄壳，乍一看去煞是好看，衬着纤细的身体和红色的小眼睛，更是迷人了。到了春天，它们就纷纷闯进了铁窗，仿佛是为了陪伴那些被长年关押的人们。小萝卜头看到这美丽的小生灵，忍不住叫了起来："这小虫真好看。"说完就伸手捉了一只。当他想再捉一只小虫时，其他的虫子受了惊扰，都纷纷飞走了。

小萝卜头动作轻柔地把小虫捧在掌心里，生怕它受到一点伤害。他担心小虫冷，就用火柴盒给小虫做房子，可是刚把小虫推进去的时候，发现它惊恐不安地在盒子里爬动着，好像是想马上逃跑。小萝卜头这才想到火柴盒也是一个小小的牢房，小虫被关进去就等于失去了自由，难怪它会那么抗拒了。小萝卜头不忍心这漂亮的小虫遭受和自己一样的困境，于是把小虫从火柴盒里拿了出来，轻声对它说："飞吧。"

小虫挥动了几下翅膀，缓缓地飞出了铁窗，转眼间就不见了。小萝卜头高兴地嚷着："太好了，它飞回家去了。"比自己获得了自由还兴奋。因为心存信念，小萝卜头即使饱尝人间酸甜苦辣，也从来没有绝望过，他努力地学习文化知识，努力地践行美德，做了许多孩子做不到的事，他的故事一直在民间流传，给无数人带来了鼓舞，也打动了很多人，他使人们知道信念可以让人变得善良和美好，也可以让人变得坚

韧，一个人一旦拥有了信念，就是不可战胜的。

荀子把修德向善视作永恒不变的信念，故而他成就了自己，成为了一代贤者，无论遭受怎样的噩运、承受多少苦难，他都没有动摇过自己的信念。荀子凭借才学和人品，曾三度被推选为学宫祭酒，他的成功遭到了别人的妒忌，于是有些小人不停地向齐王进献谗言，齐王信以为真，疏远了荀子。荀子离开齐国时已经是个 81 岁高龄的老翁了，不知何去何从，晚景十分凄凉。后来流落到楚国，受到春申君重用，担任兰陵令，可惜好景不长，他又一次因为有人进献谗言而遭到辞退。随后荀子去了赵国，春申君后悔自己赶走贤士，再三请他回楚国继续担任兰陵令。春申君去世后，荀子的仕途之路也走到了尽头，他的晚年是在著书立说和教书育人中度过的。

荀子的人生有过多次大起大落，而且不止一次地遭受到别人的陷害和诽谤，可他始终没有改变自己的初衷，一直把为学修德当作自己的毕生追求，因而才成为受人尊敬的伟大学者。我们也应该像荀子那样，无论经历过多少失意，都不能放弃心中的信念，要始终奔着绿洲和阳光的方向前进。

7. 信言不美美言不信，忠言逆耳利于行

俗话说："良药苦口利于病，忠言逆耳利于行。"忠言虽然刺耳，但却比甜言蜜语有价值，它使我们能充分看清自己的缺点，督促自己改掉恶习、保持美好的品德，不过绝大多数人都不喜欢倾听逆耳的忠言，而是宁愿听信花言巧语，这是非常不可取的。

荀子认为人生而不完美，只有通过后天的学习，才能成为德智双全的有用之才，所以在求学修德的道路上应该"好善无厌，受谏而能诫"，

不断地接受良师益友的批评指正，才能有所作为，而一味沉湎于好听的假话，就会走上错误的道路。他说："以善先人者谓之教，以善和人者谓之顺；以不善先人者谓之谄，以不善和人者谓之谀。是是非非谓之知，非是是非谓之愚。伤良曰谗，害良曰贼。是谓是，非谓非曰直。窃货曰盗，匿行曰诈，易言曰诞。趣舍无定谓之无常。保利弃义谓之至贼。多闻曰博，少闻曰浅。多见曰闲，少见曰陋。难进曰偍，易忘曰漏。少而理曰治，多而乱曰秏。"意即要以能提出批评，给予自己中肯评价的人为师，以适度赞赏自己的人为友，远离口蜜腹剑、谄媚自己的小人。君子尊师重友，能接受批评反省自己，因而能不断取得进步。心胸狭窄的人忌恨批评，希望别人言不由衷地奉承自己，这样的人孤注一掷，简直就是自掘坟墓。

荀子说亲近诚意批评自己的人，疏远阿谀奉承的人，才能修身养德，业有所成。为学的终极目标在于塑造健全的人格和美好的品质，每个人都是有瑕疵的毛坯，不接受批评指正又怎么能完善自己呢？所以不要害怕批评，而要把恰当的批评当成修正自己的工具，坦然接受它，并且要感谢对自己说真话的人。

唐朝历史上最令人称道的明君当属唐太宗李世民了，然而明主的背后通常离不开贤臣的辅佐，尤其离不开敢于触犯龙颜、直言敢谏的谏臣，那么李世民身边这位敢于犯上的大臣是谁呢？就是个性耿直的名臣魏徵。

有一次，唐太宗和魏徵讨论治国之道，唐太宗问："历史上的帝王，为什么有的是明君有的是昏君呢？"魏徵一针见血地说："兼听则明，偏听则暗。"他列举了上古时期尧舜两位开明圣主的治国之道，将其与秦二世和隋炀帝这样的暴君作对比，总结道："治理国家如果能善于听取意见，广开言路，就不至于被蒙蔽了。明君乐于接纳忠言，下情就能顺利传达，国家因此大治。昏君孤注一掷，不能听取良言，长期闭目塞听，所以昏庸。”

唐太宗深以为是，作为人君他虽然具有至高无上的权力，但对于魏徵始终存有几分敬畏之心。魏徵在担任谏臣期间，上谏超过二百项，经常义正词严地指出唐太宗的过失，有时不留一点情面，即使在唐太宗动怒之际也敢据理力争，素以忠耿直谏著称，而唐太宗又是一位善于采纳忠言的明主，君臣二人因此留下了不少佳话。

相传，唐太宗得到了一只漂亮伶俐的鹞鸟，甚为喜欢，经常和鸟儿逗趣。有一天，他正在兴致勃勃地逗鸟，忽然看见魏徵从不远处走了过来，情急之下就把鹞鸟藏在了怀里。其实对于唐太宗的这个举动，魏徵早已看在了眼里，于是便故意向唐太宗宣讲大道理，说古时帝王因为贪图享乐以致玩物丧志丢了大好的江山，劝谏唐太宗应以史为鉴，千万不要步这些昏君的后尘。魏徵讲起道理来便滔滔不绝，唐太宗无法打断他，只能任鹞鸟闷死在自己怀里。

唐太宗曾经想大兴土木兴建洛阳宫，中牟县丞皇甫德参极力反对，他上书说：“修建洛阳宫，劳弊百姓；收取地租，数量太多；妇女喜梳高髻，宫中所化。”唐太宗见了奏疏勃然大怒，他气愤地说：“皇甫德参想让朕不役一人，不收一分地租，他才肯满意。”说完就要降罪于皇甫德参。魏徵启奏道：“圣明的君主应该择善而从之，请陛下三思。陛下最近不喜直言，虽能勉强包纳进谏的臣子，但不如以前那样豁达……”唐太宗彻底被魏徵说服了，后来不仅没有惩罚皇甫德参，还对其表彰了一番，提拔他为监察御史。

魏徵病逝以后，唐太宗非常伤心，他难过地说：“以铜为镜，可以正衣冠；以古为镜，可以知兴替；以人为镜，可以明得失。现在魏徵死了，我失去了一面好镜子。”正是因为魏徵的劝谏，唐太宗改正了许多缺点，成为治国有方的贤明君主，国家迎来了空前的昌盛和繁荣。因为唐太宗拥有普通君王没有的胸怀和雅量，把逆耳的忠言当成了治国的良方，这才使得忠臣得以重用、国家变得强盛和安定。

明镜从不遮掩缺陷和瑕疵，就如同逆耳的忠言一样，能让人充分看清自己的真实面貌。忠言虽然刺耳，但有助于端正我们的行为，我们应该欣然采纳。荀子说世人不具备无可挑剔的品格，必须不断反省自己的失当之处，才能成就美好的品德，良师益友若是乐于督促自己，又何乐而不为呢？正所谓“信言不美，美言不信”，近良师择良言，把刺耳的忠言当成校正自己行为的金玉良言，杜绝顺耳的假言假语，就能及时改正自己的错误，不断完善自身，成为贤德之人。

8. 高尚的品质恒久如一，永不褪色

古人重视修身养德，经常把伦理道德和做人做学问紧密结合在一起，荀子作为一名大教育家，将道德修养和治学有机结合起来，甚至达到了水乳交融的地步。在他看来治学要以立德为先，学习就是为了陶冶心灵、涵养德性。他在《修身》篇中曾这样阐述对君子的要求：“君子贫穷而志广，富贵而体恭，安燕而血气不惰，劳倦而容貌不枯，怒不过夺，喜不过予。君子贫穷而志广，隆仁也；富贵而体恭，杀埶也；安燕而血气不衰，柬理也；劳倦而容貌不枯，好交也；怒不过夺，喜不过予，是法胜私也。”其意是说，君子在穷困时志向远大，富贵时恭谨待人，安逸时不懈怠，疲倦时容貌不枯朽，恼火时不失分寸，高兴时也不过度兴奋。

荀子认为真正的君子应该始终保持美好的品性，不因穷达而改变，不因喜悲而失态，高尚的品质恒久如一，永不褪色，如此才能称得上是有道德有修养的人。人常道：人穷志不短，富贵不能淫，贫贱不能移。我们不能因为一时的穷困而失去了志向，也不能因为一时的富贵显赫而

变得骄奢蛮横；生活困顿不坠青云之志，富贵显达时依然能平易近人，不改做人本色，这样才算得上有君子之德。荀子认为一个人是否善于控制自己的情绪也是衡量其素养的一个关键指标，喜怒之际表现得都不过火，对自己的情绪有所克制，任何时候都保持谦谦君子之风，才算得上是有涵养有品德。

当今时代，综合素质越来越受到重视，其中道德素质和知识文化水平、职业技能水平被并列为三项最不可或缺的内容，而人品向来被看作比其他素养更重要的因素。荀子把培养美德当成为学的终极目标，在今天看来，依旧是非常符合社会潮流的。他提出的不因穷达、悲喜而改变的恒久美德，同样适用于当下的环境。

有两位白手起家的企业家，两个人的人生轨迹有着诸多的类似之处，名望地位以及企业的规模也大致相同，广大投资者在进行入股投资时难免会将两人反复比较，然后才会做出最后的判断。经过一番调查，投资者发现两位企业家虽然有着很多相似的经历，但他们却是两种截然不同的人，于是人品就成了大家重点考察的一项内容。

第一位企业家出身贫苦，曾一度因为自己家境不好而自怨自艾，生活潦倒时常常一个人喝酒买醉，年纪轻轻就丧失了志向。他最讨厌别人在自己面前妄谈理想，如果有人引用陈胜的“燕雀安知鸿鹄之志”，他就反唇相讥道：“如果你真是鸿鹄，那么拥有鸿鹄之志也没有什么不对，但如果你生在燕雀窝里，就是一只十足的燕雀，却张口闭口地谈论鸿鹄之志，岂不让人笑话?”对方听了这番话，只好自讨没趣地离开了。

后来这位企业家和朋友合伙开了一家公司，最初他也只是想定期获得一点收益而已，并没有把公司做强做大的远大目标，两年后因为市场形势大好，公司的业绩迅速蹿升，这位企业家从一个名不见经传的私企老板瞬间变成了商界名流。身份的突然转变，让他既狂喜又不适应，财大气粗以后他变得日益傲慢起来，对员工颐指气使，动辄大发脾气，对和自己曾经同甘共苦的合伙人也越来越不客气，常常因为一点小事吵得面红耳赤，搞得公司上下怨声沸腾。

第二位企业家同样出身贫寒，在功成名就之前他也有过一段艰辛的岁月，可是无论生活多么艰难，他始终不曾改变自己的志向，他发誓要做出一番成就，并立志成为一个有道德有涵养的儒商。创业之初他没有太多资金，于是便和朋友合伙开办了一家小公司，几个人同舟共济经历了一段非常难忘的奋斗岁月。因为市场前景看好，公司的产品一度旺销，公司积累了巨额利润，这位企业家也成为了备受瞩目的商界名人。

面对成功，第二位企业家始终不改本色，他性情温和，成为商界名流之后，对待别人还是那么谦和，而且从来不因为自己地位高，就对他人乱发脾气，因此无论是在业界还是公司内部，他都具有良好的口碑。

投资者经过比较之后，觉得还是把资金投放到第二位企业家那里比较放心。果然一年之后，第一位企业家公司里的人才大多跳槽了，合伙人也纷纷弃他而去，公司的效益不断下滑，几乎快要破产，而第二位企业家公司里人才济济，合伙人也乐于密切配合他的工作，公司上下都十分融洽，大家同心协力一起为公司更加辉煌的明天奋斗，公司的效益越来越好，投资人也获得了丰厚的回报。

人格魅力在任何时代都是一种资本，有道德有修养、品性高尚的人，无论身在何方都会受到别人的尊敬和爱戴，他们能始终如一坚守自己的本性，不因穷困而气馁，不因富贵而骄纵，不因盛怒而苛责于人，这样的人必定有着良好的声誉和广泛的人缘，所以往往更容易取得成功。

孙子韬略之道

《孙子兵法》是我国古代第一兵书，它不仅是一部杰出的军事理论著作，还是我国传统文化的重要组成部分，堪称中华文明遗产中的璀璨瑰宝。它集“韬略”与“兵法”之大成，深入地解释了竞争规律的一般法则，被广泛应用于军事领域、商业和职场、生活等方面，其中所蕴含的深刻哲理，依然能带给我们很多启示。孙子的智慧散发着理性的光芒，它能引导我们走出各种复杂的困局和迷宫，带领我们从幽暗泥泞之路走上光明的坦途。

孙子提出的“以智克力”、“以柔克刚”、“不战而屈人之兵”等战略思想，堪称解决实际问题的良方，它能使我们多一分理性和智慧，少一些冲动，采用更恰当的方式解决工作和生活中的各种难题。

第九章

竞争宝典：提升核心优势，亮剑职场

《孙子兵法》是公认的兵家圣典，它所阐述的韬略之道和取胜之道，暗含着竞争的一般原则，所以从某种意义上说，这部博大精深的兵书其实也是一部竞争宝典，可以被广泛运用到社会各方面。

从表面上看，职场竞争远没有战场竞争那么残酷，但事实上，没有硝烟的战争其激烈程度并不输于战场。一个人如果没有核心优势，要么被埋没，要么被淘汰，唯有不断提升自身的竞争力，才能立足社会，超越平庸，实现自己的职业发展目标。《孙子兵法》强调的是理性竞争，它所提出的竞争方略完全可以被应用到现代职场上，如果我们懂得活学活用《孙子兵法》，必然会获益良多。

1. 和时间赛跑，做职场快马

我们知道两人交锋，成败的关键在于速度和爆发力，而对于千军万马的战争来说，速度更是制胜的关键。《孙子兵法》有云：“兵贵胜，不贵久。”意思是说，用兵之道贵在取胜，取胜之道贵在速战速决。

孙子认为：“凡用兵之法，驰车千驷，革车千乘，带甲十万，千里馈粮。则内外之费，宾客之用，胶漆之材，车甲之奉，日费千金，然后十万之师举矣。其用战也，胜久则钝兵挫锐，攻城则力屈，久暴师则国用不足。夫钝兵挫锐，屈力殚货，则诸侯乘其弊而起，虽有智者不能善其后矣。故兵闻拙速，未睹巧之久也。夫兵久而国利者，未之有也。故不尽知用兵之害者，则不能尽知用兵之利也。”兴兵作战会消耗大量的人力物力，久攻不克不仅要面临军费不足的压力，还会挫伤士兵的士气，故不能速战速决就可能吃败仗。

在残酷的战场上，作战是要分秒必争的，在现代社会激烈的竞争中，时间同样重要。在军事家看来，时间就是胜利。对我们而言，时间就是效率。虽然我们每个人一天都拥有二十四个小时，但在同等时间里完成的工作量却是不一样的。正所谓职场如战场，人与人之间的竞争，归根结底就是工作效率的竞争，一个人若想在职场上脱颖而出，就必须把自己培养成高效能人士，用最短的时间出色地完成各项工作，让自己处处跑在别人前面，如此才能提升自己的核心竞争力。

高效快捷的工作方式与战场上的速战速决遵循的是同一原理，孙子强调快战而不是久战，既充分考虑了经济上的因素，又考虑到了心理因素。战争需要巨大的投入，如战车、粮草、武器、兵丁等，久战是任何一个国家的国力支撑不起的，故作战宜速不宜久。对于一个企业而言，想要维持正常运转，也需要不小的投入，除了硬件设施以外，人力成本和时间成本也是不可忽视的，节约成本也就意味着提高利润，故高效的员工素来备受青睐，而低效的员工最容易出局。从心理因素看，久战无果会令兵将对战争失去信心，进而导致连连失利，直至彻底输掉整个战役。在职场上也是如此，如果他人都是一匹快马，唯有你被远远甩在后面，每天忙得焦头烂额，就是无法及时完成工作任务，久而久之也会对自己的能力产生怀疑，进而失去信心，最终导致自己在竞争中落败。所以速战不仅是战场上的黄金法则，也是职场上的实用宝典。

林菲是一名刚出校门不久的名校毕业生，初入职场她对一切都很不适应，每天忙得不可开交，可工作效率总是不上去。每到月底绩效考核时，她总是位于最后几名，因为工作效率不高，她多次受到老板的批评，甚至收到了最后通牒，假如她接下来的表现还是不能尽如人意，就得另谋高就了。

林菲感到十分委屈，因为她不曾浪费过一分钟呀，工作效率不如别人，也只是能力上的差距，老板却批评她工作态度不端正，这确实很不公正。不过一味地叫屈是没有用的，想要在职场上立足，必须要攻克效率这一关。接下来的日子里，林菲冷静地观察了一下资深的同事，发现同事的付出并不比自己多，但因为懂得如何利用时间，总能快速地完成老板交给的各项任务，有的同事还能余下一点时间查漏补缺，所以工作效率非常高，工作质量也很有保障。反观自己，虽然同样是八小时，因为不懂时间管理，常常忙到下班也没有完成几项工作，最后不得不把当天的工作拖到第二天做，结果工作越积越多、越忙越乱。

后来林菲虚心地向同事请教了提高工作效率的方法，工作起来果真轻松了很多。每天工作之前，她都会对一整天的工作做好规划，合理分配八小时的时间，计算好单位时间完成的工作量，而且还要分清轻重环节，优先处理紧急重要的工作，这样老板就不会因为她耽误了紧急的工作而发火了。林菲还非常注重总结工作经验和方法，由以前的埋头苦干变成巧干，进一步提升了工作效率。等到月底考核时，她成了公司里进步最快的员工，受到了表扬，而排在末尾的几名员工则惨遭淘汰。

有人也许认为工作和行军打仗是完全不同的，职场上看不见刀光剑影，即使效率不高也不用担心被对手斩落于马下，怀有这个想法就大错特错了。可以毫不夸张地说，当代职场的竞争就是一场没有硝烟的战争，而赢家通常是讲求效率的人，低效能往往意味着失败。想要让自己立于不败之地，必须让自己像能征善战的将军一样，出色、高效、快捷地完成自己的任务，要领先一步把胜利的旗帜牢牢地插在双方争夺的土地上，否则就可能输得措手不及。总之，效率是提升个人竞争力最有效的利器，谁掌握了它，谁就能在激烈的竞争中优先胜出。

2. 与其费力弥补短板，不如将长处发挥到极致

历史上发生过许多以少胜多的著名战役，比如巨鹿之战、官渡之战、淝水之战等，这说明兵力的多寡和实力的强弱，并不是决定战争胜负的绝对因素，有的军队在双方实力悬殊的情况下能最终胜出，究其原因是，懂得如何趋利避害、扬长避短。《孙子兵法》中说："计利以听，乃为之势，以佐其外。势者，因利而制权也。"即采用有利的计谋，造成有利的态势，辅以其他军事行动，就能做到因利制权。有利的计策是经过利害权衡后的产物，只有扬己之长、避己之短才能扭转不利的态势，以微小的代价获得最后的胜利。

司马迁在《史记·淮阴侯列传》中说："善用兵者，不以短击长，而以长击短。"意思是善于用兵的杰出将领，不以自己的短处攻击对方的长处，而是用自己的长处攻击对方的短处，其军事思想与《孙子兵法》如出一辙。再强悍的军队其实也有软肋，再弱小的军队其实也有长处，以己之长攻敌方之短，就能微妙地扭转战局。《孙子兵法》有云"激水之疾，至于漂石者，势也"，即水势集中之地连石头都能漂起，在战略上充分发挥自己的优势，克服自身的劣势，就能所向披靡，成功战胜强敌。

俗话说："尺有所短，寸有所长。"在战场上不存在无懈可击的完美军队，也不存在一无是处的队伍，其实人也一样，每个人都既有优点又有缺点，充分认清自己的特质，懂得扬长避短，才能打赢人生的战役。不可否认的是，人在能力和天赋方面是有差异的，这就好像古代战场上对阵的双方在实力上是存在差距的，以弱胜强、以多敌少的例子，在人

类的军事史上不胜枚举，然而在职场上能崭露头角的人物往往不是实力最强的，而是最善于发挥自己长处的。

赵琦多年来一直从事管理工作，他思维严谨，又有组织领导才能，可惜口头表达能力有所欠缺，所以职业发展陷入了瓶颈，升到副总以后迟迟晋升不到总经理的位置，为此，赵琦感到很苦恼，为了练好口才，他主动要求把自己调到市场部，以为这样就能弥补自身的短处。在市场部辛辛苦苦地跑了一年业务，赵琦没有取得任何成就，业绩在部门之中算是中等偏下，口才也没有得到提高，最后他只好又向上级申请调回原来的部门。

赵琦在总结经验时，充分认识到自己的优势在于策划能力和领导能力，他善于宏观管理，并不擅长口头宣讲，与其强迫自己像销售员那样伶牙俐齿，还不如一门心思做好自己的领导工作。此后，赵琦尽力规避劣势，充分发挥自己的优势，把公司管理得井井有条，遇到开会发言时只是言简意赅地发表看法，力求一针见血，不再在口才方面苛求自己，剩下的时间让员工畅所欲言地讨论，经过一番调整，工作变得更有成效了，不但老板更加信赖和倚重他，员工们对他也爱戴有加，没过多久，他就被提拔为部门经理。

后来赵琦招聘了一个专门拟写发言稿的秘书小李，小李文笔不错，只是不擅长沟通，常常弄不清上级的要求，又不愿意主动询问，这让赵琦很是不满。经过长时间相处，赵琦发现小李性格沉闷，但做起事来一丝不苟，假如稍加指点，就能出色完成工作。过了一段时间，赵琦听说小李曾经在大公司的研发部门做过技术员，不清楚是因为什么缘故辞职了。经过一番交谈，赵琦才明白事情的缘由，小李在研发部门只待过很短的时间，所以就没写进简历里。

“那么当初你为什么辞职呢?”赵琦问。“我不擅长讲话，有一次有位资深同事做错了事偏偏说问题出在我身上，我百口莫辩，一气之下就辞职了。”小李说。“既然你最擅长的是搞技术为什么要应聘秘书呢?”赵琦又问。“我想通过写东西锻炼自己的思路，逐渐提升口头表达能力，这样以后遇到事情时我就不至于讲不清楚了。”小李如实说。眼见这位下属做错了职业规划，赵琦毫不犹豫地把自己的经历讲给了小李听，并鼓励他到研发部门工作，小李被说动了。进入研发部门后，小李虽然口才没有什么长进，却在自己擅长的领域做出了一番成绩，短短一年时间就被评为研发部的优秀员工。

每个人都有专长，也都有弱点，与其取长补短，不如扬长避短，最大化地发挥优势、规避劣势是最直接最有效的制胜方案。有时候人的固有弱点就像军队的硬伤一样，是不可能在短时期内补救的，军队人数的多寡、武器装备的先进性等因素都是一些硬性的东西，这些因素在很短的时期内是不可能发生实质性改变的，孙子强调智谋，就是为了扬长避短，化不利为有利。在现实生活中，我们身上固有的缺点和弱项，也不是在短时间内就能改变的，所以避开弱点，充分发扬自身的优点，才能让自己变得闪光和不凡。所谓的精英不是没有弱点，而是能把弱点对自己的影响降到最低，将自己的优点发扬光大，这才是他们在专业领域大放异彩的不二法宝。

3. 主动出击永远好过被动挨打

在势均力敌的战场上，谁能争取到主动权，谁就能赢得战争，主动出击永远比被动挨打更具策略性。孙子在《孙子兵法·虚实》篇中这样描述先发制人的战略思想，他说：“凡先处战地而待敌者佚，后处战地而趋战者劳。故善战者，致人而不致于人。”意思是说，先对方一步进入战场，然后以逸待劳，把战争的主动权牢牢握在自己手里，牵着敌人的鼻子走，使其陷入被动，最后一举击垮敌人。

在残酷的战场上，先敌军一步便占据了绝对的优势，先到达战场就意味着有充分的时间进行战略部署，而且可以使军队得到充分的整顿和休养，后到达战场则意味着疲于应战，兵马风尘仆仆地赶来，还没有来得及休息就被迫卷入了战斗，如此仓促作战哪有不败的道理。孙子说，善战者总能调动敌人，却从不受制于人。“致人而不致于人”是孙子军事思想最为重要的原则之一，其实在职场上这一战略思想同样适用。

有时平凡和卓越之间并非存在着鸿沟般的差距，有些人之所以表现平平、庸庸碌碌，不是因为自己能力不济或者太过平庸，更深层次的原因是缺乏主动工作的精神。同样的道理，有的人能超越平庸，并非是因为具有卓尔不凡的特质，而是因为无论做什么事，都能先发制人，无须别人提醒就能主动积极地完成工作，这样的员工怎能不受公司青睐和喜欢呢？

余辉在一家公司工作近两年了，许多后加入公司的同事都陆陆续续地升了职，唯有他还在原来的岗位上，一次也没有被提拔过，为此他很是想不通，终于忍不住和老板讲起道理来。他不敢直接表达不满，只是旁敲侧击地说：“老板，我可曾有过迟到早退违纪的行为吗？”老板爽快地说：“没有。”“那公司是不是对我有什么偏见？”余辉进一步问。老板很快地回答道：“当然没有。”

余辉得到了满意的答案，便壮起胆子说：“那么为什么资历不如我的人都纷纷得到了提拔，而我作为一个老员工，却一直待在微不足道的岗位上？”老板没有直接回答，而是笑笑说：“这件事过会儿再说，我一定会给你一个明确的答复。现在我手头上有件要紧的事要处理，你先帮我把这件事办完吧。”

老板说有个大客户想要前来公司考察，于是交代余辉联系对方，问清客户来考察的具体时间。余辉接到了任务就回到了办公室。过了一会儿，老板把余辉叫到了自己的办公室，问：“联系上客户了吗?”余辉回答道：“联系上了，客户说可能下周就来。”“下周星期几来?”老板进一步问。“我没细问。”余辉如实答道。“对方几个人来?”老板又问。“您没有让我问这个问题啊。”余辉说。“那他们是坐飞机来还是坐火车来，几点到达咱们公司啊?”老板问。“这些问题您也没让我问啊。”余辉越说越急。

老板不再说什么了，而是打电话把小张叫了进来。小张进公司刚满一年，现在已经是公司的部门主管了。老板把相同的任务交给了小张，没过多久，小张就来汇报工作了，他言简意赅地回答道：“客户下周周五乘坐下午三点的班机，大约在晚上六点左右能到达我市的机场，前来考察的共有五人，由部门王经理带队，我已经安排了相关人员到机场迎接。客户方说计划考察两天时间，为了方便工作，我打算为他们预定公司附近的酒店，只要您同意，我马上预定房间。假如情况有什么变化，我会随时向您报告。”

老板满意地点点头，表示可以预定公司附近的酒店，小张出去后，老板对余辉说：“现在我们可以来谈谈你的问题了。你明白你和小张的差距在哪里了吗?”余辉红着脸说：“他考虑事情很周详，这点我比不上他。”“还有吗?”老板又问。余辉没有应声。老板接着说：“小张做什么事情都很主动，不用我提醒就能把事情办妥，吩咐他办事我既放心又省心。在这一点上，你就远远不如他了，每件事情都需要我来安排，大事小事都要我来吩咐，你知道我管理一家企业每天要处理多少事情吗？如果手下的员工都像你那么被动，我该有多累多忙啊。”余辉一声不吭地走出了办公室，他终于明白自己不受重用的原因了。

如果想在职场竞争中胜出，只是埋头工作是不够的，还需要让公司看到你与众不同的一面，不要被动地等着上司给自己安排工作，而要主动地思考自己应该为公司做些什么，然后竭尽全力做到最好。凡事领先别人一步，积极主动地完成工作，就等于掌握了“先发制人”的职场战略，终有一日会从平凡的岗位上脱颖而出。

4. 机遇只钟情于有准备的人

用兵打仗，机遇至关重要，所谓机不可失，时不再来，谁能果断地抓住有利的机会，谁就能控制住整个战局。孙子在《九地》篇中提出了“践墨随敌，以决战事”的军事思想，意思是执行作战计划的时候要随着敌情的变化适时调整行动，不能把胜利的希望寄托在敌军偶然的失误上。孙子强调要根据战况准确把握最有利的时机，要根据客观环境的变化及时调整策略，不能存有侥幸心理。

常言道机会青睐于有准备的人，在兵戈相见的战场上，少有天赐的良机，只有精心的准备和严密的部署安排。一名杰出的将领之所以能够抓住稍纵即逝的机遇，是因为他为那一刻等待和酝酿了很久。《孙子兵法》有云：“不可胜者，守也；可胜者，攻也。”意即无可乘之机，没有把握取胜，可防守待之；有可乘之机，确信可以战胜敌人，就要采取进攻的策略，否则就会失去千载难遇的大好时机。攻与守的策略取决于敌我双方的具体情况，情形对敌军有利对我军不利就要采取防守策略，反之就要当机立断地抓住机遇，迅速歼灭敌军。

人们常把机遇看作运气或是一种偶然现象，我们不否认机遇具有一定的不确定性和偶然性，但偶然之中包含着必然，毕竟仅凭运气取得节节胜利的情况是少之又少的，兵家认为，机遇的把握有赖于细致的观察和清醒的判断，仅凭好运是不可能赢得胜利的。在现实生活中也是如此，机遇无处不在，但机遇来临时，不是每个人都善于把握机遇和利用机遇，不少人因为一时疏忽而与机遇失之交臂，只有时刻准备着的人，才能在关键的时刻把握住人生的机遇，从而改变自身的命运。

在职场中，机遇就像一只隐形的鸟，只青睐于善于思考、勇于追求的人，当机遇降临到你面前时，你若是不善于发现或者徘徊不前，抑或无所适从，就有可能造成永久的遗憾。有时你与机遇只有几步之遥，你有可能与它擦肩而过，也有可能与之同行，开启人生的新篇章。

冯刚总是向朋友抱怨自己运气差、机会少，大学毕业三年了，他觉得自己没有得到过一次良机，工作非常不顺，眼看同学都交了好运，发展得顺风顺水，他感到心里很不是滋味。朋友小刘耐心听完他的牢骚，没有直接发表什么看法，而是语气平静地向其讲述了发生在自己身上的事。

小刘大学毕业时，找工作非常不顺，接连几次碰壁后，他心灰意冷了，随意地进了一家小企业，而且是从最基层做起。起初他抱着先就业后择业的思想进入了职场，后来越来越不能忍受这样低的人生起点，他看不到希望，认为自己这辈子都不会再有机会改写人生了，因此越想越郁闷。为了缓解压力，他每当心情不好时就会带着渔具到湖边钓鱼，希望垂钓活动能帮自己排解情绪。没想到他接连换了好几个钓鱼的地点，都没有钓上多少鱼，有时一无所获，运气好的时候也不过只是钓上了两三条小鱼而已。鱼篓越换越小，最后他索性弃用鱼篓，带着一根钓竿和鱼饵就上阵了。

有一天，小刘的同事老黄带着一只大鱼篓陪他一起钓鱼，老黄的钓鱼技术也不怎么样，可却提着很大的一只鱼篓，小刘觉得很好笑。更有意思的是，老黄还额外带了一只小鱼篓，仿佛一只大鱼篓还不够装似的。来到湖边以后，老黄见小刘没带鱼篓，就打算把自己的小鱼篓送给他。小刘却说："我只能钓到两三条小鱼而已，用手拿就行了，根本用不着鱼篓。"

话音刚落，就有一条大鱼咬钩了，小刘赶忙收竿，把鱼放进了小鱼篓里。孰料接下来又有好几条大鱼接连不断地被钓上来，看来他们是遇上鱼群了，老黄已经收获了满满一大篓鱼，小刘的收获也不少，只可惜鱼饵不够用了，虽然借用老黄的鱼饵又钓到了不少鱼，但是没有鱼篓盛装这多余的鱼了，他只好把那些活蹦乱跳的鱼全都抛到了湖里。

经历那次钓鱼事件以后，小刘忽然明白了一个道理：机会只留给有准备的人，而不会留给整天抱怨不休的人，自己没有收获首先要反躬自问有没有准备好渔具，若有大鱼上钩之后是不是有鱼篓装，有时两手空空一无所获是自己让机遇从眼前白白溜走了，而不是一直没有得到机遇的垂青。冯刚赞同地点点头，从此也停止了抱怨。

多年以后，冯刚晋升为部门主管，小刘则拿下了博士学位，成了知名大公司竞相追逐的对象，两人聚在一起钓鱼的时候，又重温了那个有关鱼篓的故事，这次他们都准备了硕大的鱼篓，所以全都满载而归。

每当你抱怨运气不佳，埋怨机会总是垂青别人却不肯降临到自己头上时，是否认真反思过自己准备得充分吗？是不是机遇来敲门时，自己茫然无应呢？抑或是因为一时的措手不及而痛失了机遇呢？

5. 把自己培养成德智兼备的将帅之才

俗话说：“千军易得，一将难求。”一支军队纵使兵强马壮，没有良将的指挥，整个战斗便无法进行，更不要说击溃敌军了。孙子很看重将帅在战场上发挥的作用，他说：“故知兵之将，民之司命，国家安危之主也。”他认为善于用兵的将帅不仅掌握民众的命运，还关乎国家和民族的生死存亡。在《谋攻》篇中他进一步强调了良将对于国家的重要意义：“夫将者，国之辅也。辅周，则国必强；辅隙，则国必弱。”即良将可以安邦辅国，振兴国家。

每支军队都有自己的将帅，但真正杰出的将帅可谓是凤毛麟角，这也是少数战功赫赫的将领能够名垂青史的根本原因。那么什么样的将帅才算得上是运筹帷幄的稀缺人才呢？孙子在《始计》篇中提出了五项标准，即智、信、仁、勇、严。智指的是智慧、谋略和用兵之道，它是一个将领能够统领三军最基本的条件。信指的是信用，仁指的是仁爱之心，这两项标准是对将领品格和道德素质的要求。将领要言而有信、以诚为本，才能取信于人，发号施令。将领能仁慈地对待部下，才能获得广泛爱戴，使其死心塌地地追随自己、奋勇作战。勇指的是勇敢，这是将领必备的品质，将领只有具备身先士卒的精神，士兵才能冲锋陷阵，甘愿抛头颅洒热血。严是指纪律严明，将领严明法纪，部队才能井然有序，否则就会混乱不堪。

翻阅史册，我们会惊讶地发现真正具备这五项素质的将领其实并不多，有的将帅治军严明，也足智多谋，但却冷酷无情，缺乏仁爱之心，致使军队人心涣散，甚至导致部下叛逃；有的将帅仁慈、守信、勇敢，但缺乏严于治军的魄力，也没有指挥才能，故连连败绩。在当代社会，每个企业都有自己的核心成员，部分核心成员堪称企业的中流砥柱，其作用不亚于战场上的主帅。

有的人自认为自己是将帅之才，却没有受到公司重用，甚至连核心层都没有进入，其原因是多种方面的，但根本原因只有一个，那便是不具备担当大任的基本素质。那么公司的骨干级人才应该具备哪些素质呢？其实《孙子兵法》提出的五项要求完全可以作为评定高级人才的标准。高级人才需要有广博的知识，高远的战略眼光，言必行、行必果的做事风格，宽仁的管理手段和严格的纪律以及敢作敢为的果敢精神，缺少其中任意一项都称不上是高级人才。

有一家大型商贸企业，总经理因为身体抱恙从高位上退了下来，为了维持企业的正常运行，老板每天都在物色合适的替代人选，目标锁定

了中层的管理人员。因为部门经理都在觊觎这个位置，纷纷毛遂自荐，恳求老板给自己机会，老板一时也搞不清楚谁是最合适的人选，于是便让他们陆续走马上任担任代理总经理的职务，然后根据其表现再做定夺。

第一个上任的是马经理，马经理刚坐上总经理的位置，就在老板的授权下对公司进行了一系列大刀阔斧的改革，这些改革措施都取得了不错的成效。他很有办事魄力，向来说一不二，也讲究信用，给人以一种铁腕的形象，可惜因为推行奖少罚多的奖罚政策，搞得技术员工极为不满，严重挫伤了他们的工作积极性，有些高级技术人员因为无法忍受这种违背人性化管理的高压政策，纷纷递上了辞职申请，后来经老板再三挽留企业才保住了这些高端人才。

老板觉得马经理并不适合担当大任，他虽然办事能力很强，但良将还需精兵辅佐，不能与精兵共处，他至多是个光杆司令，根本发挥不了作用，于是又让他回到了原来的岗位上。第二个上任的是吴经理，吴经理充分吸取了马经理的教训，他一味以宽容的态度对待每一位下属，即使员工违犯了公司规定也不追究，公司的管理渐渐陷入混乱，针对这种情况吴经理及时调整了策略，采用了恩威并举的方式对待员工，公司的秩序又恢复了正常。总体来说，下属对吴经理的印象还是不错的，他待人诚恳，懂得体谅下属，把公司管理得也不错，可老板仍觉得他不适合担任总经理，原因在于他缺乏决断能力，遇事总是犹豫不决，而且缺乏远见卓识，所以不符合担任高层领导的要求。

第三个上任的是李经理，他既有马经理的魄力，又有吴经理的仁慈，具备智、信、仁、勇、严五项基本素质，不但管理有方，而且深受全体员工的敬重和喜爱，老板对他的表现很是满意，于是把他提拔为公司的总经理。

想要成为骨干人才，必须培养与其相适应的基本素质。一个企业的核心人才和战场上的统帅一样重要，因此企业家在选拔此类人才时是非常慎重的。不要抱怨怀才不遇，倘若你真是将才，就不可能被误当作小卒；如果你能力出众却没有得到应有的赏识，只能说明自己在某些方面还存在欠缺，用《孙子兵法》对于将才的基本要求来审视一下自己，也许你能从中找到答案。

6. 比别人多一些筹码，创造自己的附加值

两军势均力敌的时候，怎样才能战胜强敌呢？孙子说，关键在于是否会利用奇兵。《孙子兵法·兵势》篇有云："凡战者，以正合，以奇胜。故善出奇者，无穷如天地，不竭如江河。终而复始，日月是也。死而更生，四时是也。声不过五，五声之变，不可胜听也；色不过五，五色之变，不可胜观也；味不过五，五味之变，不可胜尝也。战势不过奇正，奇正之变，不可胜穷也。奇正相生，如循环之无端，孰能穷之。"其战术思想是以正兵迎敌，靠奇兵取胜，奇正之变像四时、五声、五色、五味那样奥妙无穷，让敌军完全摸不着头脑，如此便能出奇制胜。

善用兵者多用正兵痛击敌人，然后埋伏一股兵力执行特殊任务，在关键时刻忽然杀出，让敌人措手不及，漂漂亮亮地取得大捷，这股兵力就是奇兵。奇兵和正兵有无数种组合，战术当然也不拘泥于固定的几种，奇兵制胜与其灵活机动的特点有着很大关系，但更深层次的原因是比敌军多了一股可以改变战局的力量。正兵作战是常规打法，正兵代表着一支军队的实力，在两军势均力敌的情况下，想要获胜必须技高一筹，因此奇兵才显得那么重要。

在当代商业社会，奇兵同样有奇效。同类型的产品，如果比竞争对手多一分优势，就能获得更大的市场份额。同种类型的服务，如果比竞

争对手多一分用心，就能赢得更多客户的心。与实力相当的对手竞争同一个高位时，如果比对方多一分本领，就能增加一分胜算。这些多出来的东西就是奇兵，它代表的是附加值。拥有附加值就意味着你比别人多创造了一分价值，它是你赢得重视和认可的砝码，努力增加自己的附加值，不断提升自己的竞争力，你就能成为最后的优胜者。

附加值并非单纯指比别人多掌握一项技能，这就像孙子所说的奇兵并非是简简单单多出一股兵力那样，你的价值能否升值关键在于你是否给公司带来了利润的增长，是否让自己变得不可替代。如果公司少了你一切如常，便意味着你的附加值很低，同时说明你和其他雇员并没有什么区别，随时都可以被取代。孙子说奇兵可制胜，说明有奇兵和没有奇兵对战局有着根本性的影响，它并非是一股可有可无的兵力，而是取胜的关键。附加值和奇兵的作用等同，判断自己是否具有附加值，主要在于你比别人多掌握的技能、本领或者多做出的贡献是否有助于你在最后的竞争中获胜。

有一位计算机专业的大学生小李到一家电脑公司应聘，面试官看完求职简历以后，说："有很多和你一样的学生都在应聘这个岗位，可是我们只能录取一名员工，我想问一下，你有什么特别之处吗？你知道自己的竞争优势在哪里吗？你清楚自己的附加值吗？"

小李想了想，回答说："我擅长书法，在市里举办的书法比赛中还获过奖。"面试官笑着摇摇头："很抱歉，我们都是用电脑工作，在实际工作中根本不用笔，也不需要书法方面的人才。"最后小李没有应聘成功。

三个月后，他在一家不知名的小公司做起了业务员。有一天，有位顾客在电话里说他在这家公司购买了一件产品，回去以后发现产品质量有问题，可是他不久就要登机离开这座城市了，根本没有时间退换，所以很着急，想和公司商量一下解决的办法。

小李问了一下飞机起飞的时间，并与顾客约好在机场碰面。随后他带着新产品急冲冲地赶到了机场，还赠给顾客一款最近流行的T恤衫表达歉意。客户很是感动，承诺说下次光顾这座城市时，一定会带来一笔大单。半年之后，那位客户果然找到了小李，原来他是采购部的经理，当时他到全国各地采购样品，因为对小李印象不错，所以决定与其所在的公司签订采购合同。就这样，一位平平无奇的业务员，因为比其他业务员多了一分诚意和耐心，签到了人生中第一笔大单，为公司带来了丰厚的利润，一跃成为了业务部门的明星销售员。

拥有附加值就是比别人多一分竞争力，它可以是一项能服务于公司的技能，也可以是比别人多出的一分用心，总之用附加值给自己加码，是实现快速升职最有用的利器。对于初出茅庐的职场新人是这样，对于工作多年的老员工也是如此。

有一家航空公司的机长，为了让旅客获得额外的惊喜，每次起飞之前都会查询航班上旅客的名单，然后选出幸运乘客，特别赠送一张祝福的卡片祝其旅途愉快，这项额外的服务获得了广大旅客的广泛认可，越来越多的人选择该航空公司的航班，使得公司利润猛增，这位机长的薪水也跟着水涨船高。

增加自己的附加值须注意，它是否为自己和公司所用，以及是否和自己的专长形成互补效应。附加值不是空洞的花架子，它必须具有实用性，而且在关键时刻能为自己赢得宝贵的一票。附加值若是加得好，就如同异军突起的奇兵一样，可以取得意想不到的效果。

7. 积极展现自己，让自己闪光

在孙子的军事思想中，势是一个很重要的概念，他曾经这样描写造势的作用："鸷鸟之疾，至于毁折者，节也。是故善战者，其势险，其节短，势如彍弩，节如发机。"意即鸷鸟疾飞能迅速扑杀鸟雀，关键在于它所掌握的节奏。善于用兵的人，气势迫人，战斗的节奏短促有力，其势态就像刚刚张满、蓄势待发的弓弩那样，会在恰当的时候给敌人致命一击。

显然，孙子认为造势可以极大地增强己方的力量。对于精兵强将来说，善于造势，可以用最小的损失换取战斗的胜利；而对于实力相对较弱的军队来说，造势可以大大提升自己的士气，给敌军带来压力，创造以弱胜强的奇迹。浩大的声势和紧张的态势就好比拉开的弓弩，给人以一种"山雨欲来风满楼"的不安感，一触即发的刹那往往会命中目标，这就是造势的神奇之处。熟谙兵法的人一定都知道，大战来临前的氛围是最令人窒息的，因此战前造势通常能在气势上给敌军带来威压感和恐慌感，如此就能在心理层面上击败对方，从而赢得最后的胜利。

孙子的造势思想，对于我们的工作和生活具有重要指导意义。如今"酒香不怕巷子深"的观念已经不适用于当代职场了，一个人若是不懂得推销自己，不能充分展示自己的才华，就很有可能被永久埋没。有人固执地认为是金子总会发光的，问题在于一家企业拥有很多雇员，老板无暇留意和发掘你这座掩埋在地下的金矿，你如果不知道该怎样推销自己，就可能一直没有出头之日。那么究竟该怎样推销自己呢？就是借用孙子的造势思想，使自己更聪明更强大更加不可战胜，把自己变得出类拔萃，如此才能赢得更多的关注，获得更多的发展机遇。

小敏是名校毕业的研究生，她本以为凭借光鲜的文凭会被雇主高看几分，没想到无论是上司还是老板，不但没有额外关注她，还常常把她当成了透明人。自入职以来，小敏一直兢兢业业地工作，丝毫没有一点懈怠，可是公司每次开例会表彰的时候并没有提到她的名字。就这样过了一年，小敏做的依旧是技术含量较低的重复性工作，还是没有摆脱跑龙套的角色，她感到分外郁闷，甚至想辞职。

有一天，小敏向大学校友诉苦："我每天都是第一个来到公司最后一个离开公司的，在工作上任劳任怨，从未出过较大的纰漏，为什么就得不到认可呢?""你所在的公司一共有多少员工?"校友问。"大概两百多名吧。"小敏说。"那么你被忽略也很正常啊，在大学时代你就不擅长表现自己，你不懂得展示自己，别人怎么会知道你的优秀呢。"校友的一番话让小敏茅塞顿开。是呀，她就像老黄牛那样默默耕耘，有谁会注意到呢？看来在职场上只有苦干精神是远远不够的，必须懂得推销自己，适时展示自己才能被重用。

为了引起关注，小敏采取了造势活动。有一次公司开例会，很多高层都到达了现场，这种情况在平时是不多见的。高层领导一一发过言后，便礼貌性地说了一句："不知大家还有什么问题吗?"会场上鸦雀无声，基层员工都默不作声，唯有小敏表示自己有话要讲。她首先对基层工作做了一番总结，然后对公司产品后期的营销策略发表了自己的看法，对市场行情分析得有理有据，讲话条理分明，提出的方案也有不少亮点，给在场的领导留下了极为深刻的印象，当领导得知她仅仅是一名普通的基层员工时，都感到十分惊讶，没过多久小敏就被调到了营销部，职务是副主管。

进入新的部门以后，小敏在树立个人品牌方面同样下足了功夫，一旦有什么活动她都冲锋在前，给上司和老板留下了良好印象。她用优异的工作成绩、良好的自我管理能力和积极主动的精神包装自己，把自己塑造成了精明强干的白领形象，一年之后她晋升为部门主管。同事们常对她说："你真是不鸣则已，一鸣惊人啊。"是呀，鸣与不鸣原来有这么大差距啊，想想自己的职场经历小敏不禁感慨万千。

职场人士应学会充分展现自己的能力，才能赢得更多的眷顾和垂青，太过低调太过默默无闻，或者妄自菲薄，都不利于职业生涯的发展，如果你想获得升迁，必须引起人们的注意，提升自己受关注的程度，否则能力再强也有可能被埋没。不要羞于表现自己，如果你真的是金子，就必须让别人看到你闪闪发光的那一面，唯有如此，你才能走上快速升迁的快车道。

8. 实力才是不变的王道

什么是决定战争胜利的最可靠保证呢？有人也许会说是智谋和兵法，因为历史上出现过许多著名的以少胜多的战役，而事实上兵力的强弱不在于兵多兵少，精锐之师完全可以战胜一群庞大的乌合之众。决定战争胜负的最关键要素是军队的实力，实力包含多方面的因素，比如武器的先进性、军需的供应、将领的才干、士兵的协同作战能力以及军队的凝聚力、向心力等，当然军队的规模也是其中一项。

孙子说："昔之善战者，先为不可胜，以待敌之可胜。不可胜在己，可胜在敌。故善战者，能为不可胜，不能使敌之必可胜。故曰：胜可知，而不可为。"意思是善战的人，首先要考虑不被敌军战胜，然后看准时机击溃敌人。一定要保证自己不被战胜，这是立于不败之地的前提，至于能否克敌制胜则在于敌军是否有弱点可乘。

"先为不可胜"，取决于自身的实力，有强大的实力做依托，才有傲视群雄的底气。秦兵能够扫六合，是其实力使然，六国虽然兵多将广，然而朝秦暮楚，缺乏向心力，战斗力远不及强秦，秦国既有雄厚的经济实力做支撑，在武器、军需方面具有优势，又不乏杰出的将领和高昂的士气，故一统天下乃是历史的必然。

“先为不可胜”的法则不仅适用于战争，而且普遍适用于现代社会，无论是什么样的竞争，比拼的都是实力，正所谓能者上庸者下，拥有实力才是王道。有的人或许能通过不正当手段暂时在竞争中尝到了甜头，但如果实力不济终有一天会被合适的人取代，唯有拥有真才实干的人才能牢牢站稳脚跟，成为最大的赢家。所以若想让自己取得长久的胜利，必须从提升自身实力着手，无论世界怎么变幻、时代怎么发展，真正有能力的人都会无往不胜。

每当年末发年终奖的时候，公司就开始沸腾起来，受表彰的人获得了一笔可观的收入，工作表现平平的人信封里只有几张薄薄的纸币，于是各种羡慕嫉妒恨等不良情绪就开始在公司蔓延开来。有的员工私下里愤愤不平，说自己一年到头像驴一样辛苦工作，结果年终奖金只够支付下午茶，别人悠哉乐哉地喝着咖啡工作，奖金却是自己的无数倍，这真是太不公平了。

人事部主管对于员工的抱怨一清二楚，在年会上，他没有刻意提及这些事情，而是宣布要为大家播放一部微电影。员工感到非常惊奇，以往的年会上人事部主管一打开话匣子就滔滔不绝地说个没完，这突如其来的沉默让很多人嗅到了一丝不祥的气息，不过在年会上看电影确实比听主管进行年度总结要有趣多了。

这部微电影时长仅五分钟，然而涵盖的内容却非常丰富，讲述的是一个感人的励志故事：一名刚毕业的大学生找工作频频受挫，后来好不容易勉强找到了一份工作，薪水却少得可怜。母亲过生日那天，他花掉了整个月的工资给母亲买了一件大衣，第二天只能以泡面当晚餐。他发誓要改变生活，此后工作更加努力，不但注意随时总结经验，还利用业余时间自学了外语。他的付出最终有了回报，在一次公司和合作方开展对外贸易时，翻译因为临时有事不能到场，他成了替补人员，出色地完成了工作任务，很快晋升为了一个职场白领……

电影播放完毕之后，会场上安静极了，人事部主管首先打破了沉默："我想看完这段视频你们应该也会有所感触吧，与其浪费时间抱怨，不如让自己变得更有实力。一个平凡的大学生因为不甘平庸实现了自己的梦想，你们呢，就想躲在办公室里说空话吗？我知道你们当中有不少人以为自己受到了不公正的待遇，可是你们是否认真想过自己的奖金为什么就不如别人高？想想那些拿着高额奖金的员工，他们都具备怎样的实力，工作态度又是怎样的，然后反观一下自己，你们是否还有足够的理由认为一切不公平？"员工们纷纷低下了头，陷入了沉思。

俗话说：实力才是硬道理。在战场上，雄厚的军事实力是取得胜利最有力的保障。在职场上，过人的能力和超强的实力是你技压群雄的前提，如果你没有受到足够的重视，没有得到满意的待遇，其根本原因是你没有显示出非比寻常的实力。若要改变现状，唯一的途径就是不断提升自身的实力，让自己成为不可或缺的稀缺人才，如此所有的人都会对你刮目相看。

第十章

谈判艺术：拆掉心墙，让沟通畅通无阻

在职场中，谈判无时不在，其中包括正式场合的商业谈判和非正式场合的协商、交涉和沟通等。人们想要化解分歧、改善关系、达成共识时，就会进行谈判。谈判是一种双向互动活动，其中沟通扮演着非常重要的角色，同事之间发生矛盾、纠纷，职场人想要说服上司或老板，赢得信任或好感，抑或是试图劝说客户购买产品，与合作方达成某种商业协议等，都需要通过互动交流来解决。

通常情况下，谈判双方是彼此设防的，心与心之间就好像筑起了坚固的高墙，这就使得彼此的沟通变得异常艰难，《孙子兵法》的军事思想可以教给我们突破对方壁垒的各种有效的方法，向孙子取经，谈判将不再是困扰你我的难题，沟通也将畅通无阻。

1. 知己更要知彼

"知己知彼，百战不殆"是孙子军事思想的精华之一，他在《谋攻》篇中说："知己知彼，百战不殆；不知彼而知己，一胜一负；不知彼，不知己，每战必殆。"意即在作战过程中，既要对自己有清醒的认识，又要了解敌人的情况，这样就会百战百胜；只了解自己不清楚敌情，胜负各占一半；对自己和敌人都缺乏正确的认识，必然每战必败。

知己知彼就是要对敌我双方的情况了若指掌，既要认清自身的优劣势，又要对敌方进行深入的了解，如此才能制定出最佳应战方案，大破敌军，连战告捷。我们知道在铁马秋风的古战场上，知己容易知彼难，谁都不会轻易暴露自己的破绽，那么孙子所说的知彼又是怎么做到的呢？其实途径无非是有两种，一种是刺探军情，另外一种是站在对方的立场上看待问题。诸葛亮被司马懿十五万大军围困时，依然泰然自若焚香弹琴，最终使得司马懿不战而退，上演了一出为后世津津乐道的空城计。诸葛亮之所以能以这样戏剧化的奇谋制胜，是因为他深知司马懿秉性多疑，于是根据司马懿的心理特点制定了这出空城计，不费一兵一卒就在剑拔弩张的交锋中取得了绝对性的胜利。

知己知彼的战略思想是兵家的法宝，应用到现代职场上一样屡试不爽。职场上虽没有兵刃相见的场面，但唇枪舌剑也是少不了的，舌战和兵战其实有很多类似之处。当双方各执一词时，谁也无法说服对方，如果只站在自己的角度考虑问题，那么双方只有对抗没有交流，想要实现顺畅的沟通几乎是不可能的。

郑宇是一家报社的业务员，他刚从事这份工作时，对自己充满了信心，经理也很看好这个年轻有志向的小伙子，于是在谈论薪资待遇时，答应从广告费中抽取一定佣金作为他的酬劳，不过前提是不发底薪。郑宇对提成很满意，只是对于没有底薪一事感到很不愉快，于是就跟经理理论了起来：“我也是要生活的，既要租房、吃饭还要乘坐交通工具，零底薪让我怎么在这座城市里生存？我总不能像植物一样靠光合作用维持生命吧。”他越说越激动，最后竟和经理吵了起来。

经理不耐烦地说：“我们这里的业务员都是这样的待遇，如果你接受不了可以另谋高就，不过你在别的报社没有这么好的发展平台，也不可能拿到这么高的提成，你自己好好想想吧。”郑宇本打算放弃这份工作，不过转念一想可以先做一个月试试，毕竟其他公司确实没有这么高的提成，如果自己真能签下一笔大单，那点微不足道的低薪又算什么呢？

接下来，郑宇列出了一份客户名单，打算逐门逐户拜访。郑宇联系的大部分客户都直截了当地拒绝了他，只有一位客户把他请进了办公室，当日外面下着大雨，客户只是出于好心想让他避避雨，对他推销的广告版面没有半点兴趣。

那位客户是当地小有名气的商人，他用不容辩驳的语气对郑宇说："你可以在这里待到雨停，但不要跟我谈任何关于广告的事情。""好吧。"郑宇叹了口气说。商人和郑宇谈起了往昔的岁月，他说在郑宇身上看到了自己当年的影子，那时他同样倔强同样不肯轻易服输，所以才有了今天的成就。

商人的一番话给了郑宇很大的启发，心想与其喋喋不休地劝其购买版面，还不如用自己身上的这股韧劲打动他，客户内心也有柔软的一面，只要充分了解他的感受，是完全有可能使他改变主意的。此后郑宇每隔两天就会来拜访这位客户，虽然一次次被回绝，他依旧不肯放弃。最后这位客户说："告诉你吧，我是永远不会购买报纸版面的，你为什么还要固执地做这种无用功呢？"

郑宇说："我没有做无用功，我在向您学习，现在已经学到了一些东西，至少我明白了在逆境中坚持到底是一种多么可贵的精神。"客户听完这句话，语气缓和下来："你确实和我年轻时很像，好吧，我可以向你购买一个广告版面，就算是对你的鼓励。"

郑宇因为掌握了客户心理签成了一笔大单后，他想和经理谈谈待遇方面的问题。这次他不再像以前那么鲁莽了，而是事先弄清了报社薪资制度的情况。原来报社以前招聘了一大批业务员，他们只是把这里当成职业跳板，拿了一个月的底薪就立即辞职了，致使报社损失了一大笔钱。经理不愿支付底薪是为了减少不必要的损失，搞清经理的想法以后，郑宇明确表示自己愿留在报社长期发展，经理相信了他，于是爽快地答应了他关于支付底薪的要求。

和同事交谈知己不知彼，既有可能造成沟通障碍，也有可能引发激烈的争吵；和上司或老板交谈知己不知彼，会在无形中制造出很多矛盾；和客户交谈知己不知彼，要么自讨没趣，要么会被拒之门外，想要获得订单简直就是不可能的。有人以为有好口才就能成功说服所有人，事实却并非如此，就算你有一副铁齿铜牙，如果不能打动对方，再动听的话语也会变得苍白无力。知己知彼是沟通的前提，唯有站在对方的角度考虑问题，有针对性地进行有效沟通，才能从根本上说服对方，把一场不友好的舌战转变成和风细雨式的温馨交流。

2. 冷静应对争执，给情绪一个缓冲期

两支实力强大的王牌军进行巅峰对决时，能沉得住气的一方往往会在最后的一局胜出。两军交兵，比拼的不仅仅是武功，还有心理素质。孙子说："将军之事，静以幽，正以治。"意思是为将者应该冷静沉着，处变不惊，冷静地应对当前的形势，治军要公正严明，不能因为慌乱扰乱军心。那么将帅要冷静到什么程度呢？孙子在《九地》篇中做了解释："是故始如处女，敌人开户；后如脱兔，敌不及拒。"意即敌军来袭时，要像处女那样沉静，等到有了破敌之策，就要像脱逃的野兔那样迅速作出反应，猛烈地反攻敌人，杀得敌人措手不及，进而取得战争的胜利。

孙子认为镇定冷静是一个杰出将帅必不可少的心理素质，他在《火攻》篇中一再强调："主不可以怒而兴师，将不可以愠而致战。"意即不可因为一时动怒或意气用事而发动战争，因为在怒火攻心时，人会失去理智，在不理智的情况下作出的决策，往往会带来灾难性的后果。冷静、沉稳、大气，是一个杰出将领必备的品质，它是将帅在紧急状态下

作出英明决策的保障，关乎战争的胜败。

哲学上说，矛盾无处不在，职场上同样存在各种各样的矛盾和冲突。面对分歧，通常有两种处理方式：一种是言辞犀利地指责对方，挑起双方的战争，使得对方和自己发展到势不两立、水火不容的地步；一种是冷处理，冷静地分析双方的分歧之处，通过良好的沟通化解矛盾。

前一种处理方式类似于孙子所说的“怒而兴师”“愠而致战”，对兵家来说这是大忌，对于职场人士来说这样做也是非常不可取的，第二种处理方式才符合孙子“静以幽”的思想。所谓“有理不在声高”，冷处理比火爆对峙更明智也更有效。与人发生争执时不要执着于口舌之争，而要头脑冷静地分析事情的前因后果，通过艺术化的谈判有效解决争端。

小琳和小晴在同一家公司工作，两人性情相投，不仅是工作上的好伙伴，私下里也是朋友。幸运的是近期公司效益大增，每位员工都领到了额外的奖金，公司高层还打算举办大型文娱活动来庆祝一番，小琳和小晴被任命为文娱活动的主持人。

随后，小琳和小晴每天下班之后就开始彩排。小琳想出了不少精妙的点子，很快就把开场白和串词写好了，两个人在练习彩排的过程中，小晴对串词有了疑义，她觉得小琳写得串词太老套，一点新意都没有，根本就不能活跃气氛，于是就忍不住说：“你这些句子简直就是陈词滥调，它们必须被换掉。”

小琳一听就气不打一处来：“是你自己欣赏水平有问题吧。”小晴说：“是你的串词不够新颖，你还是改改吧。”“我觉得没有问题啊，你认为不好，那就自己写吧，我倒要看看你能写出什么新鲜东西来。”小琳不服气地说。“你这是什么态度，工作又不是给我干的，上级让我们俩密切配合，你怎么能发脾气罢工呢?”小晴也生气了。

“你也知道自己不是领导啊，那么你有什么资格对我品头论足呢?”

小琳气冲冲地说。“我没有对你品头论足，只是指出了一点问题，你不能虚心接受，是你没度量。”小晴的情绪也变得激动起来。“我没度量?你也不看看自己，是不是有好为人师的毛病，自己没本事做的事还总是苛求别人，你总对别人指手画脚，惹得人人讨厌，同事们都议论你好几回了，也只有我能忍受你这些毛病，现在连我也要忍受不了了。”小琳的语气已经有了几分讥讽的意味。

“既然这样，我们也不必共事了，这节目你自己主持吧，我退出还不行吗?”小晴气得满脸通红，头也不回地离开了现场。上级得知两人发生矛盾后，分别找到她们交谈了一番。小琳和小晴冷静下来之后，都觉得自己说了很多过分的气话，于是两人在私下里敞开心扉交谈了一次。

小晴很不好意思地说：“我不该贬低你的劳动，那天我讲话的语气太生硬了。”小琳赶忙说：“我的态度也很不友好，希望你不要放在心上。”“我们认识这么久了，你也知道我喜欢直来直去，如果伤害到了你，我向你道歉。”小晴首先表达了自己的歉意。“我的性格太火爆了，其实那天我该冷静一下，不该对你发火，希望你别跟我计较。”小琳说。两个人互相致歉以后，很快冰释前嫌、和好如初了，她们成功地主持了那场大型的文娱活动，由于配合默契，受到了高层领导的一致称赞，此后公司再举办类似的活动，都会请她们俩一起配合主持。

在职场、生活中，与人发生纷争时，首先要让自己迅速冷静下来，给情绪一个缓冲期，绝不能在怒火冲天的时候与他人交涉，而要待情绪平复后，心平气和地与对方沟通，由此来消除彼此的隔阂，从而建立起和谐融洽的人际关系。

3. 行动比语言更有说服力

孙子在《地形》篇中曾这样高度概括过高级将帅的可贵品质，他说："故战道必胜，主曰无战，必战可也；战道不胜，主曰必战，无战可也。故进不求名，退不避罪，唯民是保，而利合于主，国之宝也。"意思是率兵出战不是为了个人功名，撤军不回避罪责，以保护百姓和保全君主的利益为最高出发点，这样的将帅才是国家的财富。

在孙子看来，高级将领最可贵之处在于不贪功、不推卸责任，能置个人荣辱于度外，一心为国为民。这样的将帅，君王佩服，百姓爱戴，乃是真正的国家栋梁。在孙子眼里，最令人钦佩的将帅并非拥有无敌的作战本领，也并非足智多谋、军功显赫，而是品德高尚、不慕功名，又能主动承担责任。表面看来似乎降低了对将帅的要求，事实上却恰恰相反，孙子所说的将才乃是为将的最高标准。

职场中有些人不被上司看重，又被同事讨厌，原因何在呢？在于他们故作聪明，以为凭借三寸不烂之舌就可以颠倒是非，自己独享功劳，把罪责全部推给别人，殊不知这种伎俩早晚会被拆穿的。那些光明磊落的人能得到上司和同事信任，这是为什么呢？他们并没有高超的沟通技巧，甚至口才很一般，然而他们却能凭借最朴素的言语打动别人，并与之达成共识，这主要是因为他们从不把自己的个人利益置于别人或整个公司之上，既不邀功也不推卸责任，这样的人即使一言不发也能获得别人的信赖，沉默也胜过狡诈者的千言万语。

蒋明和陶亮是一家快递公司的员工，两个人一直配合默契，工作也很卖力，老板很欣赏这两个吃苦耐劳的小伙子，打算提拔其中一人为主管。有一天，老板把蒋明和陶亮叫到办公室，交给他们一项特殊任务，让他们把一件贵重的古董运送到码头。老板再三强调这件古董价值连城，叫他们千万要小心。

两人接到任务以后，小心翼翼地带着古董上路了。聪明的蒋明早已想到此项任务是老板对他们的考验，只要自己的表现更出色，就一定能获得提拔。陶亮为人老实憨厚，并没有猜到老板的用意，一心只想着怎样把易碎的古董完好无损地运送到码头。因为担心半途出现意外，蒋明以古董太重、陶亮力气大为由，把搬运古董的重任交给了陶亮，陶亮并未计较，负重带着古董到达了码头。

刚到码头，蒋明就急于抢功，要求陶亮马上把古董交给自己，这样等到和客户接洽的时候，客户会以为是他辛苦把古董搬运到码头的。陶亮也没有多想，不假思索地把古董递给了蒋明。孰料，蒋明却没有接住，古董掉在地上摔得粉碎。事后老板分别找他们谈话。

蒋明一点也不担心，他想凭借自己的口才无理也能争三分，把责任推给陶亮就行了，陶亮拙嘴笨舌的，什么也说不清，只能认倒霉。刚进办公室，蒋明就开始有模有样地编造起故事来，说是陶亮笨手笨脚摔碎了古董，还妄图让自己帮助他隐瞒真相，把责任推给客户，他滔滔不绝地讲了许多话，还提供了很多细节，自以为已经说动了老板。老板听完蒋明的解释并没有说什么，只是淡淡地说把陶亮叫来。

陶亮走进办公室以后，并没有为自己辩白，只是简单地说："当时我们带着古董到达了码头，我正要把古董交给蒋明时，不知是他没接住还是我手不稳，总之古董摔碎了，我愿意承担全部责任，希望您不要怪罪蒋明，他现在还在帮妹妹偿还助学贷款。"

接着老板把蒋明也叫进了办公室，对他们说："其实客户已经亲眼看见了古董摔碎的一幕，他已经向我说明了情况。现在我决定提拔陶亮为主管，损失由公司来赔付，蒋明，你明天就不用来工作了。"

有的人认为沟通只是一个技巧问题，只要自己掌握了技巧就能在职场上左右逢源，轻而易举地获得上司的认同和同事的喜欢，却不知道沟通是心与心之间的交流，好人缘绝不是仅靠口舌之功就能建立的，想要被公司信赖和器重，仅靠口舌显然是不行的。一个人即使没有绝佳的口才，成功时懂得与人分享，不独吞胜利的果实；出现问题能表现得负责任有担当，这样的人无须自我标榜就能获得公司上下的一致认可，他们的行动就是无声的语言，其说服力远超任何语言。所以，与其在口舌上下功夫，还不如端正自己的态度和行为。

4. 用和气代替恶言，化干戈为玉帛

战争是残酷的，每一场战争都离不开杀戮、流血和死亡，无论是战胜方还是战败方都要付出一定的代价。为了求胜，有时一方会采用非常手段，甚至不惜两败俱伤、玉石俱焚。对此孙子提出了“不战而屈人之兵”的军事思想，他在《谋攻》篇中说：“百战百胜，非善之善者也；不战而屈人之兵，善之善者也。”意思是百战百胜固然很好，但不是最好的，不经过流血战争就能使敌人屈服，这才是用兵的最高境界。

“不战而屈人之兵”是孙子对于战争的根本立场，他的这一立场历来受到广大军事家和战略家的推崇。古往今来，战争给人类带来了无比深重的苦难，古有“出门无所见，白骨蔽平原”的残酷史实，孙子提出不经过杀戮就使敌人降服的策略，既符合人道主义精神，又符合交战双方的根本利益。

暴力并不是解决冲突的最佳途径，杀敌一万自损三千，即便是获得了最后的胜利，自己也要付出惨重的代价，如果能用和平手段取代武力，既能避免杀伤，又能以最小的代价达成目的，何乐而不为呢？唐代诗人杜甫曾经说过“苟能制侵陵，岂在多杀伤”，大肆杀戮并不是兵家应该奉行的对外政策，假如不经过战争就能达成自己的军事目的，自然

是结束纷争的上上之选。

而今，在职场上，个性不合、偏见误解等各种因素都可能引发人与人之间的矛盾与分歧。如何跟对自己不友好的同事相处和沟通，成为困扰很多职场人士的问题。与其把言语当成炮弹向对方开火，搞得鱼死网破，还不如借用孙子“不战而屈人之兵”的策略，采用和平手段圆满地解决问题。俗话说“以和为贵”，多一分和气，就少一分干戈；多一分宽容，就少一分火气，人与人之间没有解不开的仇怨，当你放弃言语的攻击，能平心静气地与对方交谈时，会发现化敌为友并没有想象中那么难。

有家公司为了强调团队的重要性，几乎把团队里每位成员的表现和效益捆绑在了一起，原以为这样做能促进大家共同进步，却没想到无形中造成了团队内部的分裂，表现不佳的员工往往成了众矢之的。

苏芸是这家公司的老员工，不知什么原因，近期总是上班迟到，业绩也非常差，给整个团队拖了后腿，致使整个销售小组的奖金全部泡汤了。同组的同事私下里议论纷纷，有个叫余芳的员工还和苏芸唇枪舌剑地争吵起来，引来了全体同事的围观。余芳毫不客气地说：“你就是团队中的害群之马，没有一点自知之明，连累了这么多人，竟然一点也不感到内疚，真是让人作呕。”苏芸一听，气得全身颤抖起来：“你讲话怎么这么难听？我也不是故意拖累大家的，想不到你年纪轻轻居然这样尖酸刻薄。”

“我尖酸刻薄又怎样？总比你这拖后腿的要强吧，现在的公众之敌是你，不是我，同事们都是站在我这边的。”余芳怪声怪气地说。苏芸也毫不示弱地说：“别把责任全都推在我身上，你自己的表现就很好吗？你别忘了上个月你因为喝酒误事丢了大单，你要是不犯这么愚蠢的错误，我们小组的业绩是可以达标的。”余芳上个月失恋了，因此多喝了几杯，耽误了工作，如今被戳到痛处，立即回击。就这样，两个人你一言、我一语地对骂个不停，这场口水战整整持续了一个钟头，双方才熄火，从此以后两人就视若仇敌。

此后余芳和苏芸陷入了热战、冷战轮番交替的怪圈，余芳对这种无休止的争执感到厌倦极了，与苏芸争吵搞得她心烦意乱，苏芸也因为这场争执心情不佳，业绩越来越差，到了月末业绩考核时这个小组的奖金又化为了泡影。余芳觉得不能再这样下去了，于是主动要求和解，她态度平和地与苏芸谈了一番，郑重其事地道了歉，两人的心结就这样解开了。

原来苏芸上班迟到、业绩不佳的原因是因为儿子正在迎战高考，她怕儿子不肯认真学习，晚上就一直陪伴在侧，因为熬夜她总是精力不济，所以才导致工作表现欠佳。余芳了解情况后，把自己当年备考的很多学习方法都写在了本子上给了苏芸。有了正确的方法做指导，苏芸的儿子不用熬夜就能顺利地完成学习任务了，从此苏芸上班再也没有迟到过，业绩又恢复了正常水平，整个销售小组也如愿拿到了丰厚的奖金。余芳真不敢相信经过无数次理论争吵都达不成的目的，仅仅通过一次友好的交谈就达到了，看来和平解决争端确实比热战管用。

在沙场上，武力杀伐是逼不得已采用的极端手段，如果能不战而胜，不费一兵一卒就达成目的，那么诉诸武力就会成为解决争端的最后选项。在职场上同样如此，热战绝不是解决问题的最佳方案，和平沟通才是消解怨气、达成目的的最有效手段，俗话说：“良言一句三冬暖，恶语伤人六月寒。”恶言相向损人而又不利己，对他人多一分理解多一分体谅，化干戈为玉帛，才能达到“不战而屈人之兵”的目的，获得双赢的理想效果。

5. 以柔克刚，用智慧解决问题

在我们的固有印象中，战争中充满了阳刚的元素，无论是古战场上寒光凛冽的冷兵器，还是在猎猎西风中高高飘扬的旌旗，抑或是战马的嘶鸣声、将士们的喊杀声，都会令人感到热血贲张，而军人给人最深刻的印象就是威武和硬朗，似乎一切和战争有关的东西都充满了刚性的味道，然而军事理论家孙子却说“以柔克刚”才是作战的最高策略。

孙子讲求谋略，主张用智谋巧妙克敌，坚决反对硬拼和蛮干，他在《谋攻》篇中说：“故上兵伐谋，其次伐交，其次伐兵，其下攻城。”意思是作战的最高策略是用谋略战胜对方，其次是采用外交手段取胜，再次是采用武力击溃敌人，最下策是攻打城池。在孙子看来，攻城是迫不得已采用的策略。以谋克敌而不是以武制敌就是典型的以柔克刚之法，谋攻在一定程度上把人从野蛮的屠杀中解放了出来，大大减少了滥杀现象，比硬碰硬的正面厮杀伤亡更小，这样做既能保全自己又能保全敌方，同时还能达成武力征服所达不成的目的。

俗话说“百炼钢化绕指柔”“刚强易折”“水至柔则无敌”，柔的力量超乎人的想象。在战场上能够“运筹帷幄，决胜千里”的大将通常不是刚猛异常的莽夫，而是能深谋远虑、性情平和的谋将。在职场上能成就大业者，也不是个性刚烈、行事冲动的愣头青，而是秉性随和、有长者之风的人物。

人与人的关系就好比舌与齿、齿与齿的关系，牙齿刚硬，互相碰撞时会发出不和谐的声音，于是口角就产生了，纠纷也产生了，进而导致隔阂和猜忌，甚至升级为恶性争斗。而舌齿相碰则完全不一样了，舌灵活而柔软，不仅不会被利齿所伤，而且会存留更久，当满口的牙齿全部脱落时，舌头依旧完好如初，这足以说明至柔者是可以完胜至刚者的。职场人士不乏雷厉风行、个性强硬者，讲话掷地有声，句句充满火药味，把交谈当成了劈头盖脸的指责，面对这样的至刚人物该怎么办？是以牙还牙回敬还是忍气吞声？其实两者都不可取，最好的方法莫过于以柔克刚，就像孙子所说的那样无须大动干戈攻城，仅仅靠智谋就可取胜。

徐经理是办公室里的强悍人物，他不但对人态度强硬，而且嘴尖舌利，经常咆哮，成了公司里最有名的“咆哮帝”。同级的同事见了他，只是礼貌地打过招呼就各忙各事，谁也不想和他多言。下属见了他，就像老鼠见了猫，怕得不得了。

徐经理就像一颗不定时炸弹，任何一点小事都有可能成为导火索，有一次前台忙着签发邮件，没有及时把咖啡送到他的办公室，他当场就火了，嚷着要把前台辞退，训人的声音大到整个公司都能听得见。还有一次，职员在做值日的时候没有把办公室的椅子摆放整齐，他立即把问题上升到工作态度上，还上纲上线地说公司最近风气不正，如果他不及时整顿一下，日后歪风邪气肯定会蔓延开来。那位职员受到了严厉的指责，她感到不服气，就和徐经理吵了起来，就因为那次争吵她当天就被开除了，其实只要再等一个星期她就工作满两年了，此后便能享受老员工的待遇，工资也会有较大涨幅，无奈提前丢了工作，一切都成了泡影。

范玲是徐经理经常批评的对象之一，她刚刚入职不久，工作上难免会有一些小失误，每次被发现时，徐经理都会大发雷霆，还总是以高分贝的声音质问道：“这样低级的错误，以后不许再犯了，知道了吗？”范玲一般会以较轻的音量回答：“知道了。”并没有和他比拼嗓音的意思。为了弄清徐经理乱发脾气的原因，范玲准备了一个笔记本，将徐经理每次发火的缘由都记录了下来，经过一番分析，她发现徐经理负面情绪的背后潜藏着深刻的心理原因，徐经理爱咆哮是压力太大所致，他自己承受不了那么大的工作压力，所以将其转嫁给了无辜的员工。

弄清原因后，范玲制定了一个应对策略，有一天在午休时，她漫不经心地和徐经理谈起了一个保龄球馆，建议徐经理常到那里做做运动，徐经理似乎对这个建议很感兴趣。范玲说："像我们这些久坐办公室的，平时缺乏运动，容易患上亚健康。"徐经理赞同地点点头。此后经常在下班后到保龄球馆打球，通过这项运动，他将体内的负面情绪全部发泄了出来，脾气慢慢地变好了，办公室里的"咆哮帝"不见了，取而代之的是一个性格和善的领导。

同事们都感到很诧异，徐经理说这都是范玲的功劳，他没有继续说下去。事后同事们纷纷向范玲打听："你究竟对徐经理说了什么，他怎么好像完全变了一个人?"范玲笑笑说："我没有说什么呀，只是建议他打打球做做运动之类的。"同事们搞不清打球和徐经理的转变之间有什么必然联系，但都对这样的结果感到分外满意。

用心观察你会发现，脾气暴躁、口气骄横的职场强人存在于各行各业中，想要与这样的人沟通当然不是一件容易的事，可是这并不意味着这样的人是无法沟通的。刚者遇刚则刚，强硬对抗只会让对方变本加厉，对于这类人以刚制刚是行不通的，以柔克刚才是上策。

6. 读懂对方心理，实现零距离沟通

两军交兵不是单纯地打一场硬仗，其实在某种程度上说，心理战比硬仗更为重要。孙子在《军争》篇中说："言不相闻，故为之金鼓；视不相见，故为之旌旗。夫金鼓旌旗者，所以一人之耳目也。人既专一，则勇者不得独进，怯者不得独退，此用众之法也。故夜战多金鼓，昼战

多旌旗，所以变人之耳目也。”提出了攻心为上、攻城为下的作战思想。

孙子这样解释自己的军事思想：士兵听不到将帅号令，就设置金鼓，士兵看不到将帅指挥，就设置军旗。金鼓和军旗能统一全军的行动，使骁勇者不会独自前进，怯懦者不会独自退却。所以夜间多击鼓为令，白天多设置军旗，它们既能统一已军的行动，又能扰乱敌军的视听。孙子的意思是金鼓和军旗可以使已军步调一致，士气大增，又能扰乱敌方军心，从心理上瓦解敌方的意志。随后孙子总结性地说道：“三军可夺气，将军可夺心。”意即可挫伤敌方三军的锐气，动摇敌方将领取胜的决心，敌将和敌军丧失斗志，已军便可轻松获胜。

三国猛将张飞在长坂桥大喝一声，即喝退了曹军百万雄师，这是因为他在气势上压倒了对方，使其产生了恐惧心理，其实无论张飞有多么勇武，也不可能凭一已之力抵挡百万大军，他能赢得胜利运用的完全是心理战术。孙子认为夺三军之气，乱将军之心，通过强大的心理攻势使敌人丧失战斗力，便能取得最后的胜利。战场上讲究攻心之战，职场上与他人交锋，攻心战术具有相同的效果。遇到强硬派，盲目地硬碰硬是不行的，唯有掌握了对方的微妙心理，打赢心理战，才能实现完美沟通。

那么如何把握对方心理呢？毕竟谁都不是透明人。其实很多信息都是显而易见的，对方的言语、态度、肢体动作、表情等往往都是其内心世界的反映，通过察言观色，我们可以大致揣度出对方的心理状态，此外通过询问、倾听等方式我们可以进一步挖掘对方的真实想法，然后便可有的放矢地成功说服对方。

工人老王对于人事部的小曹很是不满，起因是有一次老王身体感到不适，于是便让一位工友代自己请假，谁知小曹竟然把病假按旷工处理，这让老王很不高兴。他一回工厂就闯到办公室里要和小曹理论，边走边大声嚷嚷：“太过分了，一点都不知道尊重老员工，没有我们工人辛辛苦苦地生产产品，你们这些坐办公室的哪里还有工资可领，以为自己是大学生就可以凌驾在我们之上，也不想想我们在工厂里上班时，你们这些人都在哪里，恐怕连走路都没学会呢?”

小曹听了这些火药味十足的话，感到分外委屈，把病假按旷工处理完全是人事部经理的决定，他不过是个助理，只能听从命令，老王怎么能把问题怪罪到自己头上呢？这也太不公平了。于是便忍不住说：“人事部经理说必须是本人请假才能算病假或事假，不是本人亲自请假一律按旷工处理。这是人事部经理的决定，我只是遵照命令行事，如果您有意见可以向人事部经理反映。”

“那么你们经理现在在哪里?”老王高声问道。“他有事出去了，要不您先坐在这里等等，等经理来了就会给您答复。”小曹建议道。老王在椅子上坐了一会儿，后来越来越不耐烦了，就又开始怒火冲天地指责人事部不尊重老员工，还总是把矛头指向小曹。小曹负责考勤工作，看来无论如何他和这事是脱不了干系了。通过观察，他断定老王是个个性淳朴的工人，并不是有意闹事，只不过是因为年纪大了，觉得自己被晚辈冒犯了，所以心理上有些失衡。老王外表朴素，讲话虽然粗声粗气，但却有什么说什么，一点也不装假，看得出来他是一个倔强、朴实、自尊心很强的人，经过一番心理分析之后，小曹立即想出了对策。

小曹泡了杯茶递给老王：“您先喝杯茶，消消气。”老王受到这样的礼遇，态度马上软下来，讲话的语气也不那么生硬了。“论辈分，我该叫您一声叔叔，您在工厂辛苦工作了这么多年，为这个厂出了这么多力，我们做晚辈的怎么会不尊重您呢？人事部的有些规定确实太死板了，不够灵活，也不够人性化，这个问题我会及时向上级反映，一定会给您一个满意的答复。”小曹说完这通话，老王的心结解开了，他有些不好意思地说：“刚才我有点倚老卖老了，小伙子希望你别介意，我不打扰你工作了。”说完就心平气和地离开了。

在与人交谈时，从对方的言谈举止中就能得到很多信息，这些直观的信息是我们判断一个人心理状况的第一手资料，如果我们无法从对方的外在表现发掘出有价值的东西，那么还可以通过巧妙设置问题，一步步引导对方说出自己的真实看法，同时让自己扮演一个合格的听众，总之一旦掌握了对方的心理，就一定能找到突破口，与对方实现零距离沟通，使本来无望的谈判变得顺畅，使僵化的人际关系得到润滑，从而使自己能游刃有余地处理各种矛盾和冲突。

7. 做好准备，促成谈判

古语说："预则立，不预则废。"任何事情提前做好准备，才能保证万无一失。在战场上，筹谋准备工作就显得更为重要，有时一场战役从开始到结束只是很短的时间，然而准备阶段所花费的时间却是整场战役的好几倍，这足以显示出谋划的重要性。在孙子看来，只有未雨绸缪，做好万全的准备，才能真正做到有备无患，那么都要做哪些具体的准备工作呢？

《孙子兵法》中说："故经之以五事，校之以计，而索其情：一曰道，二曰天，三曰地，四曰将，五曰法。道者，令民与上同意也，故可以与之死，可以与之生，而不畏危；天者，阴阳、寒暑、时制也；地者，远近、险易、广狭、死生也；将者，智、信、仁、勇、严也；法者，曲制、官道、主用也。凡此五者，将莫不闻，知之者胜，不知者不胜。"指出在大战前需要做好五方面的准备，一为道，二为天，三为地，四为将，五为法。所谓的道，就是让民众和君主同心，如此民众就愿意为国家赴汤蹈火、誓死效力，这是人和的因素，即为思想意识方面的准备；所谓的天，就是要对作战时的天气有充分的了解，避开不利的天气，利用有利的天气，这是信息方面的准备，比如诸葛亮利用大雾天气草船借箭就是一个典型的例子；所谓的地，就是要对战场的广狭、地势的险峻或平缓以及行程的远近事先有一番了解；所谓的将，指的是任用具备智、信、仁、勇、严五个基本条件的高素质将领；所谓的法就是制定相应的制度，规范组织编制，明确军人的职责范围，保证军需品的供应等。

孙子认为只要做好这五方面的准备，进行合理的谋划，就能使自己在战场上处于更有利的地位。杰出的军事家从来不打无准备之战，在金戈铁马的战场上，大战前的准备工作对整个战事的发展有着不可估量的影响。其实孙子有关事先谋划的军事理论对于谈判也很奏效。谈判同样是一种博弈，现场的表现固然重要，但事先调查、筹划等方面的工作同样是必不可少的。苏秦和张仪能说服各国国君合纵或连横，是建立在事先对天下大势的估计和了解的基础之上的，在现代社会中，要想在谈判桌上占据主动地位，就必须在谈判之前通过各种渠道收集到足够的信息，事先做好准备工作，如此才能达成自己的目的。

有一家企业打算向一家机械厂购买一批高端机械设备，双方就机械设备的价格展开了洽谈，机械厂提出了 80 万元的报价，谈判代表小何知道这个报价远远高于产品的市场价格，便不动声色地说："根据我们对市场行情的了解，贵公司开出的价格只能当作参考，不能作为双方合作的基础。"

机械厂的代表听到这个答复，表情有些尴尬，他连忙说自己公司出产的产品无论在性能还是质量上都要优于同类产品，80 万元的价格是合情合理的。其实小何对这类产品的性能、质量以及成本早已经了若指掌了，他没有直接否定对方，而是语气平缓地说道："能生产出这种精密机械的厂家，全国也不过数十家，贵公司能生产出这么高端的产品确实是很了不起的，可是我很想知道贵公司的产品具体在哪些方面优于其他公司的产品?"

小何的言外之意是能提供同类产品的厂家并非只有一家，他的选择范围是很大的，机械厂口口声声说自己的产品更优越，但又拿不出具体的依据来，显然这报价是非常不合理的。机械厂的代表一听，感到格外吃惊，他一时不知道该怎么回答，沉默了一会儿，他假装向旁边的助理询问价格："设备的报价我们什么时候能定下来啊？我们刚刚把产品生产出来，到现在还没有定好价格。你对市场行情做过调查没有，这设备应该定价多少才算合理呢？"助理马上反应过来，报出了市场价。接着机械厂把设备价格定在了 70 万元，其实这是三个月前的市场价格，目前其他厂商升级了该设备的性能，研发出了另一款更先进的产品，使得该产品在竞争中价格有所下滑，所以小何对这个价格仍不是很满意，于是把价格压到了 57 万元，比现在的市场价 60 万元略低了一些。

机械厂表示不能接受低于市价的价格，小何说："我们从那么多厂家中选择了贵公司，已经说明我们很有诚意了。如果我们只购买几件设备，当然会按市价来支付，但我们购买的是一大批设备，应该享受一定的优惠，这也是合情合理的。贵公司把设备大批量地卖给我们所获得的利润，一定比单件卖给其他公司多得多，我们之间的合作可以说完全是互惠互利的，您觉得呢？"机械厂的代表沉思了一会儿，最后接受了 57 万元的价格，双方很快地签订了合约，谈判就这样圆满结束了。

在这场谈判中，小何之所以能占上风，主要是因为他在谈判之前掌握了大量有价值的信息，并利用这些信息作为筹码，不时向对方释放信号，给对方造成了一定的心理压力，这才取得了理想的谈判效果。商务谈判是一种沟通和协商的艺术，前期准备越充分，就越能掌控谈判的局势，这就好比在大战前掌握了足够的军事情报，也做好了严密的部署，只等时机合适，就能立刻投入战斗一样，准备工作做得万无一失，才能保证最后的胜利。

第十一章

处世之道：宽厚待人，踏实做事

《孙子兵法》所提出的刚柔兼济、以柔克刚、灵活用兵、谨慎行事等用兵原则，非常契合现代职场的处世哲学，我们完全可以把《孙子兵法》用于我们的工作与生活。如果我们能充分汲取其智慧，就能在人际交往中找到突破口，从而游刃有余地迎战职场，成为备受欢迎的职场达人。

1. 地低成海，屈伸自如

古人讲究气节，把威武不能屈当成自己的做人准则，军人更是如此，一旦被俘誓死不降，宁愿顶天立地地慷慨赴死，也不愿意为了性命苟活。可带兵打仗就完全不同了，能伸不能屈是兵家大忌，眼见敌我力量悬殊，还拼死迎战，只能导致全军覆没。这种打法是孙子所不认同的。《孙子兵法》中提到“锐卒勿攻”，遇到强敌和不利情形时，可以暂时回避或退却，这就是典型的能伸能屈之策。有人或许认为这完全是懦夫所为，而事实上这样做并不代表怯懦，反而是大智大勇的表现，暂时的退却是为未来的反攻做准备，只有保存有生力量才有机会打一场漂亮的翻身仗，书写反败为胜的传奇。

在用兵方面，孙子主张能屈能伸，在做人方面，他遵循的也是同样的原则。相传，早年他向吴王阖闾宣讲兵法，意图在吴国建功立业时，吴王并没有把他放在眼里，不但没有给他一兵一卒，还令其以后宫嫔妃当士兵操练，对于一名军事家来说，这无异于奇耻大辱，可孙子却并没有因为吴王的轻慢愤而离去，而是像练兵那样训练这些宫妃，使其变得训练有素，最终赢得了吴王的赞赏，从而受到了重用。

孙子和伍子胥辅佐吴王成就了霸业，之后其子夫差继位，伍子胥被逼身死，孙子深谙“飞鸟绝，良弓藏；狡兔尽，走狗烹”的帝王之道，于是不再留恋朝堂，选择了归隐著书，这才有了旷世奇书《孙子兵法》的问世。孙子第一次屈身低头，使其有了步入仕途、纵横疆场的机会。第二次屈身低头使其保全了有用之身，成就了一部杰出的军事理论著作。孙子能屈能伸，才创造了属于自己的军事传奇。其实无论是战争还是人生遵循的都是同样的道理，面对不利形势时，只有能屈能伸，才能躲过危机，获得重整旗鼓的机会。

在职场中，我们可能因为诸多原因要承受各种委屈，处在血气方刚的年龄，我们不愿低头认输，不肯忍一时之气，结果往往碰得头破血流，甚至使自己陷入更大的困境。

丁茹刚刚踏入职场时，只要受到一点委屈就感到郁愤难平，无论情形对自己有多么不利，她都力图为自己讨回公道。同事劝她暂且忍忍，不要去冲撞老板、上司及比自己资历老的员工，她却懊恼地说：“‘忍’字头上一把刀，凭什么让我忍，我为什么要忍气吞声？”

转眼三年时间过去了，和丁茹同一批入职的员工，陆续得到了提拔，只有丁茹还在原来的岗位上，眼见升迁无望，她多次产生了离职的想法，可是由于自己工作能力一般，她没有信心重新找工作，所以只好继续留在公司。工作这么久了，她还是适应不了职场环境，心里总觉得委屈，一不高兴就梨花带雨地掉眼泪。

有一次，公司接到了一个百万元的大单，生产出的产品存在微小的瑕疵，客户强烈要求返工重做。为了明确责任，公司开始在内部彻查原因。老板召集了全体员工，反复开会讨论，最后矛头指向了丁茹，说她作为一个质检员，竟检验不出产品的毛病，这是难辞其咎的。

丁茹一听就火了："你这样说真是太不公平了，产品出了问题，是多个环节的失误造成的，怎么能把所有的责任都推给我？我知道你一向对我有偏见，就是因为我不像其他员工那样对你千依百顺，但你也应该实事求是，不能因为对我有成见就妄下结论啊。"说完，丁茹就气得哭起来。

老板忙说："我话还没说完你急什么，你的脾气什么时候能改改，说你两句你就受不了，承受能力这么差，将来还能干成什么大事。落实责任我当然每个环节都会追究，也没说让你一个人承担全部责任，不过该你承担的责任你还是要承担的。"接着老板话锋一转，开始指出工程师的责任问题，工程师们也都受到了批评，不过没有人争辩，大家都心平气和地接受了老板的批评。随后老板又追究了车间主任监管不力的责任，车间主任也没有说什么。

最后老板对眼睛哭得通红的丁茹说："我同样批评了工程师和车间主任，我对他们的评价也未必绝对中肯和公平，可他们怎么就没有闹情绪？只有你不是顶撞上司就是顶撞我，工作那么久了还这么孩子气。"

丁茹不服气地说："那你为什么要先拿我开刀？不管怎么说追究责任都不该从最后一个环节说起。"老板长叹了一口气说："你要是非这么想我也没办法，你如果实在忍受不了这里，还是另谋高就吧。"就这样，丁茹当天就被解雇了。

当自己处于弱势地位时，不肯低头往往会付出很大的代价，有时候只有忍辱负重才能保全实力，让自己成为真正的强者。正所谓"忍一时风平浪静"，与其在自己弱小时和强者争高低，还不如积蓄力量，让自己变得强大，等你得到了更多的尊重和支持，往昔的烦恼自然也会随之烟消云散了。

2. 成熟的标志是谨言慎行

《孙子兵法》中有云：“非利不动，非得不用，非危不战。”反复强调慎战的重要性，在孙子看来兴兵作战关系到国家的兴衰存亡，所以不可以不慎重。孙子反对穷兵黩武，也反对冒进和莽撞，主张认真对待每一次大大小小的战斗，步步为营地走好每一步棋，时时刻刻行事谨慎，务必要稳步地取得战斗的胜利。

在孙子看来，战争和激情是毫不相干的，在用兵方面他是非常稳健谨慎的，所以他才会提出“十则围之，五则攻之，倍则战之，敌则能分之，少则能逃之，不若则能避之。故小敌之坚，大敌之擒也”的稳健策略，意即兵力多于敌军十倍方可包围对手；兵力多于敌军五倍，方可主动进攻；兵力多于敌军一倍，方可与之决一雌雄；敌我力量相当，要设法分化敌军，而后各个击破；敌众我寡，就要避免正面交战，因为以弱抗强只能沦为俘虏。

显然孙子并不赞同冒任何风险，他认为作为将帅应该谨慎对待战争，决不能把军国大事当成儿戏，战前要谨慎谋划，还要对敌我的力量有一个准确的评估，我强敌弱时才能全面出兵，大举包围或者是进攻敌人；敌强我弱时就不要冒险顽抗了，免得万劫不复或者成为敌方俘虏。

我们应该以同样的态度对待职场生活，要像军人谨慎对待每一场战役一样，谨慎地对待每一天的工作，事前做好规划，务必使整个工作流程顺畅，尽量减少纰漏，还要注意自己各方面的表现，不要给他人留下不良印象。谨言慎行是成熟的标志，心智成熟的大将行事必然是谨慎的，成熟干练的职场人行事也必定是沉稳慎重的。

如今年轻人都比较崇尚个性，做事也比较富有激情，但却普遍缺乏一种谨慎的态度，有的人性格大大咧咧，无论是着装还是言谈举止都非常不庄重，对待工作也漫不经心，经常出现疏漏，这会给人以一种非常肤浅的印象，也难以赢得他人的信赖和好感，更不可能被委以重任。谨慎、稳健、持重，不仅是一个军人应该具备的品格，也是一名职场人士必须具备的品格，职场新人尤其应该注意这些品格的塑造，无论是在工作上还是为人处世上，都应该谨慎行事，万不可因为一时的浮躁和任性自毁前程。

小岩是刚入职不久的员工，他素来以时尚达人自诩，对着装有着自己独特的品位，可自从加入公司，他就发现办公室里所有的员工都清一色地穿着刻板的职业装，这让他很不适应，穿了一个星期的职业装以后，他就换上了更富个性化的休闲装。起因是他见到了从外地出差回来的经理，经理一身休闲打扮，整天穿着运动服在办公室里走来走去，小岩于是就想自己没有必要整天穿西装打领带，所以就换上了休闲装。他上身穿得松松垮垮，衣服上满是另类的图案，下身是一条破了好几个大洞的牛仔裤，额前的头发染成了小撮的黄色和绿色，耳朵上还打了耳洞戴了耳钉。

小岩性格大大咧咧，并没有觉得自己的着装有什么不妥，经理和同事虽然有些看不惯，但也没有明确指责他，所以他一点也不在意。同事们对他印象不好，主要是觉得他工作不认真，而且待人接物缺乏最基本的礼貌。他经常在办公室里跷二郎腿，无论跟谁说话总是一副漫不经心的样子，从来就没有耐心听完一句完整的话，还总是以称呼同龄人的口吻称呼比自己年长的同事。

有一天，小岩到银行给外地供应商汇款，因为粗心他把单据填错，过了很久才发现是自己把供应商的名字记错了，后来经理亲自出马，才顺利地把钱款汇了出去。事后，经理找他长谈了一次：“知道你为什么做不好这项工作吗？主要是因为你的工作态度有严重问题。你看看你的装扮，是想把办公室当成娱乐场所吗？还有你的言谈举止没有一点职场人士的样子，工作更是做得一团糟，这么简单的事情你都办不好，我以后怎么放心把更重要的工作交给你？”

小岩受到指责，很是不服气：“我怎么装扮是我的自由，你不是也穿着运动装和球鞋吗？不是也能正常工作吗，也没有把办公室当成运动场啊。”经理是个好脾气的人，并没有因为小岩的冒犯而生气，他语重心长地说：“等你坐到我这个位置，也可以像我这样任性。不过现在你还是稳重一点好。”

经过经理一番苦口婆心的劝说，小岩终于认识到了自己身上存在的各种问题，此后他变得稳重踏实起来，不但着装和言谈举止发生了很大变化，更是以饱满的热情和认真的态度处理每一项工作，三年之后他由一个普通的出纳员晋升为财务主管。回想起过往的种种，他对那位开导自己的经理充满了感激，他想如果没有经理的耐心指导，他也不会取得今日的成就，更不会成为一个成熟稳重的职场白领。

职场人士无论是做事还是做人，都应该稳重谨慎，初出茅庐的职场新人更应该奉行谨慎原则。孙子的谨慎原则十分契合职场，战争不是赌博，谨慎比冒险精神更重要，职场也是如此，谨慎的工作态度比个性和激情都重要，它是树立良好的个人形象、兢兢业业地完成本职工作的基础，所以一定要改正心浮气躁的缺点，把自己历练得更加成熟和稳健。

3. 与同事相处要“因人制宜”

《孙子兵法》虽然介绍了很多用兵之法，但孙子本人却更赞同以无形胜有形、以无法胜有法的灵活作战方法。他说“兵无常势，水无常形”，以流水来喻兵法，点明兵法是千变万化的，没有固定的形态，要随时根据战情的变化做出灵活的调整，就像流水遇到阻碍就会绕行，遇到山巅则会倾泻而下一样，随势而变，不拘泥于常态，如此才能冲出困境，迎来转机，取得战斗的胜利。

孙子主张对待不同的情况要采取不同的策略，决不能生搬硬套兵法，更不能把某一种固定的策略当成万全之策到处应用，而应“因敌而制胜”，根据敌方的具体情势而用兵，《九变》篇中有云，“途有所不由，军有所不击，城有所不攻，地有所不争，君命有所不受”，意即有的道路不要走，有的敌军不宜攻击，有的城池不该攻打，有的土地不必争夺。何时该破敌、攻城要根据具体情况而定。孙子强调灵活用兵，还主张根据敌军将领的不同弱点采用不同的策略，他说：“故将有五危，必死可杀，必生可虏，忿速可侮，廉洁可辱，爱民可烦。”也就是说不同的人不同对待，采用不同的方式征服对方将帅，以此达到自己的军事目的。

在战场上，敌情随时都有可能发生变化，故制敌之策也要随之改变，随机应变很重要。制敌的关键不在于给对方的军队以毁灭性的打击，而在于能否“擒贼擒王”，通过征服敌方主帅，以微小的代价结束战争。由于每个主帅的秉性和脾气都是不一样的，所以务必要采用灵活的策略制定应对之道。在职场上同样如此，每个人都有自己的个性和脾气，我们免不了要跟形形色色的人打交道，以一种固定模式跟不同类型的人交往，以不变应万变是行不通的。只有根据对方不同的特点，采用不同的交往方式与之相处，懂得“因人制宜”，才能在职场上如鱼得水，成为备受欢迎的交际高手。

范晓欧是公司后勤部门的职员，平时需要和不同部门、不同级别的员工打交道，这份工作既庞杂又烦琐，稍有不慎就会在细节上出差错，最让人头痛的是要为公司里所有的员工提供后勤保障。因此，要面对形形色色的人，如果应对不好，就很难做好这项工作。上一任员工就是因为不善于处理人际关系，才被公司辞退的。

为了避免重蹈覆辙，范晓欧自上岗以来，便花了不少心思揣摩每个人的秉性，然后根据不同人的不同特点，采用恰当的方式与之共事，果然收获了不错的效果。经过长期的观察，她把公司的员工大致归为五类，他们分别是刻板型、傲慢型、自恋型、老实沉默型、自我为中心型。

刻板型的员工做事一板一眼，兴趣爱好较少，对人比较冷淡，但一旦遇到感兴趣的话题，会突然释放出极大的热情，对于这类人就要通过仔细观察，了解他们的兴趣所在，然后与其建立起和谐融洽的关系。小许就属于刻板型，平时非常严肃，总喜欢按部就班，而且还很较真，任何事情非要争出个所以然来，范晓欧的前任无法招架这类人，两个人的关系一直处于冰点。经过观察，范晓欧发现小许比较怀旧，尤其喜欢一些经典的东西，故工作之余经常和他谈论一些怀旧话题，两个人因此有了更多的默契。

傲慢型员工自视甚高，总是不把别人放在眼里，这类人通常比较有架子，很不好相处。小汪就属于这种类型，刚刚升任副主管就目中无人，有时还会对别人鸡蛋里挑骨头，范晓欧的前任和他发生过多次口角，最后发展到了水火不容的地步，她就是因为这个原因被公司辞退的。与小汪打交道时，范晓欧较为谨慎，她总是用简洁、清晰的话语来表达自己的要求，讲话干脆利落，给人以可信赖感，小汪因此很少跟她讨价还价，也不好意思在她面前端架子。范晓欧靠自己的工作能力赢得了小汪的尊重，工作之余两人也会偶尔闲聊，熟络之后，小汪放下了傲慢的姿态，能够比较平等地对待范晓欧了。

自恋型员工惯于高估自己，事实上这类人工作能力有限，也没有多少学问，不过虚荣心非常强，总爱向别人炫耀，由于胸无点墨，一不小心就会露出马脚。小黄就属于这类人物，范晓欧的前任经常在他出错的时候将其拆穿，导致小黄怀恨在心，所以当她和小汪发生争执时，他毫不犹豫地加入了小汪的阵营，间接地导致了她的出局。范晓欧充分吸取了前任的教训，在小黄讲错话时从未刻意纠正过，给他留足了颜面，因而两人相处得还算比较愉快，几乎没有出现什么纷争。

老实沉默型员工平时少言寡语，为人老实忠厚，这类人往往没有什么心机和城府，成天像老黄牛一样埋头苦干。小齐就属于这种类型，范晓欧的前任和她共事时总感到沉闷，所以经常没话找话说，由于话不投机，小齐对于这位聒噪的同事很是反感，两个人的关系也一直不冷不热。范晓欧和小齐打交道时，从未刻意破坏她的宁静，也不强求对方多言，充分尊重她的性格，靠真诚的态度以心换心，因而赢得了对方的好感。

自我为中心型员工只对自己的事情感兴趣，不太关心别人的感受，和这类人深交往往会很受伤。小谷就是这类人，范晓欧的前任本来和她最要好，两个人有共同的兴趣爱好，个性也都比较活泼，后来由于发现小谷这个人太过自私和任性了，范晓欧的前任感到分外伤心，两个人因此经常吵架，最后两个人不但朋友做不成了，甚至连同事也做不成了。范晓欧和小谷没有过深的交往，两人的关系可以用君子之交淡如水来形容，平时她们还是比较和气的，两人一直和平相处，没有发生什么矛盾。

每个人的个性都有差异，任何黄金法则都不可能适用于所有人，即便是最被推崇的交际模式也不可能让所有人都感到满意，就算多数人能欣然接受，仍有少数人会觉得自己遭到了冒犯。想要做一个交际高手和职场达人，就要向孙子取经，采用灵活策略应对不同的人，如此才能像范晓欧那样与不同类型的人建立起和谐圆融的关系，轻松笑傲职场。

4. 退一步海阔天空，让一分心平气和

我们知道行军打仗有攻有守、有进有退，只知进攻疏于防守，就会使自己陷入险境，只知前进不懂后退，就有可能将军队引向万劫不复的深渊。善用兵者进攻时能让自己的军队势若破竹，防守时能使自己的城池固若金汤，前进时能义无反顾，形势不利时能悬崖勒马，及时撤退，避免给己方造成不必要的损失。

在孙子看来，无论是攻是守，是进是退，都必须把主动权牢牢掌握在自己手中，他在《虚实》篇中这样写道："进而不可御者，冲其虚也；退而不可追者，速而不可及也。故我欲战，敌虽高垒深沟，不得不与我战者，攻其所必救也；我不欲战，画地而守之，敌不得与我战者，乖其所之也。"意思是进攻时要攻击敌军虚弱之处，使其不可抵御；撤退时要迅速，使敌兵追击不到。我方想要出战时，纵使敌人设置了高垒深沟，避战不出，我军攻其必救之处，敌军不得不出兵交战；我军无心交战，便可画地固守，敌军纵使使尽浑身解数也无法与我军交战。

孙子认为用兵之道在于攻守进退自如，要迫使敌军陷于被动。其实处理人际关系遵循的也是同样的原理，唯有知进退，而且懂得以退为进、以静制动才能更妥善地处理各种纷争。攻守进退其实只是相对的，撤退时让敌兵追击不到，养精蓄锐之后再发动反攻，就是典型的以退为

进的策略。职场中人不可太过争强好胜，只进不退必然处处树敌，在必要的时候，主动后退一步，便可海阔天空。

有时候后退是为了更好地前进，退让不是软弱，而是以另一种方式占据了主动地位，这种处世方式会让对方因为羞愧也采取让步的方式，如此一来，各种问题就迎刃而解了。当然退让必须有度，不可无原则无限度地退让，在事关原则立场的问题上，有时还是要坚守自己立场的，更不可无限度地妥协。在无关原则的问题上，比如一些较小的摩擦和矛盾，就完全没有必要一争高低。处处不肯退让，必然与人无法相处，人际关系太糟，在职场上必然处处受掣肘，长此以往，就会长期陷于被动，与其如此，还不如主动退一步，积极地化解双方的矛盾，为自己赢得一个比较有利的发展环境。

宁欣在现在这家公司已经工作四年了，她俨然已经成为了一个不折不扣的资深员工，能力也比较受领导认可，可是四年以来她几乎一直在原地踏步，每次申请升职都被驳回，为此她一度感到很郁闷。近来因为部门调整，部门经理被调到了其他区域，面对高位的诱惑，她又忍不住填写了申请表格，并一再向领导表示自己一定会努力工作，决不辜负他的期望，希望他能给自己一个机会。

领导有些为难地说："你可以申请这个职位，但不要抱太大希望。""为什么？"宁欣不解地问。"有很多人都在竞争这个岗位，所以公司决定在一些资历深、能力强的员工里挑选合适的人才，同时参考全体员工的建议，听说你和好多同事有冲突，所以我觉得你的得票率不会很高。"

宁欣低下了头，略有所思。领导又说："不是上级对你有什么偏见，只是公司在人员任用上一直很民主，假如公司选择了一个不受欢迎的领导，很多工作都无法开展，所以你要理解公司。"

"我只是与几个人合不来而已，还算不上是公敌人物，怎么可能因此影响工作呢？"宁欣不以为然地说。"你这个人虽然有很多优点，但就有一点不好，平时太争强好胜了，无论对谁都不退让，其实只是小摩擦而已，主动让一步，也就大事化小、小事化了了，可是每次你都和别人较劲，总把小事变成难以化解的大矛盾，这样下去，早晚有一天办公室里的所有同事都得被你得罪光。”领导苦口婆心地劝说道，希望宁欣能意识到自己的问题。

“可是错又不在我，为什么我要让步？我这个人向来是人敬我一尺，我敬人一丈，别人不让步我也坚决不让步，这样才算公平。”宁欣语气激动地说。“你要是继续这样下去，恐怕难有大发展。”最终领导并没能说服宁欣，结果正如他预料的一样，宁欣的得票率是几位候选人中最低的一位，苦苦奋斗了几年，宁欣为自己的任性付出了沉重的代价。

在职场上，千万不要信奉“狭路相逢勇者胜”，互不相让只会发生撞车反应，退一步才能使堵塞的道路得以疏通，使双方的矛盾得以缓和，使遭到破坏的人际关系得到修复。在重大问题上，要分清大是大非，但在小事上就不该斤斤计较，睚眦必报更是不可取。做人就应该宽容大度，友善待人，只有这样才能赢得好人缘，为自己事业的发展打下牢固的基础。

5. 一次深思熟虑胜过百次草率行动

孙子说：“兵者，国之大事也。死生之地，存亡之道，不可不察也。”对于国家而言，战争是关乎民族存亡的大事，所以不可不周密考虑，悉心体察，用兵须三思而后行。他主张“谋定而后动，知止而有得”，意即必须经过严密的谋划后才可行动，作战须知何时应该收手，如此才能有更多收获。孙子认为，合格的将帅应具有深刻的洞察力和一定的预测能力，在正式开战以前，能够对当前的形势有一个正确的估计，有利因素和不利因素全部了然于胸，经过一番深思熟虑后制定作战策略，能够做到三思而后行，完全杜绝草率行事。

《孙子兵法》全书讲述的都是谋略，思比战所占的比重要大得多，三思甚至多思对于一个将帅而言是非常必要的，毕竟智勇双全的将领才算杰出的将领，而只知道逞强斗勇，用行动代替思考的将领至多不过是个头脑简单、四肢发达的莽夫，这样的人是很难成大器的。其实不单是行军打仗如此，在职场中，很多事情都需要经过反复考虑才能作出最后决定，为人须成熟稳健，不可仓促鲁莽，凡事三思而后行，只有这样才能少犯错误少走弯路，给人留下可靠稳重的好印象。

三思而后行并不是指优柔寡断，而是指经过全盘考量和冷静细致的思考之后，再妥善作出决定。有些人以为仅凭一腔热情和初生牛犊不怕虎的锐气就能取得成功，结果往往事与愿违，不但一事无成，而且还给人留下了浅薄浮躁的糟糕印象。

俞强和尚杰同为某大型营销公司的助理，营销经理很器重这两位年轻人，有什么好的想法都会事先讲给他们听，每当营销经理和他们分享创意和点子时，俞强总是默默地记下营销经理说过的每一句话，然后耐心地等待下文。等到经理说完了自己的想法以后，他会先思考一会儿，然后再说出自己的看法，起初他的见解并没有什么过人之处，但通过和经理的反复沟通，他的见解日臻成熟，连平时最爱挑毛病的营销经理都找不出破绽了。

尚杰性格风风火火，远没有俞强那么有耐性，他是个不折不扣的行动派，认为花大量时间思考完全是浪费时间，因此每当营销经理和他讨论营销策略时，他都会毫不犹豫地说："我觉得我们没有必要想那么多，只管放手做就行了，假如做错了，吸取教训改过就是了，为什么总要思来想去，讨论来讨论去呢？"营销经理说如果事先不谋划好，等到执行方案时会遇到很多问题，还有可能给公司带来损失。"我们不能这样畏首畏尾，还没做事就先考虑失败，俗话说夜长梦多，该出手时就出手，经理你有了想法就该马上做，不用浪费时间跟我们两个讨论，即使你不说那些理由，我也会举双手赞成的。”尚杰大声说。

营销经理把目光转向俞强：“对于这个问题，你怎么看?”“我想我们还是有必要做好规划，深思熟虑总是没有错的，只有把各种情况都考虑全面了，执行中遇到问题时才知道怎样应对。”俞强回答说。对于两种截然相反的看法，营销经理并没有直接表态，而是交给了他们一项特别的任务，让他们分别独当一面地负责一款产品的营销活动。

俞强接到任务以后，拟写了全套营销方案，并与营销经理多次讨论，经过反复思考和修改后，才确定了最终的营销策略，之后就根据计划稳步开展营销活动。尚杰领命以后，立即投入到了行动中，他向公司申请了赠品和宣传单，以为仅仅凭借这两样东西就能引起广大消费者的注意，但当赠品和宣传单全部发放完毕时，仍然没有在潜在客户群中引起什么反响。

俞强经过一番努力很快就开发了新的客户群，尚杰忙得焦头烂额却一无所获，事后营销经理让两人分别总结工作经验，尚杰有些不好意思地说：“看来我以前太鲁莽太幼稚了，我做事情不懂得动脑筋，以后我会注意克服这个缺点。”

营销经理说：“再过一段时间我就要调回总部了，现在我想提拔俞强为新的营销经理，尚杰你没有意见吧?”“没……我没意见。”尚杰听到这个消息受到了很大的打击，他本以为论胆识论能力自己都在俞强之上，没想到最后会输给俞强。他悻悻地离开了办公室，平生第一次感到怅然若失。

草率行事的结果往往就是草草收场，一次深思熟虑胜过百次草率行动，所以我们绝不能凭借一时的冲动就盲目采取行动，无论做什么工作事前都要做好全盘规划，否则就会像大海上失去罗盘的船只一样迷失方向。三思而后行和果断行事并不矛盾，事先做好分析与判断，是果断行事的基础，而省略思考环节直接投入行动不等于拥有决断力，而是一种莽撞无知的表现，职场中人想要获得更大的发展，就必须学会三思而后行，步步为营地实现自己的目标。

6. 贪图小利必吃大亏

《孙子兵法·始计》篇有云："利而诱之，乱而取之。"大意是说，用蝇头小利诱惑敌人，故意扰乱敌军军心，然后趁乱袭击，力挫敌兵。孙子的意思是利用敌人贪利的弱点战胜他们，这种策略在军事上是可行的，而且花费的成本并不高，牺牲一点小利来换取整个战斗的胜利显然是非常值得的。有人或许会感到疑惑，敌人为何会因一点小利而上当呢？原因很简单，贪图小利是人性的普遍弱点之一，孙子正是因为发现了这一点，才提出了这样的诱敌之策。

从敌军的角度看，因为受到一点小利的诱惑就乱了军心，乃至走向彻底失败，可谓是因小失大，这都是目光短浅造成的。如果人能准确估量眼前小利和长远利益的轻重，就不会被小利所蒙蔽了。孙子在《用间》篇中说："凡兴师十万，出征千里，百姓之费，公家之奉，日费千金，内外骚动，怠于道路，不得操事者，七十万家。相守数年，以争一日之胜，而爱爵禄百金，不知敌之情者，不仁之至也，非民之将也，非主之佐也，非胜之主也。"他用数字概括出了战争所要花费的巨大消耗，从成本收益的角度指出，如能以百金的代价来获取情报，就能早日获胜，减少国家的损耗，倘若贪图小利，连百金都不肯出，那简直就是糊涂和麻木不仁了。

有的人认为占用公司资源就是占到了便宜，殊不知这样做不但会受到同事鄙夷，如果被老板发现了，还有可能被重罚，甚至被解雇。职场人士如果为了贪图一点小便宜而丢失了自己的人格，是非常不值得的。还有的人总爱斤斤计较，不肯吃一点亏，处处都要占便宜，从表面上看，这些人在短期内确实得了一些小利，从长远来看，其失去的要比得到的多出无数倍。由此可见，贪图小利，人生之路就会越走越窄，而不计小利，能处处为他人着想的人职场之路才会越走越宽，未来的空间才会更加广阔。

吴晓光从来都不相信吃亏是福的道理，在他眼里，有便宜不占就是吃大亏，因为自己不占，总会被别人抢占，别人得到，自己没有得到，就是吃亏。步入职场以后，他总是想方设法利用公司资源办私事，比如他常常在下班之后，偷偷用公司电话打长途，事后会小心地擦掉自己的痕迹，以为这样就可以万无一失。同事和上司都误以为他在加班，几乎没有人对他产生怀疑，但公司的电话费高居不下又着实令人费解。

吴晓光除了爱用公司的电话打长途以外，还经常利用职务之便顺手牵羊，把公司仓库里的物品拿回家私用。只要库管和采购管理得稍微松一点，他便会把胶带、塑料杯、手套、纸巾之类的物品带回家。其实这些零碎的东西价格都很便宜，可是吴晓光却很享受这种公为私用的乐趣，他觉得不用花钱就能得到各类物品，实在是占了天大的便宜。

同事虽然没有发现吴晓光的小动作，但是对他的印象非常不好，认为他十分小气，平时不仅一毛不拔，还专爱占小便宜，渐渐地同事们都疏远了他。新来的同事因为不清楚吴晓光的为人，所以都与他有过一段短暂的交往，可是没过多久就发现吴晓光这个人太爱算计，于是也都纷纷远离了他。吴晓光慢慢地成为了孤家寡人。

吴晓光照例用公司电话打长途，照例私拿公司物品，以为只要足够小心就不会被发现，不承想最终还是露出了马脚。有一天下班之后，他正用公司的电话和老家的亲戚闲聊，碰巧被返回公司取文件的老板发现了。老板大为光火，当即宣布长途电话费用要从他的工资里扣除，另外还要上交额外的罚款，月底他就可以直接走人了。吴晓光没想到自己贪了点小便宜，就要吃这么大的亏，所以忍不住和老板理论起来。老板说："公司丢了很多物品，本来并不知道是谁拿的，现在看来你的嫌疑是最大的，如果你不想把事情闹大，最好按我说的做。"就这样，吴晓光因为贪图小利，不仅损失了一笔钱，而且丢了工作，他感到郁闷难当，平生第一次产生了哑巴吃黄连，有苦说不出的感觉。

贪图眼前的一点蝇头小利，最后就会吃大亏。没有一家公司喜欢雇佣滥用公司资源的员工，也没有人喜欢和处处抢先、总爱占小便宜的人合作，做人目光应该放长远一些，不要被眼前的小利所惑，而应该放眼未来，拒绝蝇头小利的诱惑，做一个有胸襟有远见的人。

第十二章

生存法则：居安思危，积极进取

孙子告诉我们适者生存是普遍的公理，不能居安思危、具有致命的软肋和硬伤、贪利忘害、墨守成规、缺乏合作精神、不能认清自我、难以适应职场环境等诸多弱点，都会给自身的生存带来严峻的挑战。作为职场人，要想在社会上为自己打出一片天地，必须积极备战，克服自身的弱点，让自己变得不可替代。

1. 人生最大的危机就是没有危机感

兵家的最高目标是取胜，但首先要解决的问题是生存。战争不是一场游戏，而是一场你死我活的较量。孙子认为，在战场上要时刻保持危机感，才能保证不被淘汰出局。他说："无恃其不来，恃吾有以待之；无恃其不攻，恃吾有所不可攻也。"意思是任何时候都不要存有侥幸心理，不要期待敌人不会前来袭击自己，而要时刻做好应战的准备，不断壮大自己的力量，粉碎敌人进攻的企图。

在孙子看来，士兵在战场上一刻都不能放松自己，绝不能把希望寄托在敌人不来进攻上，而应该积极做好应战的准备。古语说"生于忧患，死于安乐"，作为战士，如果放松警惕，贪图安逸，就有可能在敌军大兵压境时措手不及，唯有时刻保持一定的危机感和紧张感，才不会麻痹大意，在敌军来犯时方可果断出击。

孙子认为，强烈的危机意识对于众将士来说，不仅是必要的，在某些情况下甚至能使人爆发出巨大的力量。他在《九地》篇中这样写道：“投之亡地然后存，陷之死地然后生。”简言之，就是置之死地而后生的意思。强烈的求生意愿可以激发士兵的斗志和潜能，在没有退路的情况下，他们为了生存只能拼死向前冲，结果往往能在绝境中创造奇迹。历史上的巨鹿之战就是一个典型的案例，项羽破釜沉舟，迫使士兵奋勇杀敌，结果以极少的兵力战胜了数十万秦军，这无疑是军事史上的一个奇迹。

当今时代，就业形势越发严峻，职场中人必须时刻保持危机感，如果你因为暂时还有一份稳定的工作，就失去了危机感，那么很有可能就变成了可悲的温水青蛙，等到真心痛悔时就已经来不及了。

小金联系到了一个大客户，他自认为这个大单已经是十拿九稳的了，所以一连好几天都在不徐不疾地和客户商讨价钱，并没有急于签单的意思。主管有些着急了，催问什么时候才能正式签单，小金却说，不急，下午再打电话问问，拖一段时间也许能商定一个更有利的价钱。可是等到下午和客户商谈时，客户却说他已经和另外一个供应商签单了。小金顿时愣住了，他万万没有想到煮熟的鸭子也能飞走，可是后悔已经来不及了。

主管对小金的表现颇有微词：“如果你能有点危机感，及时跟进订单，这样的事情就不会发生。”小金赶忙说：“我知道错了，可是订单已经被别人抢走了，我现在也没办法补救，下次注意就是了。”“下次，你还想有下次?”主管的眉毛拧了起来。“不会有下次了，我保证同样的事情绝不会再发生了。”小金信誓旦旦地说。

主管对小金的保证并不感冒，他表情严肃地看着小金说：“小金，你来公司已经有三年了吧。三年的时间说长不长，说短不短。记得你刚到公司时，做什么事情都是小心翼翼的，生怕出现一点差错，后来对于各项业务你都驾轻就熟了，慢慢地就失去了危机感，以为安逸的生活似乎永远都没有尽头，做事也变得懒懒散散，这样下去可不行啊。你知道吗，现在公司的效益可大不如从前了，我们有很多强劲的竞争对手，如果我们的员工都像你这样散漫，订单早就被其他公司抢光了，那么公司就会倒闭破产。”

小金羞愧地低下了头，小声说：“我以后会好好表现的。”主管却说：“很对不起，之前我已经给过你很多次机会了，可是你从来就意识不到问题的严重性，所以我不得不遗憾地告诉你，你被解雇了，希望你到下一家公司工作时不要再犯同样的错误。”小金就这样被自己效力三年的公司开除了，他做梦都没想到自己会以这样的方式被扫地出门，他难过地看了办公大楼最后一眼，步履沉重地离开了。

人生最大的危机就是没有危机感，没有危机感就会安于现状，不思进取，逐渐丧失斗志，失去人生的发展平台，甚至失去赖以为生的工作。危机感固然会给人带来压力，但它却是职场生活中必不可少的东西，它能迫使我们做出改变，积极调整状态，还能激发我们巨大的潜能。故我们不单应该在逆境中勇于面对各种危机，在顺境中也要时刻保持危机感和忧患意识，真正做到居安思危，只有这样，我们才能立于不败之地。

2. 别让弱点变成你的软肋和硬伤

孙子曾经说过：“将有五危：必死，可杀也；必生，可虏也；忿速，可侮也；廉洁，可辱也；爱民，可烦也。”指出了为将者的五大弱点，己军可以根据敌将的这五项弱点，瓦解敌军的斗志，同时要严防己军的将帅被这五大弱点所累。

将帅第一危是死拼蛮干，这样的将领做事往往不计后果，过分迷信武力，又太过自负，很容易被敌方诱杀。有勇无谋乃是兵家大忌，视死如归固然勇气可嘉，但动辄就把自己乃至整个军队拖入险境就不足取了。很多军队之所以落得全军覆没的下场多半是此类将军的过错，自己喜欢铤而走险，自然也不会把军队的安危放在心上，如此带兵很可能落得兵败身死的悲惨下场。故孙子把这条性格缺陷放在了五危之首。

将帅第二危是贪生怕死，将领怕死，士兵们又怎么可能拼死迎敌呢？勇敢是军人的基本素质，如果一支军队的将领每逢迎敌都畏缩不前，表现得像一个十足的懦夫，那么士兵们又怎么可能甘愿听从他的指挥，舍生忘死地投入战斗呢？故孙子说对于一个高级将领来说，抱着必死之心作战或必生之心迎敌都是不合时宜的。

将帅的第三危是性情急躁火爆，这种性格的人易于被激怒，假如敌人掌握了他的弱点，故意激怒他，就能使他在急火攻心时作出不理智的决策。

将帅的第四危是廉洁但过分注重声誉，这样的将领过于自尊，太过注重个人的感受，假如敌人故意羞辱他，就会失其落入圈套。

将帅第五危是过度溺爱民众，或许有人感到奇怪，爱民如子不是很好吗？为什么会被视作为将的缺陷呢？事实上军人的天职是保家卫国、行军打仗，将帅如果只顾“爱民”，而忽略了战争的重要性，就会被卷入各种烦恼中不得安宁。

俗话说，人无完人，再出色的将领也是有性格弱点的，如果他们不能克服自己身上的弱点，极有可能被敌方利用，不仅会葬送自己的性命，还会连累整支军队。其实每个人都是有弱点的，所不同的是有的弱点对人生影响微乎其微，而有的弱点却是致命的，足以毁掉自己的职场生涯。

那么职场人士都有哪些弱点会直接影响到自己的生存与发展呢？对应将帅五危分别有以下几点：一是死打硬拼型，这类人喜欢主动请缨承担任务，比一般人更具勇气，但做事欠考量，又不讲究方法，故常把事情搞砸，往往会使公司蒙受极大损失，最后自己只能以引咎辞职收场；二是悲观恐惧型，这类人和战场上贪生怕死的将领一样，没底气没胆量，总是感到惶恐不安，还没采取行动就开始预言失败，结果由于状态不佳一手促成了自己的惨败；三是强硬火爆型，这类人具有很强的攻击性，个性急躁、言行冷酷，一点鸡毛蒜皮的小事都有可能将其激怒，结果常因为无可救药的坏脾气断送了自己的职业生涯；四是敏感自尊型，这类人非常在乎自己的名声和感受，受到一点指责和委屈就感到忍无可忍，结果频频辞职依然找不到属于自己的归属地；五是老好人型，这类人就像过度溺爱民众的将领一样，忘记了自己的职责所在，为了回避冲突，不惜放弃原则，假如身处高位则难以服众，身在基层则有可能饱受欺辱，甚至连正常的工作都无法维持。

有一家中型企业由于效益连年下滑，于是打算裁员，经理拟定了一份裁员名单，其中小柳、小雷、小董、小元、小季都赫然在列，人事部主管看完这份名单之后，对这样的结果感到非常不解。他说："小柳这个年轻人，敢想敢干，有一股冲劲和闯劲，虽然有时会把事情办砸，但勇气可嘉，不知经理为何要裁掉他？"

经理说："小柳确实有胆识，但个性冲动不计后果，办事没头脑，能力不足却一再毛遂自荐担当大任，上次已经让公司遭受了一笔不小的损失，这样的员工留不得，因为他只会给公司带来风险。"

人事部主管又说："小雷的性格和小柳完全相反，他做什么事都谨小慎微，不知经理为何对他也不满意？"

经理回答说："小雷胆子太小，做什么事情都畏首畏尾，结果一件事情也做不成。这样的员工不能给企业创造效益，所以出现在裁员名单上也没有什么好奇怪的。”

人事部主管接着说：“小董办事能力突出，工作能力也很强，除了脾气差以外，几乎没有别的缺点，悉心培养也许日后真能担当重任，经理为什么连他也要裁掉？”

经理说：“脾气差就是致命缺陷，小董确实很出色，可是太不会做人，经常为了一点小事大动肝火，几乎快把同事得罪光了，这样的人不好合作，影响团队协作，假如真把他提拔到管理层，人才将会严重流失。我觉得裁掉小董，办公室的气氛会更和谐一些。”

人事部主管继续说：“小元工作兢兢业业、任劳任怨，我觉得她没有什么大问题，经理为什么要裁掉她？”

经理说：“小元个性太敏感，又太过自我，脸皮太薄，受一点委屈就哭个不停，既影响自己工作，又影响别人工作。”

人事部经理又说：“小季可是个老好人，他凡事有求必应，工作踏实，人也忠厚老实，经理为什么要裁掉这样的员工？”

经理回答说：“表面看来，小季确实和同事们没有什么矛盾，小季这个人平时最怕得罪人，所以处处忍让。别的员工正是利用他的弱点，随意地从公司仓库里挪用办公用品，他出言制止时根本就没人理会，所以从这个角度来说，他并不是一个合格的库管。”

人事部主管终于无话可说了，他认为经理的理由已经足够充分了，接下来他一一通知了名单中的员工，告诉他们到财务部领完工资以后，就不用再来上班了。小柳、小雷、小董、小元、小季垂头丧气地离开了公司，对未来感到非常茫然。

虽然每个人都有自己的长处和短处，但有的弱点会成为你的软肋，有的弱点则会发展成你的致命硬伤，如果不及时纠正这些弱点，就很难在职场上立足。

3. 守住安全红线，切忌见利忘害

趋利避害是一切生命体的本能，然而作为万物灵长的人类，由于受到逐利心理的驱使，很可能忘记了危险，以致付出惨重的代价。在战场上，如果将帅好大喜功，一心只想着胜利，不能全面分析利害，就会给国家造成无可估量的损失。所以孙子主张在趋利的时候，一定要先考虑避害，如此才能避免更大的损失。他说："夫兵久而国利者，未之有也。故不能尽知用兵之害者，则不能尽知用兵之利也。"意思是不能只考虑用兵的好处，而不考虑用兵的害处。长久用兵对国家是有危害的，因为穷兵黩武而使国家获利的，古往今来都是没有的。

显然，孙子主张兴兵作战时一定要权衡利弊，不能一心只想着征战带给自己的好处，而一点都不考虑战争给社会生产带来的破坏，以及给国家财政带来的巨大压力。孙子强烈反对久战，是从利害关系的角度考量的。孙子强调用兵须利害兼顾，他在《九变》篇中这样写道："是故智者之虑，必杂于利害。杂于利，而务可信也；杂于害，而患可解也。"意即明智的将帅会从利害两方面来考虑问题，处于顺境，能考虑到不利的因素，充分估计可能遇到的困难，有效排除各种可能发生的意外，顺利地实现自己的目标；处于逆境，能想到有利的一面，鼓舞大家战胜困难，化不利为有利，带领军队冲出困境，打拼出另一番天地。

在处境不妙的情况下，见害思利，才能在黑暗中看到光明，在利益当头的情况下，对可能存在的风险和危害有一个合理的估计，才能守住安全红线，避免遭受重大伤害。在战场上，很多的军人"见利忘害"，于是把军队带上了歧途，在职场上，不少人也犯了同类的错误，一心想着大展宏图，将自己的利益最大化，却将可能存在的问题和风险全部抛诸脑后，结果往往付出了高昂的代价。那么为什么人们在趋利的时候避害意识会大大减弱呢？主要是因为存在侥幸心理。

储凡是个敢于冒险的年轻人，他说如果自己有一百万元，将会一分不剩地全部拿去投资，有人问如果赔了怎么办，储凡说那就当花钱买教训了，不过他从来不去考虑这种情况，做任何事情时他只考虑赢不考虑输，只关心有利的一面不关心不利的一面，他以为这样才能鼓足勇气干大事。

工作之余，储凡喜欢炒股，他几乎把大部分工资都投资在股票上了，只要尝到一点甜头，他就会追加投资，甚至不惜借钱炒股。每当有人采用利弊分析的方法和他谈论股票时，他就显得很不耐烦："什么事情都要考虑利害两个方面，这样也太累人了，没必要想那么多，只想着赚钱就好了。"有人好心提醒他："股票本来就是有赔有赚的，怎么可能只赚不赔呢?"储凡不想继续这个话题了，于是很武断地说道："总之赚的一定会比赔的多，总体来看赚钱的几率还是很大的。"

炒股一年后，储凡不但赔光了所有的积蓄，还欠了一笔债，这是他万万没有想到的，为了迅速翻盘，他想到了一个主意，那便是利用职务之便暂时从公司挪用一部分资金投入股市，等到自己赚了大钱，再神不知鬼不觉地把钱还给公司。作为财务人员，储凡不但没有一点风险意识，反而拿公司的钱来赌博，这是公司上下都没有想到的。等到东窗事发以后，公司的资金链几乎马上就要断了，老板和高管全都慌作一团，储凡也为此付出了沉重的代价，等待他的将是法律的严惩。

面对老板的指责，储凡也有些内疚，他说："我本来没想给公司惹麻烦，当时就是想用公司的钱投资，等到赚了就还上，没想到这笔钱会赔进去。"就这样，储凡因为私自挪用公款毁掉了自己的大好前程。

在自然界中，几乎所有的物种都懂得趋利避害，面对适者生存的残酷法则，大多数生物都已经进化出了趋利避害的超强本领，会在危险来临之际迅速逃离现场。可是具有高级智慧的人类却恰恰失去了这样的本能，这是非常可悲的。在九死一生的战场，有人为了逐利而忽视了危害，在复杂变幻的职场上，我们不可被一时的贪心蒙蔽了双眼，一失足成千古恨。

4. 创新是提升职场适应力的利器

《孙子兵法》囊括了很多用兵之道，其中的很多战术都可以被直接应用到战场上，然而孙子却不主张直接照搬兵书，而是鼓励将领们积极创新。他在《虚实》篇中这样写道："故其战胜不复，而应形于无穷。"意思是每次战胜敌人的策略都是不同的，它是随着敌情的变化而制定出来的，故而呈现出无穷的变化。换言之，孙子认为，真正有效的制敌之策是从兵书上学不来的，它是创新的产物，每次克敌制胜的策略都是不同的，也就是说按照一个套路打仗是完全行不通的。

孙子主张在用兵之道上创新，主要是为了更好地适应战场的局势，在残酷的对抗中顽强地生存下来。他说："故形兵之极，至于无形。无形，则深间不能窥，智者不能谋。因形而错胜于众，众不能知；人皆知我所以胜之形，而莫知吾所以制胜之形；故其战胜不复，而应形于无穷。"大意是采用无形之法，让敌人看不出一点行迹和破绽，使敌军不能窥探我军的军事机密，即使敌方将领再有智谋也想不出对付我军的办法来，这样我军就能占据有利地位，处处牵制敌人，最终大获全胜。

在战场上，创新是克敌制胜的良方，没有创新精神就意味着被敌人见招拆招，迅速走向败局，在职场上创新是提升适应力的利器，在激烈的角逐和竞争中，缺乏创新意识，表现平庸的人最容易被淘汰出局，而那些敢于求新求变、有创意有想法的人才能走在时代的前列，成为不可取代的新锐人物。

有的职场人士以为只要吃苦耐劳、踏实肯干，就能在职场上占据一席之地，可事实却并非如此。培养自己的创新意识，是增加自身含金量的有效途径，摆脱窠臼的束缚，你的人生之路才会越走越宽广。

有一家玩具厂在投产运动器材时出现了重大问题，其生产的呼啦圈打不开销路，大部分商品积压在仓库里卖不出去，公司的资金被大量占用，陷入了财务危机。经过几轮会议的商讨，高层领导决定大幅度裁员。为了稳定人心，裁员的工作是分批进行的，虽然在工人中引起不小的恐慌，不过有不少人仍乐观地认为自己可以保住岗位，理由是自己是熟练工人，已经在工厂工作十年以上了，所以工厂应该不会首先裁掉老员工。可事实却让很多任劳任怨的老员工失望了，他们也都陆陆续续地接到了下岗通知，工厂管理人员告诉他们做到月底就可以离职了，届时他们将领到一笔补偿。

面对突如其来的打击，很多老员工一蹶不振，有的还愤愤不平地说："真是太不公平了，我们每天辛辛苦苦、任劳任怨地工作，结果却首先被裁掉了，而那些新来的员工却不在裁员名单里。"另一个老员工说："领导说那些新员工学历高，比较有想法，可能会想出把工厂带出困境的新点子，所以每次开会都请他们出席，我们这些埋头苦干的老员工什么时候享受过这样的待遇。"

一个星期之后，正赶上月末，一名新员工提出了一个创新方案，他建议工厂把库存的呼啦圈切成两半，将其改制成蔬菜薄膜覆盖用的顶棚支架，全部销售给农户，结果没过多久，积压在仓库里的呼啦圈就全部销售一空了，工厂也顺利地渡过了这次危机。在新一轮的员工大会上，厂长热情洋溢地表扬了这名新员工，他说："企业需要的就是这样有创新意识的员工，这个点子非常好，不但帮企业顺利渡过了难关，还让我们意识到一个问题，那就是在新形势面前，墨守成规肯定是不行的，以后你们要开动脑筋，向这名新员工学习。”

厂长在发表这番激情澎湃的讲话时，很多老员工已经不在了，他们已经领完工资离开了，留下来的老员工对未来也感到一片茫然，他们不知道同样的事情会不会再降临到自己身上，一股前所未有的压力笼罩着整个工厂。几个月之后，工厂里老员工悄然地改变了生活方式，有人提出了改进生产效率的新点子，有人提出了改造设备的可行方案，工厂的气氛变得前所未有的活跃，显然它已经进入了新的发展时期。

即使你从事的是最为平凡的工作，只要具备一定的创新能力，也能在平凡的岗位上做出不平凡的成绩，提升自己的价值。在职场的舞台上，创新扮演了非常重要的角色，它是检验职场人适应能力的一个重要指标，敢于创新，能为企业创造更多利润的人，才能在时代的浪潮中展现出自己的风采，在平凡的岗位上脱颖而出。

5. 个人的成功离不开团队合作

我们知道战争中要考虑天时、地利、人和等各方面的因素，我国自古就有“天时不如地利。地利不如人和”的说法，可见人和对于战争的成败起着至关重要的作用。孙子在《谋攻》篇中说：“故知胜有五：知可以战与不可以战者胜，识众寡之用者胜，上下同欲者胜，以虞待不虞者胜，将能而君不御者胜。此五者，知胜之道也。”把上下同欲的人和因素当成了制胜的法宝之一，也就是说如果一支军队万众一心、众志成城，就能攻无不克，战无不胜。

在孙子看来，用兵之道在于人和，如果全体士卒和将帅上下同心，就必定整齐划一地执行将帅的指令，最大限度地发挥协同作战的优势。反之，如果士卒内部不团结，和将帅也存在隔阂，那么就如同毫无凝聚力的一盘散沙，是根本就不可能取胜的。

众所周知，两军交战绝不是将领之间的个人较量，再勇猛的虎将也不可能以一敌百，个人英雄主义远远比不上千军万马的力量。无论是将帅还是士卒都是团队中的一员，每个人都是其中的一个环节，只有彼此配合才能形成强大的凝聚力，同心协力地达成军队的目标。

当今社会，团队合作精神被视为职场人应该具备的品质，绝大多数公司在招聘人才时均要求应聘者具有良好的团队合作精神。而今专业分工越来越细，很多工作都是众人相互配合一同完成的，每个人都是其中的一个环节，任何一个环节出了问题，都有可能影响整体目标的实现。所以没有团队合作意识，惯于单打独斗的人生存空间会越来越狭窄，而善于团队合作的人，即使能力并不出众仍然能在职场上找到自己的位置，在群体中展现自身的价值。

杨裕刚刚大学毕业就有幸得到了一家知名广告公司的垂青，经过层层筛选和考核，他成为了被正式试用的四名员工之一，总经理对这四名表现优异的应聘者十分欣赏，他用夸赞的口吻对他们说："正所谓淘尽黄沙始见金，各位都是能发光的金子，公司对你们非常重视，试用期结束后，我会从你们当中选出一位，担任业务主管。"

杨裕听到这个消息顿时感到无比振奋，一想到自己初出茅庐就能找到一份好工作，还有机会在这么短暂的时间内荣升为业务主管，他就高兴得睡不着觉。其实对于业务主管这个职位，杨裕也不是志在必得，另外三名竞争对手都很有实力，所以他想要证明自己，就必须提升自己的竞争力。

为了超越竞争对手，杨裕付出了很多努力，他每天都利用业务时间浏览广告设计网站，翻看时尚杂志，以此来提升自己的欣赏品位，除此之外，他还在互联网上频繁地和设计高手交流经验，从中学到了不少东西。杨裕心想，另外三名竞争者，应该也是通过同样的途径恶补广告学知识，这样下去，自己的优势根本显示不出来，为了进一步提升自己的实力，杨裕积极地向三位同事取经求教，不但摸清了他们的底细，还学到了更多的知识，而当别人虚心向他请教时，他就佯装不知，从来都不作答。

在试用期间，另外三位新人在工作中经常沟通交流，大家互相取长补短，合作得非常愉快，杨裕因为怀有私心，不愿加入他们的小团体，渐渐地，三位新人组成了一个凝聚力极强的团队，而杨裕则成为了一个单打独斗的独行侠。试用期结束后，月末考核的结果很快就出来了，杨裕的业绩排在最前面，他想业务主管的位置一定是自己的了，没想到总经理不但没有大力提拔他，反而把他解雇了。

原来在试用期间，总经理一直默默地观察着四位新人的表现，所有人的一举一动他全部看在眼里，他认为杨裕虽然很优秀，但没有团队合作精神，这会给整个公司的分工与协作带来负面的影响，于是就不无遗憾地把他解聘了。

俗话说“独木不成林”，一个人无论有多么优秀、多么精明强干，其智慧和力量都是有限的，而团队的力量却是无穷的，人类历史上任何伟大的事业和宏伟的工程都是集体劳动的结晶，现代社会的工业神话无一不是团队合作创造的杰作。人之于团队就好比滴水之于大海、星辰之于夜空，只有把自己融入集体之中，才能绽放出最耀眼的光芒。脱离团队，个体就会变得微不足道，一个人如果不善于团队合作，就很难在社会上立足，更不可能获得长足发展。个人的成功离不开团队合作，要想跟上时代步伐，快速适应现代社会环境，就必须改变单打独斗的工作方式，张开双臂投入团队的怀抱，默契配合其他成员的工作，在分工协作中实现共赢。

6. 正确认识自己，找准人生坐标

孙子在《谋攻》篇中说：“故君之所以患于军者三：不知军之不可以进而谓之进，不知军之不可以退而谓之退，是谓縻军；不知三军之事而同三军之政，则军士惑矣；不知三军之权而同三军之任，则军士疑矣。三军既惑且疑，则诸侯之难至矣，是谓乱军引胜。”列举了国君危害军队的三种情况，即不知军情，强令不宜前进的军队前进，下令让不该撤退的军队后退，这样做无疑会扰乱军队的正常作战；不了解军队内部事务却干涉行政，整个军队会因此而困惑；不知晓军事上的权宜机变，胡乱指挥，会使得将士感到疑惑。

中国军事史上很多战争的失败都是因为国君不了解自己军队的实际情况造成的，也就是说国君没有做到知己，这是造成战败的直接原因。国君不能知己，肆意调兵遣将，任意颁布政令，就会给整支军队带来灭顶之灾。其实将帅不能做到知己，对整支军队的危害也着实不小。将帅不知己分为三种情况，一种是不了解军情，一种是对自己缺乏客观的认识，一种是对军队的实力缺乏正确的估计。

三国时代的马谡就属于第二种情况，他没有统领三军的能力，却自恃过高，在战场上胡乱指挥，以致痛失街亭，最终伏了军法。在甲午中日战争中，李鸿章的表现属于第三种情况，当时中国舰船的排水量虽不如日本，但“定远”“镇远”两大铁甲舰有着“亚洲第一巨舰”的美誉，舰身无比坚固，其先进性并不输于日本，大战来临之际丁汝昌积极备战，然而李鸿章却对北洋水师的作战能力毫无信心，严令丁汝昌尽量少携带炮弹，以免日方感到威胁，试图避免两军交战，结果两军正式交火以后，北洋水师因为炮弹不足而全军覆没。

在战场上，不知己者几乎必败无疑，在职场上同样如此，不能客观地认识自己，无论是在求职阶段还是在职业发展阶段，都将给自己带来非常不利的影响。对于刚刚步入社会的广大年轻人来说，在应聘工作时，必须对自己进行一次深层次的解剖，充分了解自己能力的大小以及优势与劣势，如此才能找准职业定位。对于工作多年的职场人士来说，也需要做到知己才能更合理地规划自己的职业生涯，实现人生理想。

求职者过分高估或低估自己，极有可能给招聘方留下不良印象，致使自己在竞争中落败，职场中人过于自负或妄自菲薄，也会给自己的未来增加很大的变数，严重者也可能导致自己出局，所以我们绝不能忽视知己的重要性。

钱兵是个非常自信的年轻人，他个性开朗，谈吐幽默，在学校时很受欢迎，可是在求职时却屡屡碰壁，给每位面试官留下的印象都非常差，面试官普遍认为他对自己缺乏正确的认识，讲话不知轻重，甚至有些狂妄自大，实在不适合聘用，所以纷纷将其拒之门外。

钱兵并没有认识到自身存在的问题，依旧把求职意向定位在经理之类的高层管理职务上。有位面试官忍不住说："你刚刚毕业，没有任何工作经验，为什么把目标定得那么高呢？是不是有点不切合实际呢？"钱兵很自信地回答说："虽然我毕业没多久，但并不代表我没有能力，我相信我完全可以适应高层管理的岗位，只要贵公司给我一次机会，我一定不会让你失望的。"面试官说："年轻人有大志向是好事，但是也要结合自身的情况考虑问题，你凭什么认为自己在没有任何管理经验的情况下就能胜任经理一职呢？你能具体说说你的优势在哪里吗？你都有哪些优点呢？"

钱兵说："我自信、乐观、有勇气有担当，敢想敢做，年轻人有的优点我全部都有。"面试官无奈地说："可是你的这些优点和管理岗位又有什么关系呢？""当然有关系，能晋升到管理层的自然比一般员工优秀，而且比一般员工有想法有胆识。”钱兵说。“很抱歉，我觉得你不是经理的合格人选，我建议你最好重新审视一下自己的能力，从最适合自己的岗位做起。”钱兵听到这样的回答感到非常失望，最后他带着简历黯然离开了面试地点。

在吃了无数次闭门羹以后，钱兵不得不向现实妥协了，他暂时放弃了谋求经理一职的想法，在一家中型企业谋到了普通职员的差事，但他始终不甘心，整日琢磨着跳槽到别家公司担任经理。一晃三年时间过去了，他始终没有找到机会，由于平时工作心不在焉，业务水平一直也没有得到提升，后来公司进行了改组，钱兵第一个被裁掉了。失去工作以后，他又做起了经理梦，精心地打印了数十份简历，但没有一家企业愿意雇用他，他不得不再次降低标准，把目标定位在了普通职员上，可是没想到很多企业宁愿招收应届毕业生，也不愿意聘用他。就这样，钱兵加入了失业大军，前景一片黯淡。

常言道“人贵有自知之明”，过分自信，就很难找准人生的航向，孤芳自赏、妄自尊大，就会长期陷入自我迷失的状态不能自拔，甚至断送自己的职业生涯。我们必须学会审视自己，对自己的学识、能力、优缺点有一个客观的评判，求职和择业时务必要从自己的实际情况出发，只有这样才能找到与自身能力相适应的岗位，为未来打下一片灿烂的天地。

7. 不能让环境适应自己，而要主动适应环境

“适者生存，优胜劣汰”是自然界永恒不变的法则，其实刀山血海的古战场上，所奉行的又何尝不是这样的法则。生死存亡的巨大压力迫使每一个手执刀戈的人要主动去适应环境的挑战，因为他们明白不这样做

就面临着灭亡的噩运。人要适应环境，而不是奢望环境反过来适应自己，主要是因为世界是客观的，是不以人的意志为转移的，适者生存，反之就会败亡。

孙子在用兵之道中曾经强调过积极适应环境，利用天时、地利的条件取胜的战争策略。他说“天者，阴阳、寒暑、时制也”，主张顺应天时，因时制宜。天时是客观环境的一部分，它对战争有着不小的影响，人只能利用天时却不可能更改天时，所以必须选择适应，而不是反其道而行之。

除了天时以外，孙子还阐述了很多有关因地制宜的理论，他在《地形》篇中说：“地形有通者，有挂者，有支者，有隘者，有险者，有远者。我可以往，彼可以来，曰通。通形者，先居高阳，利粮道，以战则利。”把地形分为了“通”、“挂”、“支”、“隘”、“险”、“远”六种，并对每种地形一一做了解释。

“通”是指交通便利无阻碍的地形，谁抢先占领高地，使己方粮道畅通，谁就占据了主动权。“挂”是指能够攻入却难以撤退返回的地形，若是敌军防范不足，我军就可突袭制胜，若是敌军早有防备，我军冒险出击，就会陷入困境。“支”是指对敌我双方而言，出击都非常不利的地形。在这种地形上作战，无论敌军怎样激将引诱，我军都不要贸然出击，而应佯装撤退，引诱敌军深入腹地时再果断回击，这种用兵之策才对我军有利。“隘”是指易守难攻之地，我军应抢先占领此地，布重兵把守，假如此地已被敌军率先占领了，而且布设了重兵，我军就不宜去攻打，若是敌兵把守不严，我军便可抢夺此地。“险”是指险峻之地，若我军率先占领此地，必须要守住开阔向阳的高地；若是敌军已经占领了险地，我军最好撤退为妙，万不可冒险攻打。在“远”形地域，敌我双方力量大致相等，双方不宜交战，故我军不能主动挑起战争，也不可求战。

人不能凭借自己意愿任意改变地形，只能适应地形、利用地形作战，想要以“愚公移山”、“精卫填海”的个人意志彻底改变地貌显然是不现实的，唯有适应环境，制定适当的作战方案，才能击败敌军，成为最后的赢家。在残酷的战场上，适者生存是颠扑不破的真理，在职场上也是如此，能够在瞬息万变的职场上生存下来并取得良好发展的，往往不是那些看起来最强大或是最聪明的人，而是那些能主动适应环境，能够根据环境的变化及时调整自己的人。

施福田是一个理工类的专科生，他毕业那年，大学生的就业形势非常严峻，没有名校光环也没有一技之长的他，面临的是毕业即失业的局面。起初他感到非常茫然，不知道未来的出路究竟在哪里，后来有位同学对他说：“人要主动适应环境，不能让环境适应自己，我们不可能改变当今的就业形势，所以必须面对现实，必要时要放低自己，走先就业再择业的路线。”施福田觉得同学说得很有道理，在万般无奈的情况下，主动放低了自己的身段，到轧钢厂当了一名普通工人。

曾广玉是施福田的高中同学，毕业之际他也为找工作伤透了脑筋，虽然他是个本科生，学历比施福田要高，但就业难度比专科生还要大，主要原因是学校所学的理论和实践无法实现对接，而且本科生的要求又高于专科生，所以工作更加难找。曾广玉不愿意向现实妥协，于是一边投简历一边考研，总想着等到就业形势有所缓解了或是自己考上研究生增值了，就能找到满意的工作了，结果事情并没有朝他预想的方向发展，一年过去了，他并没有考上研究生，还要和应届毕业生抢工作，就业压力更大了。

转眼四年时间过去了，施福田和曾广玉都经历了很多事情，面对每一次变故，施福田都能积极主动地适应环境，努力调整自己的状态，终于一步步从基层升到了高层的岗位上。他的第一份工作只做了一年，原因是轧钢厂倒闭了，他也像其他工人那样下岗了。此后他又做过搬运